## 权威·前沿·原创

皮书系列为
"十二五"国家重点图书出版规划项目

中国社会科学院创新工程学术出版项目

上海蓝皮书
BLUE BOOK OF SHANGHAI

总　编/王　战　于信汇

# 上海法治发展报告
## （2016）

ANNUAL REPORT ON DEVELOPMENT OF RULE OF LAW IN SHANGHAI (2016)

主　编/叶　青
副主编/杜文俊　王海峰　孟祥沛

社会科学文献出版社
SOCIAL SCIENCES ACADEMIC PRESS (CHINA)

图书在版编目(CIP)数据

上海法治发展报告.2016/叶青主编.--北京：社会科学文献出版社，2016.6
（上海蓝皮书）
ISBN 978 - 7 - 5097 - 9169 - 1

Ⅰ.①上… Ⅱ.①叶… Ⅲ.①社会主义法制 - 研究报告 - 上海市 - 2016　Ⅳ.①D927.51

中国版本图书馆 CIP 数据核字（2016）第 108912 号

## 上海蓝皮书
## 上海法治发展报告（2016）

主　　编／叶　青
副 主 编／杜文俊　王海峰　孟祥沛

出 版 人／谢寿光
项目统筹／郑庆寰
责任编辑／郑庆寰

| | |
|---|---|
| 出　　版／ | 社会科学文献出版社·皮书出版分社（010）59367127<br>地址：北京市北三环中路甲29号院华龙大厦　邮编：100029<br>网址：www.ssap.com.cn |
| 发　　行／ | 市场营销中心（010）59367081　59367018 |
| 印　　装／ | 北京季蜂印刷有限公司 |
| 规　　格／ | 开　本：787mm×1092mm　1/16<br>印　张：19.5　字　数：295千字 |
| 版　　次／ | 2016年6月第1版　2016年6月第1次印刷 |
| 书　　号／ | ISBN 978 - 7 - 5097 - 9169 - 1 |
| 定　　价／ | 79.00元 |

皮书序列号／B - 2012 - 269

本书如有印装质量问题，请与读者服务中心（010 - 59367028）联系

▲ 版权所有 翻印必究

# 上海蓝皮书编委会

**总　编**　王　战　于信汇
**副总编**　王玉梅　黄仁伟　叶　青　谢京辉　王　振
　　　　　何建华
**委　员**　（按姓氏笔画排序）
　　　　　王世伟　石良平　刘世军　阮　青　孙福庆
　　　　　李安方　杨　雄　杨亚琴　肖　林　沈开艳
　　　　　邵　建　季桂保　周冯琦　周振华　周海旺
　　　　　荣跃明　屠启宇　强　荧　蒯大申

# 《上海法治发展报告（2016）》专家委员会

（按姓氏笔画排序）

丁　伟　　刘　平　　刘　华　　沈志先　　谷继明
何勤华　　陈春兰　　林化宾　　林国平　　周永年
俞卫锋　　龚培华　　盛雷鸣　　盛勇强

# 《上海法治发展报告（2016）》
# 编 委 会

**主　任**　叶　青

**副主任**　杜文俊　黄立群

**编　委**　张晓栋　王海峰　孟祥沛　安文录　裴　斐
　　　　　孙大伟　姚　魏　邓少岭　彭　辉　何　源

**主　编**　叶　青

**副主编**　杜文俊　王海峰　孟祥沛

# 主编简介

**叶　青**　法学博士，教授、博士生导师。上海市第十四届人大常委会委员，第三届全国法律专业学位研究生教育指导委员会委员。现任上海社会科学院法学研究所所长、华东政法大学校长。

2006 年荣获上海市第三届优秀中青年法学家称号。2009 年获得第五届上海市教学名师奖。2013 年获评上海市领军人才。

著有《刑事诉讼证据问题研究》《我国审判公开中法院管理创新的思考》《加强和改进党对全面推进依法治国的领导》等。主编《我国审判公开问题实证考察与对策研究》《证据法学：问题与阐释》《刑事诉讼法学》《刑事诉讼法：案例与图表》《案例刑事诉讼法学》等。先后在法学专业核心刊物上发表论文 120 多篇。

现兼任中国法学会学术委员会委员、中国刑事诉讼法学研究会副会长、中国行为法学会副会长、上海市法学会副会长、上海市诉讼法学研究会副会长，上海市法官、检察官遴选（惩戒）委员会委员。

# 摘　要

《上海法治发展报告（2016）》对 2015 年上海地方法治建设进行了全方位的考察，反映了上海市法治建设持续深入推进的真实情况，回顾并梳理了上海在人大立法、依法行政、司法体制改革、依法治市等方面取得的进步和面临的挑战。

总报告全面回顾了上海法治建设领域方方面面取得的创新成绩，对人大、政府、法院、检察院、律师工作有专项解读，2015 年人大工作依法有序推进；法治政府建设进一步加强；司法体制改革全面深入推进；依法治市工作深入开展。总报告对 2016 年上海法治建设进行了展望。

评估篇有两篇文章，其一以上海市第一中级人民法院司法公信力为研究对象。受上海市第一中级人民法院委托，由上海社会科学院法学研究所领衔，组建跨学科、跨部门、跨单位的专业评估小组，对上海市第一中级人民法院司法公信力开展独立、客观的第三方评估工作。在司法公正、司法效率、司法透明度、司法便民、司法民主、司法形象、司法能力、司法信任度方面设了 8 项二级指标、54 项三级指标，通过调查问卷等方式开展评估工作，最终形成《上海市第一中级人民法院司法公信力第三方评估报告》。其二是《上海市科技创新政策评估分析》。

专题篇从多个侧面重点介绍了上海法治建设的现状：深化诉调对接工作积极推进多元化纠纷解决机制改革、检察机关司法公信力研究、跨行政区划人民法院的改革探索与实践、跨行政区划检察院设立模式及前瞻性研究、上海法学教育发展现状和展望、以风险为中心的公共安全管理机制探索、地方人大在立法中的主导作用、上海市人大常委会修改《上海市制定地方性法规条例》的经过与内容、上海市创新推进房屋编码管理的实践与思考等

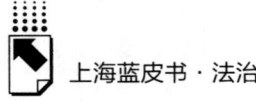

内容。

热点篇有两篇文章:《〈上海市烟花爆竹安全管理条例〉修订评析》、《〈负面清单(2015年)〉的新发展及完善建议》等,对2015年度内的创新法治热点进行深入评述。

案例篇推介四个上海2015年内的优秀法治案例,有介绍长宁区华阳路街道的《条块结合、块块联合、政社融合的街道综治工作新机制》、杨浦区新江湾城社区的《通过法治手段推动群租整治之案例考察》,以及《嘉定经验:"互联网+"助推智慧型检察机关建设》和《金山区行政诉讼协调化解机制专案研究》。

# Abstract

*Annual Report on Development of Rule of Law in Shanghai* (2016) carries on the full range of inspection on 2015 shanghai local legal construction, reflects the real situation of ruling by law continued construction in Shanghai, reviews and sorts out the progress and challenges involving city governance according to law, local legislation, law-based administration and Judicial system reform.

The "General Report" reviews the innovation achievements in all aspects of Shanghai legal construction, specially interprets the work of the local people's congress, the government, the courts, the procuratorate and lawyers, the work of the 2015 NPC in an orderly manner according to the law; further strengthen the construction of government ruled by law; Propelling the Judicial Reform; intensify the work of governing city by law; General report outlook the rule of law construction in Shanghai in 2016.

The "Evaluation Reports" have two articles. One is to have a research on the credibility of the judiciary of Shanghai Municipal First Intermediate People's Court Commissioned by the Shanghai Municipal First Intermediate People's court, Shanghai Academy of Social Sciences leads to organize the professional evaluation team with Interdisciplinary, cross-sector, cross-unit, carries on the independent and objective third-party evaluation on the judicial credibility of Shanghai First Intermediate People's Court. The team sets up 8 second level indexes and 54 third grade indexes in justice, judicial efficiency, judicial transparency, judicial convenience, judicial democracy, the image of the judiciary, judicial power, judicial trust degree, and carries out the evaluation through questionnaire survey. And the third-party evaluation report on the judicial credibility of Shanghai Municipal First Intermediate People's Court is formed. The other one is the Evaluation on Shanghai science and technology innovation policy.

The "Special Reports" introduce the current status of Shanghai legal construction: deepening the lawsuit and intermediation, actively promoting the reform of diversified dispute resolution mechanism, study on the judicial credibility of the procuratorial organizations, the reform practice and exploration of the cross administrative divisions People's Court, the establishment mode and prospective study of cross administrative division Procuratorate, the development status and Prospect of legal education in Shanghai, public safety management mechanism exploration with the center of risk (prevention), NPC leading role in the legislation: Legal Significance and Shanghai practice, Process, the Process and Content of Shanghai Municipal People's Congress Standing Committee's Amending "the Shanghai Developing Local Regulations" the practice and thinking of Shanghai innovation promoting housing coding management.

The "Report on Hot Issues" mainly introduces Shanghai's fireworks management experience, new development and improvement suggestions of "The negative list (2015)", and in-depth reviews the rule of law innovation hotspots in 2015.

The "Report of Case Studies" introduces the outstanding rule of law cases, including "combination of pieces and blocks, combination of blocks and blocks, the street-road comprehensive management" mechanism of politics and community integration by Huayang Street, Changning District, through legal means promote base rent regulation problem research from Xinjiangwan street, Yangpu District, "Internet +" promoting the establishment of "smart" procuratorial organizations and research project coordination mechanism to resolve the Jinshan District administrative litigation.

# 目　录

## Ⅰ　总报告

**B.1** 2015年上海法治建设状况与2016年展望
　　　　………………… 叶　青　杜文俊　刘　恋　刘　锋　李雪红／001

## Ⅱ　评估篇

**B.2** 上海市第一中级人民法院司法公信力第三方评估报告
　　　　……………………………………… 司法公信力评估课题组／053
**B.3** 上海市科技创新政策评估分析 ……………………… 彭　辉／067

## Ⅲ　专题篇

**B.4** 深化诉调对接工作积极推进多元化纠纷解决机制改革
　　　　………………………………… 上海市高级人民法院课题组／076
**B.5** 检察机关司法公信力研究 ………… 上海市人民检察院课题组／093

B.6 跨行政区划人民法院的改革探索与实践
　　…………………………上海市第三中级人民法院课题组 / 114

B.7 跨行政区划检察院设立模式及前瞻性研究
　　——以上海市人民检察院第三分院的实践为视角
　　…………………………上海市人民检察院第三分院课题组 / 130

B.8 上海法学教育发展现状和展望 …………华东政法大学课题组 / 150

B.9 以风险为中心的公共安全管理机制探索
　　………………………………………………汤啸天　程　维 / 176

B.10 地方人大在立法中的主导作用：法治意义与上海实践
　　…………………………………………………………邓少岭 / 188

B.11 上海市人大常委会修改《上海市制定地方性法规条例》的
　　过程与内容 ……………………………………………姚　魏 / 202

B.12 上海市创新推进房屋编码管理的实践与思考 …………彭　辉 / 221

## Ⅳ 热点篇

B.13 《负面清单（2015年）》的新发展及完善建议 ………王海峰 / 229

B.14 《上海市烟花爆竹安全管理条例》修订评析 …………李雪红 / 238

## Ⅴ 案例篇

B.15 条块结合、块块联合、政社融合的街道综治工作新机制
　　——华阳路街道精心打造综治工作中心大平台 ……叶　青 / 248

B.16 通过法治手段推动群租整治之案例考察
　　——以杨浦区新江湾城社区为对象 ………孙大伟　谢欢欢 / 257

B.17 嘉定经验:"互联网-"助推智慧型检察机关建设
　　…………………………………………………… 何　源 / 267
B.18 金山区行政诉讼协调化解机制专案研究 ………… 洪安祺 / 279

B.19 后记 …………………………………………………………… / 290

皮书数据库阅读使用指南

# CONTENTS

## I  General Report

**B**.1　Development of Rule of Law in Shanghai in 2015: Analysis
　　　and Prospect
　　　　　　　　*Ye Qing, Du Wenjun, Liu Lian, Liu Feng and Li Xuehong* / 001

## II  Evaluation Reports

**B**.2　The Third-party Evaluation Report on the Judicial Credibility of
　　　Shanghai Municipal First Intermediate People's Court
　　　　　　　　　　　　*The Assessment Team of Judicial Credibility* / 053

**B**.3　Evaluation on Shanghai Science and Technology Innovation Policy
　　　　　　　　　　　　　　　　　　　　　　　　*Peng Hui* / 067

## III  Special Reports

**B**.4　Deepen the Lawsuit and Intermediation, Actively Promote the Reform of
　　　Diversified Dispute Resolution Mechanism
　　　　　　　　　　*The Research Group of Shanghai Higher People's Court* / 076

B.5　Study on the Judicial Credibility of the Procuratorial Organs

　　　　　　　　　*Research Group of Shanghai People's Procuratorate* / 093

B.6　The Reform Practice and Exploration of the Cross Administrative Divisions People's Court

　　　　　　　　　*The Research Group of Shanghai No-3 Intermediate People's Court* / 114

B.7　The Establishment Model and Prospective Study of Cross Administrative Division Procuratorate

　　　—Base on the Practice Perspective of No.3 Branch of Shanghai Prosecution Service

　　　　　　　　　*Research Group of the Third Branch of Shanghai People's Procuratorate* / 130

B.8　The Development Status and Prospect of Legal Education in Shanghai

　　　　　　　　　*The Research Group of East China University of Political Science and Law* / 150

B.9　An Exploration on the Public Safety Management Mechanism Centered on Risk Prevention　　　　　　*Tang Xiaotian, Cheng Wei* / 176

B.10　Playing the Leading Role of Local people's Cong Ress in the Legislation, and Strengthening the Coordination of the Legislative Work Group　　　　　　　　　　*Deng Shaoxing* / 188

B.11　The Process and Content of Shanghai Municipal People's Congress Standing Committee's Amending "the Shanghai Developing Local Regulations"　　　　　　　　　　　　*Yao Wei* / 202

B.12　The Practice and Thinking of Shanghai Innovation Promoting Housing Coding Management　　　　　　　　*Peng Hui* / 221

## Ⅳ　Report on Hot Issues

B.13　New Development and Improvement Suggestion on "Negative List (2015)"　　　　　　　　　　　*Wang Haifeng* / 229

B.14　Comments on the Revision Process of Shanghai Fireworks Safety Management Regulation　　　　　　　*Li Xuehong* / 238

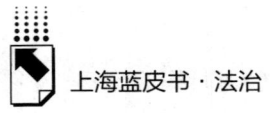
上海蓝皮书·法治

# Ⅴ  Report on Case Studies

**B**.15 Combination of Pieces and Blocks, Combination of Blocks and Blocks, the Street-road Comprehensive Management Mechanism of Politics and Community Integration
　　—*The example of Huayang Road District's Carefully Creating the Comprehensive Management Work Center Platform*　　*Ye Qing* / 248

**B**.16 A Study on the Promoting the remediation of the Problems of Group of Rent by Rule of Law
　　—*Base on the Object Study of Xinjiang Wan Street, Yangpu District*
　　　　　　　　　　　　　　　　*Sun Dawei, Xie Huanhuan* / 257

**B**.17 Jiading Experience: "Internet+" Promoting the Establishment of "Smart" Procuratorial Organs　　*He Yuan* / 267

**B**.18 Research on the Coordination Mechanism to Resolve the Jinshan District Administrative Litigation　　*Hong Anqi* / 279

**B**.19 Postscript　　/ 290

# 总报告
General Report

## B.1
## 2015年上海法治建设状况与2016年展望

叶青 杜文俊 刘恋 刘锋 李雪红*

**摘　要：** 2015年上海市法治建设持续深入推进，在人大立法、法治政府建设、司法体制改革、依法治市等方面取得了较大进步，但与此同时，上海的法治建设所面临的挑战和问题也不容忽视，有待进一步改进和完善。本文就上海市2015年的法治建设情况进行了回顾和总结，在此基础上，对2016年的法治建设做了新的展望。

**关键词：** 人大工作　法治政府建设　司法体制改革　依法治市　上海

---

\* 叶青，上海社会科学院法学研究所所长、研究员；杜文俊，上海社会科学院法学研究所学术秘书室主任、副研究员；刘恋、刘锋、李雪红，上海社会科学院研究生院硕士研究生。

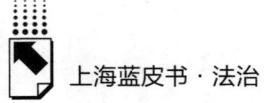

2015年是全面深化改革的关键一年,是全面推进依法治国的开局之年,也是全面完成"十二五"规划的收官之年。上海市继续以《法治上海三年行动计划(2014-2016)》(以下简称《三年行动计划》)为重要抓手,以把上海建设成法治完善的现代化国际大都市为目标,全面推进人大立法、法治政府建设、司法体制改革和依法治市工作,努力继续当好全国改革开放排头兵、创新发展先行者。

## 一 人大工作依法有序推进

回顾2015年,上海市人大常委会根据上海市十四届人大三次会议确定的任务,在过去的一年共召开9次常委会会议,审议18件法规草案,表决通过了其中的15件,听取和审议"一府两院"6项专项工作报告,检查5部法律法规实施情况,加强了计划预算的监督和规范性文件的备案审查,任免国家机关工作人员506人次。可以说,上海市人大常委会在中共上海市委的领导下,做到了依法积极履职,同时聚焦重点、反映民意,完成了各项既定任务,为上海当好全国改革开放排头兵和创新发展先行者提供了有力的民主法制保障。

上海市人大及其常委会的工作开展主要围绕人大立法工作、监督工作、依法行使重大事项决定权、服务保障人大代表履职和自身建设等五大方面展开,在肯定上海市人大及其常委会在过去一年工作中取得较好成效的同时,也应该看到人大工作在以上几方面还存在一些亟待进一步改善的地方。

### (一)人大立法工作回顾总结

#### 1.稳步推进落实立法计划

立法职能是地方人大最重要的职责之一,《立法法》修改后,对地方立法提出了更高的要求。总结上海市人大常委会过去一年的立法工作,有两个特点:一是更加注重发挥人大在立法中的主导作用,积极推进落实立法规划,着力提高立法质量,改进立法工作;二是立法工作聚焦重点,反映民意,在立法工作中更加重视立法调研,更加重视扩大社会参与面,坚持立法与改革决策相衔接的立法导向,使地方立法更加体现了人民意志,更好地促进了经济社会发展,更加体现了法治的积极作用。

(1) 加强重点领域立法,发挥立法保障作用。围绕经济发展、群众权益、城市文明、权力运行这几大重点领域,上海市人大常委会以推动立法计划实施和服务经济社会发展大局为背景,做了大量实际工作。

首先,开展立法工作促进经济转型发展。例如,起草和审议了《推进国际航运中心建设条例》,就海运领域创新、国际航空枢纽港建设、吸引高端航运人才等做出了具体规定;出台了《供用电条例》,制定了差别电价制度,明确中止供电不得适用于居民,明确格式合同不得增加居民义务,以更好维护供用电各方权益以及更好促进产业转型和节能减排。

其次,开展立法工作保障群众合法权益。例如,加快推动《老年人权益保障条例(草案)》的审议和表决,就老年人关心的社区养老、医疗服务、家庭赡养、维权途径等问题做出了相应规定,为让上海市日益增多的老年人更好分享经济社会发展成果创造了条件;制定出台了《台湾同胞投资权益保护规定》,按照平等、公正、透明原则,对台胞关注的投资、就医、子女就学、社会保障等权益保护做出了规定,对加强沪台经贸交往、服务两岸关系和平发展大局起到了积极作用。

再次,开展立法工作促进城市文明进步。例如,出台了《非物质文化遗产保护条例》,推动《烟花爆竹安全管理条例》的修改,起草并通过了《禁毒条例》。就非遗文化的认定保存、烟花爆竹的管理、全面禁毒宣传教育等做出创制性规定。还就上海土地资源紧张、市民对绿色期待强烈的问题,专门修改了《绿化条例》,来推广立体绿化,改善城市人居环境。

最后,开展立法工作规范权力运行。紧密结合上海实际,起草并通过了《预防职务犯罪工作若干规定》,在收费和罚没款管理、政府采购和购买服务、国有资产管理等九个重点领域做出防范规定。修改了《城市管理行政执法条例》,赋予乡镇政府城市管理执法主体资格,强化公安对城管执法的保障,充实了基层执法力量。采用集约方式,一揽子修改了《建设工程材

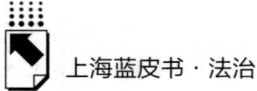

料管理条例》《环境保护条例》等20件法规涉及的行政审批规定，推动政府加快提升事中事后监管水平。

（2）更加注重立法调研，服务上海建设大局。开展专项立法调研，对提高立法质量、改善立法工作具有现实意义。立足上海，服务上海，上海市人大常委会在过去一年更加注重发挥立法调研在立法工作中的积极作用，开展了以下四项立法调研。

一是组织开展了自贸试验区建设发展的后续立法建议立法调研。自贸区改革是上海重点改革事项，保障自贸区改革得到有力的立法支持则是上海市人大及其常委会的重点立法工作。

二是组织开展了建设具有全球影响力的科技创新中心立法调研。将上海建设成全球领先的科创中心是一个系统庞大的工程，离不开上海市人大及其常委会的立法支持。此次调研的内容包括：评估了现行7件科技法规实施情况，主动向25家部门征集立法需求，在了解现有法治情况的基础上，提出了分阶段制定创业投资、科学普及、科技中介、专利保护等立法安排。

三是组织开展了上海市社会信用体系建设立法调研。上海市社会信用体系的建设需要法治的同步支持，为此上海市人大常委会在专项监督的基础上，牵头启动了相关立法调研和起草工作，围绕代表和社会关切的诚信建设中的难点问题，对隐私保护和公益需要、社会共享和市场应用、失信担责和联动惩戒等法律关系进行了调查研究。

四是开展了街道办事处、村委会、居委会建设立法调研。为落实中共上海市委"1+6"文件精神，统筹推进基层组织立法进程，围绕基层组织治理难题深入调研，形成了《街道办事处条例》的修订草案，提出了《村委会组织法实施办法》的修订建议和《居委会组织法实施办法》制度建设的建议。

此外值得一提的是，上海市人大常委会还开展了三项专项调研，包括有"十三五"及更长时期重点领域立法需求专项调研、人民代表大会制度宣传教育专项调研、人大协商相关问题专项调研。市人大各专门委员会分别开展了《街道办事处条例》修订调研、《居委会组织法实施办法》实行情况调研、《住宅物业管理规定》修订调研、《环境保护条例》修订调研、《食用农产品质量安全条例》立法调研、市级《预算审查监督规定》修订调研等六项立法调研；同时还协助配合全国人大开展了《电子商务法》立法调研、《循环经济促进法》修订调研、《证券法》修订调研、《慈善法》立法调研、教育领域相关法律立法调研、法院组织法和检察院组织法修订调研等七项调研。通过众多的调研活动，了解一线的法制需求，是上海市人大工作值得称赞的地方。

（3）创新立法工作机制，推进立法进步。不断推动工作机制的完善创新，是改进立法工作的必然要求。此次《立法法》修改后，上海市人大通过修改《上海市制定地方性法规条例》和加强民主立法、加强立法工作组织协调等规定，同时建立立法滚动推进机制、健全法规起草机制、改进法规审议机制、改进法规草案公开征求意见制度、健全代表全程参与立法工作的机制、改进立法调研制度、健全向区县人大征询意见的机制，以推进立法进步。

2. 人大立法工作关注重点

过去一年人大立法工作最主要的亮点包括更加注重发挥人大在立法中的主导作用，以及制定出台了《上海市制定地方性法规条例》。

（1）发挥人大在立法中的主导作用。上海市第十四届人大及其常委会自产生以来，总结了以往历届人大及其常委会立法工作的经验，对发挥上海三级人大的联动作用，以及发挥地方人大在立法工作中的主导作用、加强立法工作组织协调等工作，进行了积极的创新探索与实践。

首先，加强了对立法决策的主导，包括：加强对城市生态环境治理、城市管理顽症治理的立法；把加强重点领域立法放在优先位置，保障重大改革措施的推进；加强对立法规划编制、立法计划制订、实施工作的主导；推动政府职能转变，进行法规"一揽子"清理工作。

其次，改进了法规起草机制。法规起草是立法的基础阶段工作，把握法规起草环节的主导方向，通过找准立法切入点、做好制度设计，及时了解和掌握立法过程中的重大法律问题和相应制度设计，提高法规的质量。

再次，加强了对审议环节的主导。注重在审议阶段发挥主导作用，是提高立法质量的关键。据统计，在社会广为关注的《中国（上海）自由贸易试验区条例》的立法审议过程中，上海市人大常委会在广泛听取各方面意见的基础上，仅在条例初审阶段，就对草案60条中的57条做了修改，修改率达到95%。

最后，更加重视发挥人大代表主体作用。比如，在制订2015年立法计划的工作过程中，上海市人大常委会法工委组织召开了7次立项联合论证会，对内务司法领域、教科文卫领域、城建环保领域、农业与农村领域等申报的正式项目进行了立项联合论证，共计有67人次的市人大代表参加了论证会。

（2）制定出台了《上海市制定地方性法规条例》。《上海市制定地方性法规条例》之所以值得关注，在于这部法规为地方立法进行了明确的制度设计。同时也可以说是上海市人大常委会贯彻落实党的十八大和十八届三中、四中全会精神，对接新修改的《立法法》所做的一次立法尝试。这部法规的出台势必将在提高立法质量、完善科学立法民主立法实践、发挥立法引领和推动作用等方面起着巨大作用。《上海市制定地方性法规条例》具有的以下几方面创新亮点值得重点关注。

一是争议条款提请单独表决。争议条款在立法过程中客观存在，往往导致立法形成僵局。比如《上海市消费者权益保护条例》修订过程中消费者代表和商家代表"针尖对麦芒"，争论一直持续到表决阶段。当时，立法者很纠结，双方的道理似乎都很充分，人大代表们对法规表决稿的其他条款没意见，但因为争议的"某一条"陷入了僵局。而此次《上海市制定地方性法规条例》设立了"单独表决制度"——地方性法规草案表决稿交付常委会会议表决前，主任会议根据常委会会议审议情况，可以决定将个别争议较大的重要条款提请常委会会议单独表决。根据单独表决情况，主任会议可以决定其是否交付表决。

二是改进地方性法规起草机制。此次立法加强和改进了地方性法规起草机制，规定地方性法规由有关方面起草的，常务委员会工作机构提前参与法规草案起草工作,涉及综合性、全局性、基础性的以及其他地方性法规草案,可以由有关的专门委员会或者常务委员会工作机构组织起草。

三是拓宽公民有序参与途径。为保障公民参与权利,立法听证、论证、法规草案等公开征求意见等立法流程将会进行明确规范。《上海市制定地方性法规条例》特别提出:地方性法规有关问题存在重大意见分歧,或者涉及利益关系重大调整,需要进行听证的,应当召开听证会;听证情况要向常委会报告。此外,若地方性法规有关问题在部门间争议较大,可以引入第三方评估,充分听取各方意见。

此次立法还增加了"打包"修改规定,即对多部地方性法规中涉及同类事项的个别条款进行修改,一并提出地方性法规案,经主任会议决定,可以合并表决,也可以分别表决。

## (二)人大监督工作回顾总结

### 1. 依法积极履行监督职能

监督职能是人大工作的重要职责,也是评价人大工作质量的重要指标。在过去一年,上海市人大常委会听取和审议专项工作报告7项;审查和批准决算,听取和审议计划、预算执行和审计工作报告9项;开展法律法规实施情况的检查5项;开展规范性文件备案审查4项;各委员会层面开展的跟踪监督和监督调研9项;办助配合全国人大开展的执法检查和跟踪监督3项。通过这些实实在在的举措深入基层调研、强化督促整改,对改革发展、安全保障、城市管理、预算执行中的重大问题开展监督,并在监督和支持"一府两院"依法行政和公正司法等方面取得了实效。简单概括如下。

(1)对改革发展事项开展监督。司法改革是中央交给上海的重大政治任务,为支持司法改革在上海全面推开,上海市人大常委会在2015年开展了上海市司法改革试点情况专项监督,面对面听取240多位司法工作人员的意见,同时征集了近200位市人大代表建议,对落实司法责任制、人员分类管理、法官和检察官遴选入额、保障司法人员的独立地位起到了促进作用。

(2)对城市和社会发展状况开展监督。以编制新一轮城市总体规划为契机,开展《城乡规划条例》执法检查,针对农村地区规划编制相对薄弱、地下空间规划比较欠缺等问题提出了改进要求,要求新规划编制要紧扣城市功能定位、扩大公众参与、注重相互协调,发挥规划在城市转型发展中的引领作用。

(3)对城市安全问题开展监督。城市公共安全责任重大,人大常委会通过开展专项监督和专题询问,组织人员排查轨道交通、公交和轮渡的风险隐患,对政府公共安全管理工作提出了新的更高要求。回应人民群众对食品安全的持续关切,连续5年开展食品安全法律法规执法检查工作,邀请人大代表与政府部门负责人进行专题沟通,传递群众关切的问题,询问监督效果,推动政府落实食品生产企业主体责任,加强危害食品安全犯罪惩治。

(4)对新《预算法》开展计划预算审查监督。关注经济下行压力加大形势下的上海经济转型发展问题,上海市人大常委会年中、年末两次开展经济运行情况分析,通过集中听取政府有关部门的报告,共同研究应对经济下行压力加大的严峻形势,提出了破解经济转型瓶颈问题的对策建议。比如,推动落实《预算法》的相关规定,三次审查批准市本级预算调整方案,首次批准上海市地方债务限额,严格预算约束。

(5)完善监督方式,提高监督针对性和实效性。修改《实施监督法的若干意见》,对监督议题征集遴选、监督项目统筹安排、监督职权公开行使等做出规定,提高监督工作科学化、规范化水平。突出法律监督分量,由常委会副主任担任检查组组长,明确将政府是否依法执法、公众是否自觉守法、法律法规本身是否适当作为执法检查重点。健全专题询问组织形式,由市政府副市长做专项工作报告,对专题询问进行全程网络直播,并取得良好效果。推进备案审查工作,将"沪府发"文件纳入备案审查范围,要求涉及上海市公民法人权利义务的,以及具有普遍约束力、可以反复适用的规范性文件都应报送备案。改进人大信访工作,定期向法院、检察院反馈群众意见集中的影响司法公正的问题,加强人民建议的征集和分析,加强对群众反映强烈的司法、执法作风和能力建设问题的依法监督,更好为常委会履职服务。

2. 人大监督工作亮点聚焦

上海市第十四届人大及其常委会自成立以来，监督"一府两院"工作的亮点有：一是持续的跟踪监督。对一项专题的审议工作要真正见到效果的话，必须是坚持数年跟踪才能达到实效。二是对"两院"的监督可能会反映政府工作中存在的问题，这些问题可通过司法建议和检察建议反馈给政府。三是"两院"的人事任免由原来的书面审查变为书面审核与听取专门汇报相结合，这样提高了对人事任免审查的监督力度和工作质量。对任免的审判人员除了在法院内部网上公示之外，还应在人大公众网上予以公示，进一步接受公众的监督。四是对公检法司内部的规范性的文件实施报备制度，着重审核其合法性问题。五是在涉法涉诉信访改革中，主动跨前将司法公正和司法执法能力、执法作风方面存在的问题予以重点监督。同时，将老百姓的涉法涉诉的信访引入法治的轨道。

3. 进一步改进人大监督工作的建议

人大监督是法治社会不可或缺的重要一环。实事求是地讲，上海市人大及其常委会在过去一年所做的监督工作是实在而富有成效的，这也为人大在2016年取得新的更好成绩提出了要求。建议上海市人大常委会在之后的监督工作中要更加重视选题，使更多的立法监督题来自实践、来自基层，既接天线又接地气。同时还要敢于触及全市工作短板，推动一批群众反映强烈的突出问题的解决。比如说人大代表集中审议"一府两院"工作报告，对"一府两院"工作进行审议监督，体现了民主集中制制度的优势，但其客观上也存在一些不足，导致制度衔接不够顺畅。一方面是人大集中审议工作机制，代表审议工作密集繁重，时间安排紧张，影响履职；另一方面，"两院"报告具有较强的专业性，人大代表如果需要对"两院"工作报告做出具体的和具有针对性的审议意见，势必需要较为专业的知识储备和对司法工作较为深入的了解，这些既需要平常的经验积累和相关的专业学习，又需要人代会会议时间足够充裕。

因此，优化此类制度设计，更好地服务代表履行监督职能是人大监督工作可以进一步提升的地方。比如通过构建相关的沟通交流平台，组织实地调研等增加人大代表对"两院"工作的了解；再如创新审议机制，筹备相关座谈会等加强人大代表对某些具体问题的研究认识。当下正是本市司法体制改革的关键阶段，充分发挥人大对"两院"工作的监督职责，充分发挥人大代表对司法领域的建议职能，有利于司法改革的稳步推进和取得最终成效。

### （三）依法行使重大事项决定权

依法行使重大事项决定权，是体现人民代表大会制度优越性的重要方面。上海市人大常委会在过去的一年讨论、决定了4项重大事项，简要概括如下。

#### 1. 组织"十三五"规划纲要编制工作专题调研

"十三五"规划是关系上海未来五年发展的行动纲领，立足"人民的规划人民来谋划"的出发点，上海市人大就"十三五"规划开展专题调研，分别听取城乡建设、文化教育、生态环境、法治政府等18个方面的专项规划编制情况报告，向5200多名市和区县人大代表和3400多位市民征集意见，形成1个总报告和9个分报告，为人民代表大会审查批准打下了基础。

#### 2. 出台上海市实施宪法宣誓制度办法

以法定形式规定在上海市实行宪法宣誓制度，是全面推进依法治国的重要举措，是让宪法深入人心的必然要求。制定《实施宪法宣誓制度办法》和相关操作细则，有利于促进全社会法治氛围的形成。具体内容包括明确上海市各级人大代表的选举或相关人员的任命工作，以及各级"一府两院"任命的国家工作人员都应该参加宪法宣誓，规定宣誓仪式应当庄重、严肃并公开举行，要求规范实施，切实激励国家工作人员忠于宪法、引导全社会尊崇宪法。

#### 3. 做出闸北、静安"撤二建一"的法律性决定

根据上海市优化城区布局的总体部署，服务上海市城区布局调整战略实施，在充分听取相关方面意见的基础上，上海市人大做出了《关于撤销闸北区和静安区、设立新的静安区若干问题的决定》，明确新的静安区人民代表大会的届次和任期，代表选举的组织和时间，人大代表和常委会组成人员的名额等事项，这是实实在在影响上海市民生活的大事件。

4. 坚持政府重大决策向常委会通报制度

按照政府在涉及上海市改革发展、民生改善的重大政策出台前向常委会通报的规定，组织14次要情通报会，就住房公积金制度完善、机关事业单位养老保险制度改革、城乡居民基本医疗保险办法、院前急救体系建设、建立老年综合津贴制度等听取情况通报。常委会组成人员积极参加，反映群众呼声，提出完善建议，促进政府重大决策实现科学化、民主化。

## （四）服务代表履职工作总结

发挥人大代表的主体作用，保障代表依法履职，是保证人民代表大会制度优越性的实质要求。据统计，2015年上海市人大代表广泛参与工作，全面提升人大工作的质与量，全年有一万多人次的代表参加常委会各项活动，同比增加近30%。

1. 服务代表履职，发挥人大代表主体作用

（1）丰富闭会期间代表履职途径。2015年全年邀请280多位代表列席常委会会议，组织代表全程参与常委会履职活动，健全向代表通报常委会重要工作制度。依托各专门委员会组建9个代表专业小组，在公共交通安全、安全生产、出入境管理等监督工作中充分发挥作用，有力提升了常委会履职的专业水平。组织代表开展专题调研，围绕小区消防风险防范、养老护工队伍建设、农村环境治理等难点问题形成了21篇共计15万字的调研报告。进一步推动人大代表"带主题"进社区工作，将社会关注的急救医疗服务地方立法、"十三五"规划编制作为活动主题，并将听取意见的对象由社区居民逐步扩大到驻区单位。

（2）提高代表议案和建议办理成效。认真办理市十四届人大三次会议主席团交付审议的18件代表议案，有关加强大型活动医疗救援、烟花爆竹安全管理、建设信用体系、创新社会治理等议案内容均体现在相关立法工作中。改进代表建议的交办分办、督促协调、考核评估工作，组织5场由常委会主任、副主任带队的督办座谈会，加大督办力度，推动相关问题解决。截止到2015年末，在代表提出的881件建议中，880件已完成办理答复，其

中答复"解决采纳"的530件、"正在解决"的63件、"计划解决"的113件,"留作参考"的174件。代表提出的关于道路隔离带反光标识设置、建设电动汽车充电设施、解决医院滞留患儿问题等一批建议得到落实和推进。

(3)提高代表履职服务保障水平。精心组织有关科创中心、国际形势、"互联网+"等专题讲座,支持相关委员会办好"代表沙龙""学法日"系列活动,帮助代表更好知情知政。举办有关代表小组召集人履职、学习"一办法两规定"、代表建议提出和办理等12期专题学习研讨班,加强代表履职学习,受到代表欢迎。组织500多位代表围绕八个主题开展集中视察,坚持小型分散和明察暗访相结合,坚持视察前介绍和视察后座谈相结合,着力提升视察质量和效果。强化预算初审工作,首次编写《政府预算简明读本》,解读2016年预算报告和草案的重点内容,组织专业领域代表全场参与预算初审,依照《预算法》规定将财经委初步审查意见和财政部门反馈的处理情况向全体代表报告,为代表更好履行预算审查职责做好服务工作。

此外,依托互联网时代背景,上海市人大也进一步加快推进信息化建设。2015年8月28日,全新改版的上海人大门户网站"上海人大网"正式亮相,代表履职服务平台和机关工作平台也随之上线。上海人大工作还借助新媒体平台与时俱进、不断创新。2015年11月16日,"上海人大"微信公众号正式上线,市民可以通过手机了解上海人大,反映民意,参与立法。

2. 亮点关注:"一办法两规定"出台

人大代表是人大工作的主体。发挥代表主体作用、尊重代表主体地位,支持、规范和保障代表履职是地方人大工作的重要方面。2015年,上海市人大常委会代表工作以实施《上海市实施〈中华人民共和国全国人民代表大会和地方各级人民代表大会代表法〉办法》、《上海市人民代表大会关于代表议案的规定》、《上海市人民代表大会关于代表建议、批评和意见的规定》(简称"一办法两规定")为主线,在规范制度、改进方法、提高服务水平、增强实效上下功夫,积极支持和保障代表依法履职。

新修改的"一办法两规定",明确对大会闭会期间代表小组活动、代表视察和评议等活动进行了规范；加强了代表与群众的联系，使代表进社区联系群众成为法定要求；在保障代表职能履行方面，完善了常委会联系代表、专门委员会和工作委员会联系代表、代表联系原选区选民或者原选举单位和人民群众的"三联系"制度；明确街道、乡镇统一设立代表联络机构；改进代表议案和意见的办理机制；对专门委员会和常委会工作机构邀请代表参与立法活动的有关事项做了明确规定。通过梳理完善制度，强化代表工作规范。

具体工作可以简要归纳为以下几个方面：组建专业小组，发挥代表履职优势；完善督办体系，开展代表建议办理"回头看"；创新方式方法，促进调研成果转化；拓展联系渠道，加强代表与群众联系；改版网络平台，提升服务代表效率；报告履职情况，增强代表市民责任。"一办法两规定"的出台实施，必将有利于发挥人大代表主体作用，保障人大代表履职，丰富代表履职途径，是上海市人大在2015年服务代表履职工作中的亮点和重点。

### （五）强化人大自身建设工作回顾总结

加强人大自身建设是人大一以贯之的重要任务。国内外形势日新月异，各种挑战纷繁复杂，如何保证上海市在经济改革中发挥自身应有作用，完成各项既定任务和挑战？对于上海市人大及其常委会来说，需要时刻从不断完善自身建设中寻找答案。在过去的一年，上海市人大在强化自身建设过程中，结合"三严三实"专题教育，主要做了以下工作。

#### 1. 加强常委会履职能力建设

认真开展"三严三实"专题教育，深刻认识全面依法治国对人大工作提出的更高要求，更加坚定理想信念和人民代表大会制度的自信，自觉严字当头、真抓实干，为民建言、敢于担当，切实把人民赋予的权力用于为人民服务，增强做好人大工作的责任心和使命感。通过组织开展学习各种讲座，增长知识、拓宽视野，增强运用法治思维和法治方式解决问题的能力。修改《常委会组成人员守则》，制定会议请假制度，进一步明确常委会组成人员在理论学习、调查研究、联系群众、出席会议、审议发言等方面的职责，提升常委会集体履职水平。

(1) 加强人大制度宣传教育和理论研究。着眼增强全社会的理论自信、道路自信和制度自信，科学阐述、生动展现国家根本政治制度的丰富内涵和独特优越性，常委会加强人大制度理论研究和宣传教育，建立与本市高校科研机构的定期联系，就坚持党的领导、人民当家做主、依法治国有机统一等重大理论和实践问题展开探讨，形成成果。常委会主任、副主任分赴党校、机关、高校、区县相关机构宣讲人大制度，组织大中小学生、社区居民开展"走进人大"活动，让人大制度、人大工作走进普通群众。制定和实施《信息化建设三年行动规划》，升级改版公众网，开通微信公众号，推动人大履职公开透明、畅通民意表达渠道、方便人大代表履职。围绕人大协商、人大制度宣传、基层人大建设等工作加强理论研究，发挥上海人大工作研究会、高校和科研院所的作用，推动人大工作理论和实践创新。

(2) 加强区县、乡镇人大工作和建设。深刻领会、全面贯彻中央18号文件精神，召开上海市加强区县、乡镇人大工作和建设座谈会，对区县、乡镇人大开好人民代表大会会议、正确把握和加强监督、探索行使重大事项决定权、加强代表履职服务保障等提出要求。会同有关方面制定贯彻意见，明确优化区县人大常委会组成人员结构、设立专门委员会和预算工作委员会、设立街道人大工委、加强乡镇人大主席团和办事机构建设等规定，支持上海市区县、乡镇人大依法行使职权、充分发挥作用。开展区县、乡镇两级人大代表换届选举工作前期调研，为2016年加强换届选举指导做好准备。

(3) 加强市人大机关干部队伍建设。努力建设一支理想坚定、政治可靠、业务精湛、作风优良、廉洁勤政的干部队伍是上海市人大自身建设工作的宗旨。通过制定和落实《人大机关干部队伍建设三年规划》，过去一年来在营造学习氛围、加强基层锻炼、推动岗位交流、优化考核选拔等方面上海市人大都取得了新进展。开展工作"微创新"，对这一届人大成立以来取得的"微创新"成果进行了总结梳理，完善50多项工作的流程，切实提高常委会履职效能和人大机关的执行力。

2. 亮点聚焦:上海市人大用"微创新"提高履职水平

上海市十四届人大及其常委会,用"微创新"促进履职水平的提高。通过各种创新实践,拓展代表的履职渠道。

(1)从专题询问的旁观者到提问者。询问是法律赋予人大代表的一项重要监督职权。通过人大工作"微创新",代表们在行使询问职权的时候,完成了从"旁观者"到"提问者"的角色转变,见证并亲身体验了"微创新"。

(2)构建民意通道,800多位人大代表"带主题"进社区。人大代表进社区、听民意是上海市人大推动代表强化履职的一大重要举措。一方面,在社区建立人大代表社区联系点,方便居民向代表们反映日常生活中的各种实际难题,比如:救护车难叫、等待时间长;急诊室出口不畅,难以用于抢救急危重病人等。另一方面,代表们"带主题进社区",通过主动进社区征求居民意见,听取民众的心声。据统计,上海市已在全市99个街道建立"代表联络室",该联络室是代表平日履职的平台,并成为代表的"信息来源地"、"与选民交流之地"和"建议处理地"。

(3)"体验式"调研执法检查,更好地发挥代表的作用。执法检查年年有,通过"微创新"让检查出实效。比如安排人大代表当一回"公共交通安全管理志愿者",就是一次新尝试;又比如小规模深入,以暗访为主,不搞打招呼式的调研。此外,对于关系千家万户的"食品安全"执法检查,更是人大重点关注的地方。除了"舌尖上的安全"追问到底,还带领代表一起"回头看",让代表和职能部门进行更深层次的互动,监督也更有效。

## 二 法治政府建设进一步加强

党的十八届四中全会提出"深入推进依法行政,加快建设法治政府"。在过去一年里,上海市政府按照中央部署,结合本市实际,围绕加快转变政府职能、完善城市管理、提高行政效能、加强依法行政、强化自身建设等,大力推进法治政府建设工作,取得了新成效,但同时还存在一些问题,有待改进。

## （一）法治政府建设工作回顾总结

在过去一年的法治政府建设工作中上海市推进简政放权，制定并发布市级行政权力清单和责任清单，取消行政审批事项160项，行政审批标准化管理覆盖区县、街镇，清理行政审批评估评审，取消评估评审152项；完善管理体制，稳步推进闸北区、静安区"撤二建一"工作，调整城市建设管理机构职能，全面推行区县市场监管新体制，组建市和区县不动产登记机构；提高行政效能，制定实施政府效能建设意见和目标管理办法，构建政府服务"单一窗口"制度框架，出台政府购买服务实施意见及配套政策；推进依法行政，建立政府法律顾问制度，完善审计整改长效机制，全面公开市、区县、乡镇三级政府预决算报告报表、部门预决算和三公经费；进一步改进政府作风，认真开展"三严三实"专题教育，着力解决基层和群众反映集中的突出问题，强化厉行节约长效机制，勤政廉政建设继续加强。

1. 健全清单制度

健全清单制度是上海市政府2015年审批制度改革工作的重点之一。其中，权力清单是基础，通过划定政府的权力边界实现"法无授权不可为"；责任清单是保障，通过明确政府违法后的责任追究，实现"法定职责必须为"。也就是，科学划定政府的权责边界，凡是政府职责内事项，政府不能推卸，凡是市场和社会能够自主决定事项，政府不能乱伸手。负面清单则通过明确企业不该做什么来确保企业"法无禁止即可为"。

2015年4月28日，上海市浦东新区公布两张清单，即行政权力清单和行政责任清单，首批涵盖24家区级部门和4家区属开发区管委会，其中权力清单列出6460项权力，责任清单列出1422项责任。制定"两张清单"是浦东新区全面推进政府职能转变，将自贸区部分对外开放措施和事中事后监管措施辐射到整个浦东新区的尝试。清单背后反映的是行政体制的深入改革。建立健全权力清单制度、责任清单制度和负面清单制度，有利于理顺政府和市场、政府和社会的关系，为上海"创新驱动发展、经济转型升级"创造良好法治环境。

2015年12月28日，上海市委办公厅、市政府办公厅发布了《居村委会协助行政事务参考清单（2016版）》《居村委会协助法院事务参考清单（2016版）》《居村委会协助人民（社会）团体事务参考清单（2016版）》等三份清单。坚持问题导向，回应群众和基层工作人员呼声，用新思维、新方法推进上海市社会基层治理。

2. 深化行政审批制度改革

2015年上海自由贸易试验区从1.0进入2.0时代。其面积从最初的28.78平方公里扩到120.72平方公里，基本涵盖了浦东新区的经济核心区域。上海自由贸易试验区的改革也推动了政府职能转变，2015年上海市取消了行政审批事项160项，并清理与行政审批相关的评估评审152项。自贸试验区制度进一步创新，在新拓展区域全面推行外商投资负面清单管理模式，企业准入"单一窗口"制从注册环节向变更环节延伸，自贸试验区新登记注册企业1.8万家。另外，以政府职能转变为核心的事中事后监管创新进一步加强，启动了建设市场主体信用信息公示系统。实行了"告知承诺+格式审批"的外商投资审批管理模式，实行了一批外商投资促进新措施，跨国公司地区总部累计达到535家，比五年前增加230家。

总体来看，上海市行政审批改革取得了一定进展，但与经济社会发展的需要相比，仍有一定的差距，简政放权的力度有待进一步加大，事中事后监管工作机制有待进一步完善。

3. 提高政府立法质量

上海市政府在2015年的立法工作中坚持"立、改、废、释"并举，立足本市实际，立法重心关注"四个中心"建设、自贸试验区改革、公平市场活力构建、城市建设与管理、社会管理和公共服务、政府自身建设等领域。完善科学民主立法程序，实现全过程公众参与和专家论证；加大政府规章、规范性文件清理力度，探索政府规章立法后评估工作，推动立法质量不断提升。

（1）提交法规草案和制定规章。据统计，截至2015年12月31日，上海市政府向市人大常委会提交了《上海市城市管理行政执法条例修正案

（草案）》《上海市烟花爆竹安全管理条例（修订草案）》、《上海市供用电条例（草案）》等10件地方性法规草案；上海市政府制定或修订了《上海市电梯安全管理办法》《上海市公共场所人群聚集安全管理办法》《上海市食品安全信息追溯管理办法》等14件规章。从立法内容上看，上述法规规章主要集中在社会民生、城市安全等重点领域，突出了立法为民的指导思想。

（2）完成法规规章审核工作。2015年，市法制办完成了历年行政审批改革中取消、调整事项所涉及的地方性法规、政府规章修改的审核工作，提请市人大常委会对20件地方性法规做出了修改决定，提请政府做出了修改《上海市盐业管理若干规定》等19件政府规章的决定、停止执行《上海市邮票和集邮品管理办法》有关行政许可事项的决定和废止《上海市统计登记办法》的决定。

（3）完善科学民主立法机制。立法过程中，始终坚持科学立法、民主立法，注重提高立法质量，继续做好向社会公开征集政府规章立法议题和规章草案网上征求意见工作；完善立法协商机制，做好地方性法规草案、规章草案征求市政协、市律师协会和相关行业协会、社会组织等单位意见工作；坚持规章草案听证制度，就《上海市公共信用信息归集和使用管理办法（草案）》中的有关问题，召开立法听证会。

（4）为重大改革事项提供法制保障。为确保重大改革于法有据，2015年市法制办致力于为建设具有全球影响力的科创中心和自贸试验区扩区等提供法制保障。其一，根据市委重点调研课题的部署，市法制办完成了具有全球影响力的科创中心法制环境建设的专题报告，梳理出33件行政规范性文件中涉嫌阻碍创新的内容，并配合市商务委等部门对这些内容进行了修改。2015年11月5日市政府发布了《关于进一步促进科技成果转移转化的实施意见》。其二，上海自贸区扩区，自贸区建设快速推进。市政府公布《上海市人民政府关于中国（上海）自由贸易试验区管理委员会集中行使本市有关行政审批权和行政处罚权的决定》，完善了自贸试验区综合执法体系。依法定程序调整实施有关法律、行政法规和国务院文件的部分规定，为自贸试验区扩区和进一步推进服务业开放提供法制保障。

（5）立足实际，谋划发展。市政府常务会议和市委常委会审议通过《上海市法治政府建设"十三五"规划》。这是以市政府名义发布的32项市级专项规划之一，提出"走在全国前列，在依法行政工作方面保持领先地位"的目标。

4. 加强行政执法

上海市按照核心是人、重心在城乡社区、关键是体制创新的要求，把安全作为一切工作的底线，在系统治理、依法治理、综合治理、源头治理方面不断加强，努力走出一条符合超大城市特点的社会治理和城市管理新路。

（1）深入开展重点领域综合执法。在城市顽疾治理方面，2015年上海市修订了城市管理行政执法条例，制定了该条例的实施办法，切实加大城市管理顽疾整治力度，违法建筑、违法群租、非法客运、无序设摊等"四大顽疾"的整治工作取得明显成效。2015年全年共拆除违法建筑1392万平方米，整治违法群租3.2万户，查处无证经营车辆7289辆。除此之外，上海市还开展社会治安复杂地区专项整治行动。实施城市管理综合执法改革，推动城市管理综合执法力量下沉，在所有街镇设立网格化综合管理中心，实现区县网格化管理平台与"12345"市民服务热线相衔接。

在维护城市安全方面，2015年，上海市全面开展隐患大排查大整治活动，基本完成工业园区外危险化学品生产企业、港区危险化学品仓库的布局调整，基本建成危险化学品运输企业和车辆监管系统。制定实施了公共场所人群聚集安全管理办法，并完善轨道交通大客流应急预案。建立食品安全信息追溯管理制度。启动实施住宅小区综合治理三年行动计划，完成住宅小区1633部老旧电梯的安全评估。加强火灾防控体系建设，完成100个住宅小区老旧消防设施改造，为500幢高层售后公房增配消防设施。

（2）持续深化社会治理创新。2015年，全面落实2014年市委一号课题成果——本市进一步创新社会治理、加强基层建设意见及配套政策措施，完成街道机构调整，取消街道招商引资职能，完善村居治理体系，初步建立社区工作者职业化体系，基层服务管理职能得到增强。居委会、村委会换届选

举顺利完成。同时,注重发挥社会组织在社会治理中的积极作用,深入推动社会组织的改革发展,加快社区社会组织培育发展,推进行业协会、商会与行政机关脱钩工作。

5. 强化行政监督机制

(1) 强化政府内部监督。2015年上海市政府进一步强化政府内部监督,加强了对重大政策措施落实、公共资金管理使用、经济责任履行情况的审计,制定实施行政问责办法,进一步强化了行政监督机制。

(2) 自觉接受人大、政协监督。政府自觉依法接受市人大常委会对预决算的审查、执法检查、专题询问、专项工作监督等,并及时积极回应人大代表议案和书面意见。自觉接受市政协的专项视察、民主监督,积极办理政协委员提案、建议案。同时,完善就政府工作的重大事项向市人大及其常委会报告制度,向市政协及时通报政府重点工作的推进情况。

(3) 自觉接受司法监督。随着新修订的《行政诉讼法》实施,2015年,法院受理行政案件数量增幅明显,本市各级政府及其部门应诉工作面临全新挑战。2015年共受理一审行政案件5714件,审结5382件,与上年同期相比分别上升70.3%和66.7%,其中,行政机关败诉率为4.6%。本市相关部门认真梳理总结依法行政中存在的不足和问题,并发布行政案件审判白皮书,促进司法与行政的良性互动。同时,推进行政首长出庭应诉工作,2015年全年本市行政机关负责人出庭应诉共计759人次,同比上升67.2%。行政机关负责人主动出庭应诉和旁听审理,自觉接受司法监督,是提高行政机关依法行政水平、建设法治政府的重要举措,也是尊重和维护司法权威的内在要求。

(4) 改革行政复议机制。2015年本市推进行政复议机制改革工作。全年共收到行政复议申请856件,办结行政复议案件468件,其中,维持374件,纠错47件。第二届市政府复议委员会召开了7次案审会,对13起案件进行了审议。扩大行政复议委员会的试点范围。截至2015年底本市已有6个区县政府、1个市政府委办局成立了行政复议委员会,行政复议公信力进一步增强。

## （二）法治政府建设工作的亮点

2015年上海市法治政府建设工作的一个突出亮点就是完善了政府法律顾问制度。党的十八届三中全会提出"普遍建立法律顾问制度"，党的十八届四中全会提出"积极推行政府法律顾问制度，建立政府法制机构人员为主体、吸收专家和律师参加的法律顾问队伍"。为贯彻落实党的十八届三中全会、四中全会精神，2015年5月15日上海市人民政府发布《上海市人民政府关于推行政府法律顾问制度的指导意见》（以下简称《指导意见》），明确提出要用3年左右时间，建立覆盖全市各级政府及其工作部门的政府法律顾问制度，并规定了政府法律顾问的职责、工作保障和考核监督等制度。随后，市政府法制办印发《上海市兼职政府法律顾问选拔聘任程序规则（试行）》和《上海市兼职政府法律顾问聘任合同（示范文本）》，明确了兼职政府法律顾问的选拔原则、组织、条件、程序以及聘任合同等事项。

2015年8月31日，12位专家、律师被聘任为市政府兼职法律顾问，这是上海市首次聘任市级的政府法律顾问。该做法的创新之处是，第一，采用公开选聘制度。从参与角逐的82名律师和14位法学专家中最终选出7名律师和5位专家。第二，采用合同管理模式。创新管理与合作模式，市政府与兼职法律顾问签订聘任合同，通过合同明确双方权利义务，并以年度工作任务书的形式确定法律顾问的年度工作任务，作为年度考核依据。还制定了兼职法律顾问的工作规则以明确工作具体流程和要求，建立了政府法律顾问微信群以方便沟通和传递信息。第三，注重提升制度实效。向市政府副秘书长以上的领导呈送了市政府法律顾问名录，方便领导咨询法律问题。在召开审核会议、研究陆家嘴金融城法定机构等重大问题时邀请兼职政府法律顾问参加，提升了制度实效。市政府的做法产生了辐射引领效应，目前，各区县政府和市政府部门都在按照《指导意见》的相关要求，积极筹备落实以政府法制机构工作人员为主体的政府法律顾问制度。截至2015年底，浦东新区、松江区、黄浦区和市侨办、市食药监局、市司法局等单位相继参照市政府的模式，聘请了政府兼职法律顾问。

政府法律顾问制度的建立有利于弥补政府法制机构人员力量的不足，有利于借助"外脑"推进各级政府依法行政。律师在诉讼代理、调解、民商事法律实务方面具有优势，专家学者具有深厚的法学理论素养，擅长从理论高度和长远角度审视分析法律问题。吸收律师、专家学者进入政府法律顾问队伍，增强了政府依法处理各类纠纷的专业能力和科学民主决策能力。今后，如何更充分有效地发挥政府兼职法律顾问的作用，还需进一步探索和实践。

## 三 司法体制改革全面深入推进

### （一）2015年工作回顾总结

回顾过去的一年，在中央顶层设计下，上海司法体制改革全面深入推进，各试点地区攻坚克难、稳步推进，取得了较好的成绩。作为司法体制改革首批试点城市之一，2015年，上海牢牢把握改革的方向，担负着为全国司法体制改革先行探路的重任，充分发挥了"先行者"的作用，率先探索出了一批可复制、可推广的创新实践经验和制度。

2015年上海市法院、检察院、律师团体在司法体制改革的推动下稳步开展各项工作，在改革中求发展。在肯定司法体制改革工作取得了阶段性成效的同时，也不能忽视在过去一年里，司法工作中存在的不足、挑战以及所出现的新情况，而这些正是需要在2016年的工作中进一步完善的地方。

1. 法院工作回顾总结

在党的十八大和十八届三中、四中、五中全会的指引下，2015年，上海市法院紧紧围绕"四个全面"战略布局，将努力让人民群众在每一个司法案件中感受到公平正义，并围绕司法改革、审判工作、服务经济社会发展、服务群众、加强队伍建设等五个方面积极开展各项工作。

（1）司法体制改革全面推进。谈及2015年的法院工作，不得不提的就是司法体制改革的推进。2015年，在最高人民法院的指导下，上海市司法体制改革试点工作全面推进，按照先行试点、先易后难、于法有据、稳步推进的工作思路，各试点单位有重点、有步骤地推进各项改革。

一是推进立案登记制改革。为保障当事人诉权，解决立案难问题，上海市法院根据最高人民法院的规定实行立案登记制改革，自2015年5月1日以来，全市法院当场立案率为98.5%，位列全国法院前列，可以说，上海市法院对依法应该受理的案件切实做到了有案必立、有诉必理。

二是贯彻落实最高人民法院的《人民法院第四个五年改革纲要（2014~2018）》（简称"四五改革纲要"），推进跨行政区划法院改革和刑事速裁程序试点改革以及制度创新等。根据改革部署，上海市第三中级人民法院成为全国首家跨行政区划法院，到2015年12月底，共受理案件1370件，审结1162件，充分发挥了跨行政区划法院的作用；2015年7月在全市推进刑事速裁程序改革，全年共有4668件案件适用刑事速裁程序审理，当庭宣判率达到99.8%，经一审息诉的案件也达到了96.2%，提高了诉讼效率。

三是以落实司法责任制为重心，审判权力运行机制改革全面推进。将建立科学的审判权力运行机制作为重点，制定了独任法官、合议庭审判规则及审判人员权力清单，落实了"让审理者裁判"这一原则，并以权责统一为原则，制定了审判人员责任清单，明确了法官在职责范围内对办案质量终身负责，贯彻了"让裁判者负责"的原则；以有效的审判管理和监督制度为保障，明确了院、庭长行使审判管理权、审判监督权的职责。

四是以落实员额制为重点，全面推进人员分类管理改革。根据司法规律和职业特点，上海市法院通过双向选择、考核考试、差额遴选等九个步骤，在2015年9月完成了首批人员的分类定岗任务，有2296名法官入额，占总编制数的25.5%，一方面确保了高素质法官进入员额，另一方面留有余额补充新法官。另外，探索建立了法官助理制度以及符合司法规律和职业特点的法官选拔任用制度。在此基础上，建立了法官日常考核、晋升机制以及符合法官职业特点的职业保障机制，配套落实员额制。通过改革，可以明显看到，审判资源配置进一步优化，一线法官实际力量得到了增强，司法辅助人员配置趋向合理，法院队伍结构也得到了优化，以员额制为基础，基本建成了具有上海法院特色的人员分类管理制度。

五是以信息化为导向，加强法院工作现代化建设。抓住人民法院推动"天平工程"的有利契机，积极推进《上海法院信息化建设三年规划（2014~2016）》的实施，建成了"上海市高级人民法院综合信息系统"，加强了对审判工作的信息化管理，形成了信息化的大格局，极大地提升了法院工作的现代化水平。

2015年，上海市法院稳步推进司法体制改革，司法公信力得到了进一步提升，阶段性成效显著，然而，在这些成绩的背后，我们必须清醒地看到，司法体制改革过程中还存在一些困难和问题需要进一步解决，例如，改革的配套措施跟不上以及如何理顺审判权独立与监督的关系，等等。另外，对于在改革过程中出现的一些新情况、新问题，也要高度关注，以保证改革的顺利进行。

（2）积极发挥审判职能，维护司法公正。说到法院工作，最基本的就是履行审判职责。2015年，上海市法院全年共受理的案件有62.29万件，审结61.45万件，分别同比上升了13.2%和12.7%，审判效率稳步提升。据统计，一审息诉率达到92.3%，经二审后的息诉率为98.9%。入选最高人民法院公报案例有6件，指导性案例有2件，分别占全国法院入选数的31.6%和16.7%，审判质量逐步提升。审结了一批社会影响较大的案件，如《21世纪经济报道》系列案，陈怡、江杰集资诈骗案，全国首例涉及多国的奥依西·凯蒂·尤莉引渡案等，取得了良好的效果。加强对职务犯罪的惩罚，规范对减刑、假释的法律适用，充分履行审判职能，维护了当事人的合法权益。立足司法实践，上海市法院制定了《关于规范小额诉讼审判工作的实施细则》，推进了案件的繁简分流，提高了诉讼效率。针对"执行难"问题，上海市法院加强执行联动，完善跨区域执行协作机制，率先接通全国法院执行查控系统，可对被执行人在全国范围内金融财产进行查询、冻结，一定程度上缓解了"被执行财产难寻"的问题。通过专项治理等一系列措施，努力破解执行难问题，保障胜诉当事人的合法权益。在人权司法保障方面，上海市法院积极履行审判职能，健全防范冤假错案机制，充分保证被告人获得辩护的权利，依法保障律师的执业权利，维护司法公正。

(3) 司法服务社会和经济发展新常态。2015年，上海市法院努力为经济社会发展营造良好司法环境，对本市经济社会发展做出了极大贡献。主要包括以下几方面：一是发挥司法服务保障平安上海建设的作用，积极参与社会治安综合治理，维护互联网安全，积极参与社区矫正，充分发挥社区矫正的功能，加强对未成年人的司法保护，建立和完善以诉访分离、信访终结、律师为主的社会第三方参与化解的工作机制，为平安上海建设提供司法服务。二是发挥司法服务保障科技创新中心建设的作用，健全服务保障工作机制，加强对知识产权的司法保护，充分发挥法院对知识产权的审判职能作用。2015年全市法院共受理了9077件知识产权案件，审结了8254件，分别同比上升36.2%和28.5%，审结了全国首例涉互联网金融"拍拍贷网"知识产权纠纷案。三是发挥司法服务保障上海自贸试验区建设的作用，强化司法保障机制，及时调整案件受理范围。根据自贸区案件专业化审判需要，于2015年4月成立了"浦东新区法院自贸区知识产权法庭"和"上海海事法院自贸区法庭"，分别受理了案件1434件和341件，审结了1315件和321件，其中就包括全国首例涉自贸区外商独资企业间申请承认与执行外国仲裁裁决纠纷案，由此可以看出，上海市法院加强了对自贸区发展的司法应对工作。四是发挥司法服务保障"四个中心"建设的作用，2015年，全市法院共审结一审金融案件9.16万件，一审海事海商案件4022件，同比上升58.6%和77.7%，提高了金融、海事海商案件的审判效率，其中，"光大证券乌龙指"纠纷案的审结开创了我国证券市场内幕交易民事赔偿的先例。对于"一带一路"和海洋强国战略的发展，上海市法院也制定了相应的指导意见，为战略的实施提供了司法保障。

(4) 司法为民，满足群众多元化司法需求。司法为民是法院最根本的宗旨。在过去的一年里，上海市法院始终坚持以问题和需求为导向，采取有力措施，消除诉讼障碍，方便人民群众诉讼。一是积极推进诉讼服务中心建设，坚持诉讼服务"全方位、零距离、无障碍"，规范诉讼服务大厅建设，健全诉讼服务中心工作制度，建立引导分流、首问负责等工作机制，实现了由诉讼服务中心提供庭审以外的全部诉讼和非诉讼服务，拓宽了司法便民渠道。二是强化诉讼服务平台和律师服务平台的建设,使司法更贴近群众。推进完善"上海法院12368诉讼服务平台"的工作机制,进一步拓展平台的服务功能,相继建立了自己的微信公众号和开发了手机App,该服务平台全年共提供人工服务达21.6万件、自助服务也达到88.7万次,分别同比上升88%和208%,服务量大幅上涨,群众对诉讼服务满意率达到99.9%,对处理结果满意率达95%,服务质量也逐步提升。为了使律师执业更加便利,"上海法院律师服务平台"应运而生,从2015年1月开通以来,已被上海市1289家律师事务所使用,占总数的91.4%,全年累计提供各类服务达48万次,日均1300余次。三是推进多元化纠纷解决机制建设。以诉调对接中心为载体,推进多元化纠纷解决机制建设,满足群众多元化司法需求。据统计,全市共有20.26万件案件被法院诉调对接中心所受理,其中,8万余件调解成功,调解成功率为39.49%。另外,浦东和普陀法院被最高人民法院确定为全国多元化纠纷解决机制改革示范法院。四是加强人民法庭建设,充分发挥人民法庭便民的独特优势。在过去的一年里,共有7.94万件案件通过人民法庭审结,2.5万件纠纷通过人民法庭调解结案,分别同比上升5.5%和13.1%。

(5)司法公开,建设阳光司法体制。"阳光是最好的防腐剂",对于法院工作而言,就是要求建设阳光透明的司法体制。在贯彻上海市委关于"阳光司法、透明法院"的要求下,上海市法院积极构建开放、透明、动态、便民的阳光司法体制。一是建立司法公开的评价机制。制定了《上海法院司法公开评估指数设定办法》,定期发布全市法院司法公开评估情况报告,促使司法公开常态化、规范化。二是完善人民陪审工作制度。全市法院积极推进人民陪审员制度改革,完善参审机制,扩大参审范围,推进司法民主,在过去的一年里,人民陪审员参与审理的一审案件达6.48万件,陪审率达96%。三是健全审判执行公开机制,提升司法透明度。坚持审判公开,建立案件信息全流程发布机制,上海市法院全年向当事人推送案件节点信息76.03万条,网络庭审直播共1074场次,网上浏览量达到4175万人次。完善裁判文书公开机制,将依法可以公开的生效判决书全部放在网上,全年共有13.44万份生效判决书被放在网上。深化执行信息公开机制，以便申请执行人可以随时查询执行进度、执行结果等情况。四是健全信息发布机制，通过完善新闻发布机制、开展"公众开放日"活动以及微博、微信等新媒体平台，拓宽群众获取司法信息的渠道。

（6）提高整体素质，推进法院队伍建设。一支高素质的队伍是法院有效开展各项工作的有力保障。因此，按照习近平总书记"五个过硬"的要求，上海市法院秉持正规化、专业化、职业化的标准，积极推进法院队伍建设，为司法公正提供强有力的队伍保障。一是加强理想信念教育，按照"三严三实"专题教育的要求，结合司法实际，全市法院注重在理想信念、法治信仰、职业操守、司法作风等方面开展专项教育，坚定干警的理想信念，规范司法行为，改进司法作风。二是完善高素质人才培养机制。创新培养方式，强化培训力度，全年共举办各类业务培训班114期，共有6932人次参训，对于入额的新任命的审判人员，及时进行专题培训，使得法院队伍的履职能力和水平得以明显提升。三是加强司法廉政工作建设。坚持从严要求，贯彻落实党风廉政建设的主体责任和监督责任。抓廉政教育，抓制度建设，贯彻执行法官任职回避制度，目前上海法院配偶、子女为律师的103名法官已全部实行一方退出；加强对全市基层法院的监督，配合最高人民法院开展司法巡查，针对反馈的问题，扎实开展整改；认真开展审务督察和案件廉政回访，在监督查处过程中，共发放廉政监督卡91.2万份，开展案件廉政回访9961次，查处违纪违法案件8件8人。四是发挥典型引领作用。全市法院深入开展向邹碧华同志学习的活动，在邹碧华精神的鼓舞下，全市法院出现了比学赶超、创先争优的良好氛围，涌现了一大批邹碧华式的好法官、好干部。2015年，全市共有43个集体、50人次获得市级以上表彰奖励，还组建了邹碧华先进事迹报告团，将邹碧华精神传遍祖国大地，取得了良好的社会效果。

就队伍建设而言，上海市法院在过去一年里的确做足了功课，成效显著，为司法体制改革提供了强有力的保证。然而，个别人员违纪违法情况还时有发生，损害了司法公信力，值得我们深思。

## 2. 检察院工作回顾总结

回顾2015年，在党的十八大和十八届三中、四中、五中全会精神以及习近平总书记系列重要讲话精神的指引下，上海市检察机关紧紧围绕经济社会发展大局，以司法改革为导向，充分履行各项检察职能。

（1）全面推进司法改革试点工作。回顾检察院2015年的工作，最值得关注的就是司法体制改革。2015年是全面深化司法体制改革的关键一年，经过一年多的探索，上海市检察机关司法体制改革试点工作取得了阶段性的成效，主要体现在以下几个方面。

一是坚持制度创新，主要体现为在改革试点过程中，上海市检察院制定了改革试点政策、人员分类、检察权运行、检察官管理等5个方面30余项配套制度，为全国司法体制改革创造了可复制、可推广的经验。

二是稳步推进跨行政区划检察院改革试点工作。上海作为中央批准的全国两个跨行政区划检察院改革试点地区之一，依托上海市人民检察院铁路运输分院成立上海市人民检察院第三分院（以下简称"三分院"），在市委政法委的积极推动下，明确了全市破坏环境资源，危害食品药品安全，民航、水运、海关领域刑事案件和知识产权、海事等案件由三分院监督并实行集中管辖。在过去的一年里，三分院充分发挥了跨行政区划检察院的作用，受理审查起诉跨行政区划重大职务犯罪、危害食品药品安全等特殊管辖案件99件184人，为全国司法体制改革创造了可推广的经验。

三是落实司法责任制。坚持检察长领导和检察一体化的检察体制，落实"谁办案谁负责、谁决定谁负责"原则，构建公平合理的司法责任认定、追究机制，制定检察官"权力清单"，突出检察官司法主体地位，坚持权责相统一原则，明确各司法责任主体的权限和责任，严格办案组织内部的监督制约机制，加强对案件的办理流程管控，建立案件质量评查制度和司法责任评鉴机制，探索建立公正高效的检察权运行新机制。

四是严格实施员额制，落实分类管理制度。根据司法规律和职业特点，科学制定检察官入额比例，严格设置入额条件，择优遴选产生全市首批入额检察官1565名，占队伍编制总数的27.9%，入额检察官全部具有大学以上学历，其中，具有硕、博士学历的占到 39.8%。平均办案经历 19 年，队伍结构和素质发生重大变化，坚持检察长必须办案的原则，强化了一线办案力量。通过此次改革，完成了全市检察人员的分类管理工作，检察官、检察辅助人员、司法行政人员的比例分别从改革前的 51.5%、20.7%、6.9% 调整为目前的 27.9%、40.2%、11.4%，结构趋于合理。

五是深化司法公开。据统计，2015 年，全市共公布法律文书 18848 份，公开案件程序信息 58237 件。为进一步推进司法公开，上海市检察机关开通"12309 上海检察服务平台"，统一开展受理举报、信访、信息查询、法律咨询、行贿犯罪档案查询等 9 项服务，线上线下服务同步开展。为深化司法公开，各级检察院共开展"检察开放日"活动 108 次，新闻发布活动 29 次，加大信息公开力度。

（2）立足检察职能，服务经济社会发展。服务保障经济社会发展是检察机关的职责之一。回顾 2015 年，上海市检察机关立足检察职能，主要从以下几个方面来服务本市经济社会发展。

一是积极维护城市公共安全和社会稳定。据统计，在过去的一年里，检察机关共批准逮捕犯罪嫌疑人 27691 人，提起公诉 32148 件共 42343 人，对危害城市公共安全和故意杀人、抢劫、绑架等严重暴力犯罪予以坚决打击，维护社会的长治久安。对重大敏感案件的审查起诉工作高度重视，办理了《21 世纪经济报道》敲诈勒索、强迫交易系列案、"福喜公司"生产销售伪劣产品案等一批案件，维护了公共安全和社会稳定。

二是主动为科技创新中心建设提供司法服务，推动建立专利、商标、版权统一的司法、行政、企业知识产权保护信息共享平台，加大对科技成果的保护力度。办理了"淘宝城"侵犯知识产权系列案、利用手机 App 侵犯著作权等一批新类型重大案件，对侵犯知识产权犯罪加大打击力度。为了给大众创业、万众创新营造良好的司法环境，上海市检察机关发布《上海知识产权刑事典型案例》，提示风险防控和防范重点，为科创中心的建设提供司法服务。

三是服务保障上海自贸区建设，制定《全力服务保障自贸区扩区新战略的工作意见》，扩大自贸区检察室管辖范围；建立自贸区检察专家智库，提升法律研究和服务能级；据统计，上海市检察机关办理了与自贸区经济活动相关的刑事案件174件239人，就自贸区首例外资公司跨境逃汇案等重大案件提起了公诉；不仅如此，上海市检察机关还发布了《自贸区刑事检察白皮书》，主动牵头与外省市自贸区所在地检察院建立信息互通、资源共享、协作配合的工作机制。

四是服务保障国际金融中心建设。为了更好地建设国际金融中心，上海市检察机关与本市金融监管部门建立了信息共享、办案协作等工作机制，并且加大对非法吸收公众存款、信用卡诈骗等金融犯罪的打击力度，针对股市剧烈波动，加大对内幕交易、利用未公开信息交易等金融犯罪的打击力度，规范金融秩序，另外，还发布了《金融检察白皮书》，加大检察建议力度，为金融中心建设提供司法保障。

回首2015年的检察工作，上海市检察机关在促进本市经济社会发展方面确实功不可没。然而，即便如此，面对经济发展新常态和社会发展的新形势，我们必须清醒地认识到，检察机关服务保障上海市经济社会发展的职能作用还有待充分发挥。

（3）加大查办和预防职务犯罪力度。查办和预防职务犯罪是检察机关重要职责之一。上海市检察机关坚持有案必查、有腐必惩的方针，探索专业化办案机制。据统计，2015年，共立案侦查贪污贿赂案件363件428人，渎职侵权案件38件48人。其中，案值在100万元以上的贪污贿赂案件88件104人，同比上升51.7%；立案侦查局级干部7人，处级干部51人。对行贿犯罪，加大惩罚力度，共有89件行贿案件112人被查处，从源头上遏制司法腐败。另外，对侵害民生的职务犯罪案件严厉查办，就扶贫救济、征地动迁、教育就业、医疗卫生等民生领域的职务犯罪案件共查处了148件180人。对渎职案件依法开展专项调查。深化预防职务犯罪工作，认真贯彻上海市人大常委会制定的《上海市预防职务犯罪工作若干规定》，积极开展预防基层职务犯罪工作，加强对重大项目的廉政建设，对贿赂犯罪的源头进行治理，将行贿犯罪档案强制查询制度拓展至海事、出入境检验检疫等领域,深入推进反腐败斗争。开展优秀预防公益微电影展播,通过网络平台推送预防职务犯罪公益作品60余部,扩大了职务犯罪预防的社会影响力。

(4)检务为民,提升司法公信力。让人民群众在每一起司法案件中感受到公平正义是检察机关履职的目标,同时,服务群众,提升司法公信力,也是检察机关应该践行的责任。2015年,上海市检察机关在检务为民,提升司法公信力上主要开展了以下的工作:对于影响人民群众安全感的严重刑事犯罪依法惩治,保护群众的合法权益。严厉打击电信诈骗、集资诈骗等涉众型经济犯罪,办理了一系列网络电信诈骗等案件。另外,就破坏环境资源、危害食品药品安全等犯罪案件提起公诉342件共393人,保障了人民群众生命健康安全。切实保障未成年人、妇女权益,严惩性侵、拐卖、虐待未成年人的犯罪,加强对涉罪未成年人的教育挽救工作。为了提升服务社会能力,更好的服务群众,上海市检察机关进一步深化社区检察制度,在基层开展针对基层的检察监督活动,加强基层执法监督,切实维护群众的合法权益。深化社区检察室的建设,促进检力下沉,使检察机关置身于人民群众之间,让群众了解检察工作,感受到司法公正,从而在群众中树立起法治的权威,增强公民懂法、守法的意识和责任。

(5)进一步提升法律监督水平。作为法律监督机关,履行监督职责、提升监督水平是检察工作的应有之义。回顾2015年,上海市检察机关加大了法律监督力度,完善了监督机制,进一步提升了监督水平。主要体现在以下几方面:一是加强刑事诉讼监督,据统计,在过去的一年里,上海市检察机关依法排除非法证据27份,要求公安机关对瑕疵证据补正和做出合理解释127份,对违法取证等侦查违法行为提出纠正意见378份,纠正漏捕358人,漏诉333人,不批准逮捕6370人,不起诉750人,提出刑事抗诉35件,再审检察建议24件。另外,对刑事执行也加强了监督,对不符合减刑、假释、暂予监外执行条件的,提出检察意见255件。对羁押必要性审查高度重视,共受理1343人,提出释放或变更强制措施建议的有791人,有672人被采纳。二是加强民事行政诉讼监督,全年共受理民事、行政生效裁判的监督申请1293件,提出民事、行政抗诉51件,制发纠正违法检察建议27件，受理民事执行监督234件，提出检察建议34件。另外，也加强了对行政执法的监督，向行政机关提出督促履行职责的检察建议共有10件。三是加大对类案的监督力度。上海市检察院确定了14个重点监督项目，就其在执行法律过程中出现的问题提出检察建议，深化监督层次，切实维护司法公正。

总体而言，2015年，上海市检察机关的法律监督工作确实卓有成效，但问题也依然存在，例如，监督的力度还有待进一步加强，监督的方式也有待进一步完善，检察监督不能流于形式等，需要在2016年的工作中进一步完善。

(6) 强化检察队伍建设。队伍建设是检察机关其他各项建设的基础。回顾2015年，上海市检察机关主要从以下几方面加强队伍建设：一是深入开展"三严三实"专题教育，进一步坚定理想信念、强化党性原则、强化责任担当，努力建设一支忠诚廉洁有担当的检察队伍。二是开展规范司法行为专项整治工作，结合上海实际，以更高标准、更严要求全面查处司法不规范突出问题，对这些问题进行整改，并且制定了"上海检察机关关于进一步深化检察改革，规范司法行为，提高司法公信力40条意见"。三是加强对检察官队伍的管理。严格落实《上海法官、检察官从严管理六条规定》，对于从事律师、司法拍卖、司法审计职业的检察官配偶，实行一方退出制度。另外，还制定了《上海检察机关检察官从业规范》，通过该规定对检察官的职业操守、职业形象和社会交往等提出了更高要求。制定了《关于检察官业务考核的规定》，进一步完善了检察官的评价体系，将评价结果作为检察官任职、晋职晋级的重要依据。创新培训机制，提升检察人员的专业技能。2015年又有4人获得全国检察业务竞赛"业务标兵"、"业务能手"称号，1人被评为"上海市优秀中青年法学家"。四是深入推进党风廉政建设。在全市检察机关开展"严肃办案纪律、严格职业操守"专题警示教育活动，正风肃纪。坚持从严治检，对9名违反职业操守、廉洁规定和办案纪律的检察人员进行了严肃查处，强化了对检察队伍的建设，提升了整体素质。

3. 律师工作回顾总结

回顾 2015 年，上海市律师行业紧紧围绕服务全市经济社会发展的大局，维护和保障公民权利，积极参与司法改革，稳步推进各项工作，取得了新进展。

（1）律师行业稳步发展。2015 年，上海市律师行业继续稳步发展，律师事务所和律师人数都在不断增长，结构和规模更加优化。据统计，截止到 2015 年底，全市共有律师事务所 1405 家，包括 120 家外省市律所在上海设立的分所。其中，普通合伙制律所有 918 家；特殊的普通合伙律所有 4 家；个人所 363 家。随着律师事务所的较快发展，律师的数量也在不断增加，全市共有执业律师 18521 人；其中，专职律师 16909 人，包含 8 名香港地区的律师、41 名台湾地区的律师、499 名外地派驻上海律师；兼职律师 637 人、公职律师 663 人、公司律师 312 人。其中属于上海市律协特邀会员的公职律师有 74 人，公司律师有 108 人，外资所驻沪代表有 20 人。

2015 年，无论是律师事务所的数量还是律师的人数，较以往都有较大的提升，然而，律师行业的发展依然存在着这样或那样的不足，例如，高端法律服务人才稀缺等，亟待进一步加大培养力度。

（2）积极参与司法改革。律师作为依法治国的重要主体，对于全面深化司法体制改革，建立公正高效权威的司法制度具有重要的现实意义。2015 年，司法体制改革在上海全面推进，律师团体积极参与司法改革，在改革中谋发展，充分发挥了律师自身的作用，通过发展再促改革。

一是将优秀的律师遴选进法院、检察院，积极推进法官和检察官队伍专业化建设，为司法体制改革广聚人才，畅通司法人才交流渠道。上海作为全国司法体制改革的排头兵，2015 年在选拔优秀律师、法学专家担任法官、检察官的改革中迈出了第一步，通过层层考核筛选，原北京大成（上海）律师事务所高级合伙人商建刚律师被遴选为上海市二中院三级高级法官，充分发挥了律师参与司法改革的积极作用。二是推进法律职业共同体建设。2015 年，在司法体制改革的推进下，上海市律师协会积极推进法律职业共同体建设，与公、检、法等部门开展一系列的合作，签署合作协议和相关规定，从制度层面保障律师的执业权利，逐步改善律师的执业环境，为司法体制改革营造了良好的法治环境。三是为司法改革建言献策。作为奋战在司法一线的代表，律师的意见建议对司法体制改革的推进举足轻重。上海市委常委政法委书记姜平、上海市人大常委会副主任薛潮、市检察院检察长陈旭、全国律协会长王俊峰等先后到市律师协会调研，围绕司法体制改革、保障律师执业权利等问题召开座谈会，上海市律师协会积极组织律师参与座谈，提出许多建设性的意见和建议，对上海市司法体制改革具有积极的促进作用。

（3）服务经济社会发展。律师既是全面推进依法治国的重要力量，也是经济社会健康发展的保障力量。2015年，上海律师行业立足本职工作，在司法改革中勇于担当，为上海市经济社会发展提供专业法律服务。一是联合其他有关单位主办了第五届外滩金融法律论坛和第七届陆家嘴法治论坛，深入探讨"一带一路"国家战略下法律服务业面临的机遇与挑战，为推动"一带一路"建设提供充足的司法保障。二是积极服务自贸区建设和科技创新中心建设。律师团体通过自身的专业知识为自贸区和科创中心建设提供优质高效的法律服务，为上海自贸区和科创中心的建设与发展保驾护航，在自贸区和科创中心的建设中发挥了积极的作用。三是签署建立《长江经济带律协会长年会机制备忘录》，建立常态化运行机制，为长江经济带建设提供司法服务。四是上海市律师协会与中国人民银行金融消费权益保护局开展合作，就金融消费权益保护领域的立法、公益诉讼、法律援助、纠纷的非诉调解等内容进行交流座谈，服务上海金融中心建设。

（4）参与法治政府建设。一是积极参与上海市人民政府兼职政府法律顾问的选聘工作。2015年8月31日，经过公开选拔，由5名资深法律专家和7名专职执业律师组成的首批上海市政府兼职法律顾问正式产生，充分体现了上海市律师在构建法治政府中发挥的积极作用。二是律师人大代表、政协委员积极参政议政。在上海市"两会"上，各级律师人大代表和政协委员提出的议案、提案、书面意见和社情民意共156件，涉及的领域包括上海自贸区建设、小区物业、大型群众活动安全保障评估、规范商业预付卡、加强政府法律顾问建设、外商投资国家安全审查机制建设、加强上海科技服务业建设等。三是加强与政府部门交流合作。上海市律师协会与市经信委就"互联网+法律"问题进行交流座谈，对政府部门在互联网时代下履职提供法律建议。四是积极推进公共法律服务建设，根据司法部的规定，上海市律师协会整合全市律师、公证、法律援助、司法鉴定等法律服务资源，在市和区县积极推进综合法律服务中心建设，同时，积极推进建立覆盖全市街镇和居（村）委会的公共法律服务网络，努力把公共法律服务送到群众身边，推进法治社会建设。

（5）积极履行社会责任。执业为民、服务群众是上海市律师工作的根本宗旨。2015年，上海市律师团体积极服务群众，努力践行社会责任。一是主动参与2015年上海市"3·15"国际消费者权益日系列活动，结合自身行业资源优势，律师团体积极为消费者提供现场法律咨询服务，取得了良好的社会效果。二是积极参与上海市律师协会公益法律服务中心建设。2015年12月，市律师协会公益法律服务中心正式过驻市司法局行政服务中心。作为上海律协设立的下属机构，公益法律服务中心承载着为困难群体免费提供法律咨询、免费查询本市律师行业的公开信息、举办公益类讲座、研讨活动等工作任务。三是组建成立了上海市总工会第四届法律顾问团，切实维护职工权益。2015年是市律师协会与上海市总工会法律顾问团项目友好合作的第十年。十年来，市律师协会在维护职工权益工作中发挥了积极的作用。过去的一年里，有15名上海律师被聘为市总工会第四届法律顾问团成员。四是积极参与赴西藏无律师县志愿服务工作。根据司法部和全国律协等单位的要求，有4名律师分别在日喀则地区的日喀则市、谢通门县、仁布县和聂拉木县对口支援，为当地提供法律服务，给群众开展免费法律咨询，同时还直接以律师身份办理法援案件，为西部地区司法事业的发展发挥了自身的作用。五是积极参与全国律协《关于实施西部地区律师业发展"百千千工程"》。2015年，有4名律师赴新疆乌鲁木齐、克拉玛依、阿克苏三地开设专场讲座，取得了一定的成效；有4名律师赴新疆乌鲁木齐、伊犁、阿勒泰和石河子四地进行授课，律师们立足本职工作，积极履行社会赋予的职责。

（6）加强律师队伍建设。加强自身队伍建设是律师行业发展的不竭动力。回顾2015年，律师行业主要从以下几方面加强队伍建设：一是加强思想建设。深入贯彻学习党的十八大与十八届三中、四中、五中全会精神，强化广大律师群体走中国特色社会主义法治道路的自觉性和坚定性。二是强化诚信建设。深化律师行业信用信息体系建设，将律师、律师事务所的信用信息依权限分别向社会公众、法律服务行业、市信用平台（包括其他行政机关）开放查询功能，促使律师、律师事务所更加重视、爱惜自己的职业信用和行业荣誉。三是加强纪律惩戒建设。2015年，市律师协会纪律委员会委派了全体委员和区县律工委推荐的调查员开展专案调查，已对28起违纪专案正式做出处分决定，加强了对律师违法违规执业的惩戒力度，促进了律师队伍的专业化建设。四是健全实习人员管理考核制度。根据全国律协的相关规定并结合上海律师行业的实际情况，市律师协会修订了现有的《实习人员面试评分标准》。举行首次实习人员面试考官聘任仪式，进一步健全考核制度，严控律师的准入门槛。五是拓展对外交流渠道，推动上海律师国际化进程。开展国际性交流活动，促进上海律师与国外律师进行深入的交流和沟通，签署友好合作协议等；加强和巩固与香港大律师公会的合作，与香港大律师公会签订2016年度谅解备忘录，另外，有7家上海律师事务所聘请香港大律师作为法律顾问，律师团体还积极参加涉外论坛，加强交流与合作，提升上海律师国际化水平，打造高素质律师队伍。

### （二）2015年工作亮点

1. 法院工作亮点

2015年法院工作的亮点主要是围绕司法体制改革所进行的司法责任制改革和员额制改革。

（1）司法责任制改革。司法责任制在整个司法体制改革中居于基础性地位。任何权力的行使，都必须建立在问责的基础之上，实现权责统一。2015年，上海市法院进一步推进司法责任制改革。积极推行主审法官办案责任制，凸显了主审法官在办案中的主体地位，建立了办案人员权力清单制度，明确院、庭长不得对未进入案件审理程序的裁判文书进行审核签发，也进一步完善了审委会的工作机制，规范了审委会讨论案件的范围，据统计，改革后全市法院直接由独任法官、合议庭裁判的案件比例为99.9%，依法提交审委会讨论案件为0.1%。建立专业法官会议制度，促进法律适用统一。同时，制定审判人员的责任清单，明确了终身责任制的界定。另外，在审判工作中，对于法官故意违反法律法规的，或者因重大过失导致裁判错误并造成严重后果的，依法应当承担违法审判责任，加强了对司法权力的制约监督。通过改革，一定程度上解决了审判工作中不同程度存在的审判分离、权责不明、请示汇报、层层审批等行政化问题。

（2）员额制改革。回顾2015年，随着员额制的推行，司法人员的利益格局得到重新"洗牌"，因而这项改革也被认为是"最难的改革"。上海法院作为改革试点单位，牢牢抓住改革的牛鼻子，积极稳妥地推进员额制改革。将法院人员分为法官、审判辅助人员、司法行政人员三大类，并确立了33%、52%、15%的员额比例，实行员额制管理，本着公开透明、公平公正、考核考试、差额择优的工作原则，通过九个程序性遴选步骤初步完成了人员的分类定岗，最终，有2296名法官入额（包括四家先行试点法院），占总编制数的25.5%。

2. 检察院工作亮点

回顾过去的一年，检察机关的工作亮点无疑也是围绕司法体制改革所开展的各项举措，而这其中最为重要的是完善落实司法责任制。2015年，上海市检察机关根据案件的类型、复杂难易程度以及履行职能的需要，实行两种办案组织形式，即独任检察官和检察官办案组，制定了检察官的"权力清单"，保证检察官的司法主体地位，明确界定了检察官、检察长、检委会各自的职责权限和司法责任归属。通过改革，检察长和检委会行使的职权从改革前的50余项减少到17项，由检察官独立决定的案件范围由68%扩大至82%，检察官的办案主体地位更加突出，办案的独立性得到进一步加强，但与此同时，对检察官司法办案活动也进行了有效的监督和制约，对案件处理实行全面记录、全程留痕，及时纠正违反程序和办案规范的问题，严格落实办案质量终身负责制和错案责任问责制,确保检察官依法公正行使检察权。

3. 律师工作亮点

2015年,律师工作的亮点主要就是在司法体制改革的推动下,积极推进法律职业共同体建设。2015年,上海市律师协会围绕全国律师工作会议精神,积极与公、检、法等部门开展交流。2015年4月,与市检察院三分院联合签署《协作配合工作备忘录》,内容包括加强律师接待窗口建设等,畅通了律师与检察机关的沟通渠道,10月,与市检察院就保障律师权益议题交流座谈,市检察院根据两院三部颁布的《关于依法保障律师执业权利的规定》,通过建立全方位的交流合作关系,进一步完善保障律师执业权利的工作制度,为双方的良性互动工作机制奠定的基础。另外,组织本市律师参加市一中院的"法官与律师职业共同体构建"法官沙龙,围绕怎样进一步推进法官与律师的法律职业共同体建设等议题开展了热烈讨论。与市二中院联合签署《关于律师参与多元化纠纷解决合作备忘录》,为律师参与纠纷解决工作提供充分保障。与市三中院专门就《关于依法保障律师执业权利的实施意见》展开专题研讨并与其签署《律师志愿者诉讼服务合作协议》,根据协议,共建具有社会志愿性质的"法律志愿服务窗口"。另外,加强律师"一卡通"建设,推动建设一个覆盖律师法律服务全流程的统一服务平台,包括与上海检察、公安系统等业务系统的互联互通工作,方便律师参与诉讼,加强法律职业共同体建设。

## 四 依法治市工作深入开展

### (一)依法治市工作回顾总结

上海市围绕贯彻落实党的十八届四中全会精神,注重顶层设计,以《法治上海三年行动计划》为重要抓手,继续深化了依法治市工作。上海市在人大立法、依法行政、司法体制改革等方面取得了成效,在法制宣传教育、基层法治创建、创新社会治理、维护公共安全等领域也不断进行创新,取得了突破性的进展。

1. 加强法制宣传，提升社会法治观念

依法治市的基础是普法教育，上海市将法制宣传教育作为依法治市的基础性工作。通过加强法制宣传教育，提升社会法治观念，夯实依法治市的法治基础。2011 年，上海市正式启动本市"六五"普法工作，2015 年是"六五"普法规划总结验收之年，一年来，在市委、市政府的正确领导和全国普法办的有力指导下，上海市各级法制宣传教育部门在推进重点对象学法用法、建设社会主义法治文化、运用新媒体技术提升宣传效果、紧扣城市建设管理难点推进依法治理工作等方面取得了新的进展，顺利地完成了"六五"法制宣传教育规划确定的各项任务，为上海开展依法治市工作营造了良好的法治氛围。

（1）全面宣传法治实践。围绕"维护宪法权威"开展法制宣传教育，例如，2015 年上海市宪法宣传周期间，开展"我爱宪法，我守规则"全民晒承诺公益行动，通过微信、微博等新媒体平台，共征集 10 万余张公民晒承诺照片，取得了辐射全国 30 个省份的影响力；围绕"创新驱动发展"开展法制宣传教育，例如，浦东新区通过发放自贸区条例、拍摄专题公益宣传片、制作主题宣传海报等开展自贸区条例宣传活动；围绕"法治上海建设"开展法制宣传教育，例如，市司法局 2015 年举办"城市治理论坛"，推广基层依法治理优秀案例，展示上海法治建设进步成果；围绕"创新社会治理"开展法制宣传教育，针对黑车、群租、违法建筑、电信诈骗等城市治理难题，组织开展了 120 余次各类专项法制宣传教育活动。

（2）分层分类推进全民守法。聚集"关键少数"，深化国家机关工作人员学法、用法。将法治教育纳入全市干部教育培训总体规划，将宪法等法律法规作为党委中心组学习的必备内容，将法治内容列为公务员培训重要项目，实现了领导干部和公务员学法常态化运作；抓住"关键时期"，三位一体推进青少年法制宣传教育。截至 2015 年底，本市各级各类学校中，有超过 90% 开设了法治课程，不少区县和学校还拥有自己编写的法治区本、校本教材，如上海市社会科学界联合会编写的中小学生宪法教育读本等。与此同时，2015年上海市全面落实了法治副校长制度，各级各类学校普遍建立了"法律顾问制度"，在全国居于领先地位。此外，突出"活跃人群"，广泛开展企业白领法制宣传教育活动；关注"流动人口"，扎实推进来沪务工人员法制宣传教育。

（3）多措并举培育法治文化。2015年，上海市法制宣传教育联席会议办公室开展了法治文化进地铁、公交、公园、广场、街道等活动，拓展了法制宣传的空间。与此同时，通过搭建工作平台，推动法治文化作品创作，例如开展法治文化作品征评活动来开发丰富多彩的法治文化作品等。各区县结合各自实际开展了各类活动，将法治文化融入公园、街道、广场、展馆、绿地等公共空间，截至2015年底，上海市已经建成嘉定法宝文化中心、展示厅和书画院，浦东法治主题公园和宪法广场，松江方塔法治园，长宁华阳路法治文化街等法治阵地。这些举措有效地营造了法治文化氛围，让市民在休闲娱乐中也能学习法律知识、领悟法治理念，以及感受城市的法治文化。

（4）运用好新兴媒体。上海市在将互联网作为法制宣传主战场的同时，与时俱进，积极占领新媒体阵地。巩固优化东方法治网、上海政法综治网等网络普法阵地，大力发展微博、微信等新媒体普法平台。上海市法宣办还创建了有近百个新媒体账号参与的"上海市法治传播新媒体联盟"，涵盖政法机关、媒体和个人，初步形成了全社会共同参与新媒体普法的新局面。"六五"普法以来，上海市各级法律宣传部门的新媒体意识不断增强，已经有效形成"互联网＋传统"的普法趋势。

（5）构建普法执法新格局。2015年，上海市以法治创建为重要抓手，落实"谁执法谁普法"的责任制。为实现"平安上海、法治上海"的总体要求，上海市依法治市办采取了项目化推进、条块联动、指标评估等方法，组织开展了法治城区建设、依法行政示范单位建设和基层法治创建活动，有力推动了本市科学立法、严格执法、公正司法、全民守法进程。在创建过程中，采取了很多创新性的做法，例如依托人大开放日、法院开放日、检察院开放日、公安博物馆等窗口，引导人们在体验立法、执法、司法的活动中接受法治教育。将普法教育渗透到执法办案的全过程，通过文明执法促进深度普法，将普法工作与执法实践相结合，构建了普法与执法的新格局。除此之外，普法工作注重以社会协同为支撑，广泛动员各方力量参与法制宣传。2015年，本市3个区被评为"全国法治县（市、区）创建活动先进单位"，38家单位先后成功创建依法行政示范单位，8个村（社区）被评为"全国民主法治村（社区）"。

2. 项目化推进，扎实开展各项工作

（1）继续推进《法治上海三年行动计划（2014-2016）》。2015年上海市依照市委《贯彻落实党的十八届四中全会（决定）建设法治上海重要举措方案》和《2015年上海市依法治市工作要点》提出的要求，继续以《三年行动计划》为重要抓手，全面推进依法治市、建设法治上海工作。2015年上海市依法治市办以项目化落实的方式，共确立与《三年行动计划》相关的项目247项，其中市级机关推进的项目100项，区县147项，涵盖了《三年行动计划》中9大块共54项内容。通过市、区（县）两级工作机制，有效地推进了依法治市工作。其中，部分区县还出台了加强法治建设的专门文件，如金山制订了《法治金山三年行动计划（2015-2017）》（以下简称《法治金山三年行动计划》），黄浦、闵行等区专门研究了与《三年行动计划》相匹配的各项规划，为依法治市工作提供了有效的指导文件。

（2）全面开展法治创建工作。上海市自2009年开展全面启动法治城区先进单位的创建活动以来，至今已有二十多年，积累了丰富的法治建设经验。2015年，上海市继续推进多层次多领域开展法治创建工作，各区县在法治城区创建项目遴选中，与落实《三年行动计划》相结合，按照"可评估""可操作""精益化"的原则，共确立了法治创建项目147项，包括坚持依法执政、严格依法行政、发展民主政治、确保司法公正、加强权力监督、创新社会治理、发展法律服务、繁荣法治文化等工作领域。市依法治市办还广泛征集市级成员单位意见，修订完善《法治城区创建评估体系》中的22项指标。

第一，开展法治城区创建工作。2015年上海市金山、长宁、奉贤3区被授予第三批"全国法治县（市、区）创建先进单位"。以金山区为例，该区将依法治国方略与依法行政方式有机结合，推动依法治区的工作。依照《法治金山三年行动计划》的7大类38个项目，明确了34个部门作为牵头部门具体组织实施；贯彻《法治上海三年行动计划》，确定了全区67项依法治区重点项目，并结合新形势精选和完善了12项重点项目，例如区综治办的"推进综治工作中心实体化运作，村居综治（群众）工作服务站规范化建设"、区司法局的"村村（居）有顾问，事事依法行"等。该区在2015年的依法治区工作中使得法治理念深入人心，并取得了明显的治理成效。

第二，开展依法行政示范单位创建工作。2015年，市依法治市办和市政府法制办经过评选，确定市黄浦区市场监管局、浦东新区审计局、普陀区审计局等38家单位成为本市第三批依法行政示范单位创建单位，涵盖发改、审计等22个业务条线。该创建活动通过梳理各单位职权、优化工作机制、不断完善制度，显著提升了依法行政工作水平，对本市各个单位依法行政工作产生了积极的影响。

第三，开展基层法治创建工作。2015年，上海市黄浦区五里桥街道紫荆居民社区、长宁区华阳路街道华一居民社区、普陀区桃浦镇莲花公寓居民社区等8个居村委被评为第六批"全国民主法治示范村（居）"。为进一步完善本市民主法治示范村（居）创建评估指标，上海还展开了专项课题调研。同时，2015年上海市贯彻落实2014年市委一号课题"创新社会治理、加强基层建设"的成果，在全市展开试点深化基层治理，例如普陀区"新家园"行动、闵行区浦江镇善治行动、徐汇区小区依法治理项目等，进一步创新了基层法治建设。

3. 大力推进"平安上海"建设

作为一座国际化特大型城市，上海面临着治安、消防、反恐等传统与非传统安全威胁的双重严峻考验，2015年，上海市公安机关主动适应经济发展新常态，将工作标准从治安标准提升到反恐标准，使城市公共安全管理体系和立体化社会治安防控体系进一步完善，全力维护城市运行安全，为社会大局稳定和经济社会发展做出了应有贡献。根据2015年零点公司调查显示，上海公众安全感和对公安工作满意度连续三年有所提升。

（1）全力维护社会治安大局的稳定。2015年，上海市公安机关深入推进暴恐活动"严打年"专项行动，组织开展春季、夏季、秋冬等严打专项行动和34次全市治安整治集中行动，有效净化社会治安环境。此外，开展"猎狐2015"境外追逃专项行动，其绩效和禁毒工作战果在全国名列前茅。为切实保障城市安全运行，上海市公安机关构建了"三张网"，涵盖治安巡逻防控网、武装应急处突网和群防群治守护网，具有如下特点：其一，反应快，组建了17支特种机动队，通过实施"1、3、5分钟快速处置机制"确保第一时间对突发事件做出有效响应。其二，参与面广。公安武警联合武装巡逻、地方公安与铁路公安联合武装巡逻，实现应急处置力量"无缝衔接"，与此同时，数十万"平安志愿者"通过信息采集、线索举报、守望相助等方式广泛参与。其三，"可视化"。通过最大限度地将警力压到街面，压到一线，让公众随时可以看到警察，切实提高"见警率""管事率"。2015年，"三张网"成为维护上海社会治安最具威慑力也最具成效的利器，有效地提升了人民群众的安全感。

（2）切实加强消防安全管理。2015年，上海市开展了城市公共安全消防高风险专项调研，排查整改8类高风险领域消防安全隐患。制定出台了加强城市公共安全火灾防控体系建设工作的意见，以消防责任、消防法制、重点管控、宣传教育、社会治理、综合保障、应急救援、工作考核为重点，构建城市公共安全火灾防控体系。深入开展消防安全隐患整治专项行动，完成中央综治办挂牌督办的5处区域性隐患和市级挂牌督办的30处隐患整改工作。扎实开展了市政府消防实事项目，全面完成100个居民小区、500幢15年以上房龄高层售后公房老旧消防设施专项改造，完成9481个居民小区的消防逃生疏散演练。

（3）严格道路交通执法管理。2015年，上海市开展了道路交通秩序整治行动，对超员、超载、酒驾等严重交通违法行为以及机动车违法停放、违法占用公交车道等各类交通"顽疾"加大查处力度。全力做好延安东路隧道、北横通道等重大市政工程配套交通组织管理工作，深入开展交通管理示范线创建活动，有效做好灾害天气道路交通管理和应急处置工作，全面提升道路交通管理服务水平。完成8处市级和17处区县级交通事故多发道路挂牌督办工作。

（4）严格落实重点领域安全管理措施。2015年，上海市开展了轨道交通公共安全专项调研工作，研究制定进一步加强轨道交通公共安全防范体系建设的意见，按照"边调研、边发现、边整改原则"，及时整改安全隐患786处。完善进站安检、巡逻盘查、视频巡查"三道防线"，组织开展应急处置演练1140余次，成功经受住11次超千万人次"大客流"考验。强化公交车厢"人防、物防、技防"措施，严格落实机场、火车站、码头安全防范措施，实施重点长途客运站到达安检标准，杜绝危险物品进站、上船、上车。

## （二）依法治市工作亮点

### 1. 深入开展依法治理品牌项目

2015年上海市深入推进"上海依法治理优秀案例征评活动"。在依法治理优秀案例评选方面，加大了区县二级工作机制的推进与完善力度，共收到案例申报235项，数量比2014年增长一倍，覆盖面涉及全市33个条线，着眼基层治理的案例数量增多，申报的案例质量同比明显提高，共评选出十大年度依法治市优秀案例、20项入围案例以及10个"创新社会治理、加强基层建设"特别推荐案例。可见社会治理创新工作持续深化。

2015年本市进一步落实创新社会治理、加强基层建设意见及配套政策措施，街道机构职能依法调整，村居治理体系进一步专业化，社区工作者队伍得以组建。城市管理综合执法力量重心下沉，实现了区县网格化管理平台与"12345"市民服务热线相衔接。2015年，上海市依法治市办继续编好《依法治市工作简报》，根据工作需要，按照专版与综合并举的简报工作思路，对简报工作进行改版，及时总结法治建设成果，推广依法治市工作先进经验和做法，并实现网上传阅。

2. 强化人群聚集场所区域和大型活动安全管理

2015年,上海市出台了《上海市公共场所人群聚集安全管理办法》,研究落实了"大人流"监测预警措施,针对386处重点场所区域逐一制定完善安全管控方案。加强各项安保措施,圆满完成了抗战胜利70周年纪念活动、第四次中国—中东欧国家领导人会晤和第二届世界互联网大会等重大安保任务,确保了国际滑联世界花样滑冰锦标赛、第十六届上海国际汽车工业博览会等3852场大型活动的安全、有序进行。

## 五 2016年工作展望

2015年,上海市法治建设稳步推进,各方面都取得了显著的进步。依法治市、人大立法、法治政府、司法体制改革、律师工作等法治建设都取得了长足的进步。然而,在经济发展进入新常态和司法体制改革深入推进的新形势新任务的背景下,上海在法治建设过程中,依然面临着严峻的挑战,需要进一步改进和完善。

第一,上海市依法行政工作全面推进,法治政府建设进一步加强,然而,政府自身建设中还存在一些不足。例如政府职能越位、缺位、错位的问题依然存在,对上海市创新驱动发展、经济转型升级的新形势、新要求还不能很好适应。运用法治思维和法治方式深化改革、推动发展、维护稳定的能力有待进一步提高。还存在行政效率不高,工作推进落实不力、服务管理不到位等问题。政府作风建设有待进一步加强,不担当、不作为、等靠要现象仍时有发生,少数政府工作人员群众观点淡薄,极少数人甚至贪污腐败、以权谋私,政府形象和公信力受到严重损害。

第二,随着司法体制改革的深入开展,司法工作中的问题和挑战也逐步显现。首先,在法院工作中,虽然通过改革采取了一系列措施,但"案多人少"的矛盾依然十分突出,法官执法办案任务重、压力大的问题依旧存在。其次,个别司法干警能力不足,裁判文书说理不到位,"执行难"等问题也仍然存在。在检察工作中,全面深化司法改革的理论研究和实践创新的能力迫切需要提高；互联网时代对检察工作提出了新的挑战；检察队伍尤其是检察官队伍的职业忠诚、专业能力和清正廉洁值得重视。在律师工作中，律师在法律职业共同体中的地位还有待加强，律师的各项权益在司法实践中还是难以得到有效的保障，民事、刑事、行政案件的代理率低，律师事务所规范化、专业化建设明显滞后等问题依然突出。

第三，城市管理中仍然存在短板制约。上海市城市人口综合服务和调控、低效建设用地减量化、生态环境整治等任务依然繁重，在综合交通、城市管理和社会治理等领域还面临不少新问题、新情况需着力加以解决。

2016年是"十三五"开局之年，也是全面深入推进司法体制改革的关键之年，上海市各级人大、政府、司法机关以及律师团体要继续深入学习贯彻党的十八届三中、四中、五中全会和习近平总书记系列重要讲话精神，围绕国家战略和上海发展工作大局，把握全面推进依法治国的总体要求，全面深化司法体制改革，促进上海法治建设。针对在依法治市中存在的难题，上海市要直面问题，迎接挑战，努力在破除瓶颈、补齐短板上下大力气，力争取得明显进展。

## （一）提高履职水平，深化改革创新

2016年，市人大常委会将继续深入贯彻中央重要决策部署，学习贯彻习近平总书记系列讲话重要精神，坚持创新、协调、绿色、开放、共享的发展理念，坚持党的领导、人民当家做主、依法治国有机统一，在中共上海市委领导下，依法行使职权，积极开展工作，定好位、敢担当、善作为、求实效，更加注重发挥人大制度优势，更加注重维护法治权威，更加注重回应群众期盼，更加注重推动短板问题的解决，和全体代表一起，努力为上海"十三五"良好开局做出积极贡献。

第一，围绕服务"十三五"良好开局，充分发挥人大职能作用。贯彻创新、协调、绿色、开放、共享的发展理念，继续加强重点领域立法，加大对短板问题的监督力度。围绕重点领域改革和创新转型发展，进一步强化立法引领。继续审议推进国际航运中心建设条例、急救医疗服务条例；制定促进科技成功转移转化条例、检测检疫条例和华侨权益保护条例；修改关于在自贸区暂时调整实施本市有关地方性法规规定的决定、实施食品安全管理办法、环境保护条例、公共场所控制吸烟条例、街道办事处条例、燃气管理条例、统计管理条例、人口与计划生育条例、乡镇人民代表大会工作若干规定；根据上位法修改和行政审批制度改革要求，一揽子修改相关地方性法规。积极推动社会信用体系建设条例、张江国家资助创新示范区条例、道路交通管理条例、实施村委会组织法办法等立法预备项目的起草进程，待条件成熟时及时提请常委会审议。抓紧做好实施居委会组织办法、职工代表大会条例等立法调研，提出立法储备项目，以服务新一轮立法规划编制，构建地方立法框架。围绕促进民生持续改善和加强创新社会治理的目标，进一步强化监督保障。加强专项工作监督，听取和审议有关促进制造业转型升级、部分区域生态环境综合治理、节能减排专项资金使用管理、构建新型农业经营体系、法院执行工作和机制改革情况等报告，加强法律实施监督，对《住宅物业管理规定》、《实施食品安全法办法》、"六五"普法决议实施情况开展执法检查。加强计划预算监督，审查和批准决算，听取和审议计划预算执行情况和审计工作报告。选择关系群众切身利益的监督议题开展专题询问。委托相关委员会对医药卫生体制改革、涉台法律法规实施情况、老年人权益保障工作等开展监督调研；对司法改革、农村集体产权制度改革等落实情况开展跟踪监督检查。

第二，不断加强创新实践，推动人大工作改革创新。以落实民主法治领域改革任务为契机，加强制度建设，改进工作方式方法，推动人大工作不断创新发展。进一步加强科学立法、民主立法，坚持党对人大工作的领导，健全人大重要工作向市委报告请示的制度，依法按程序做好相关工作。加强立法工作组织协调，建立市人大常委会和市政府有关立法工作定期交流、共同推进的机制。加强立法协商，积极发挥政协委员、专家学者、社会团体在立法中的作用。进一步完善监督工作机制，加强执法检查工作的组织领导，加大常委会审议意见办理的跟踪督办力度，探索建立人大监督工作后评估制度。强化审计整改监督，对审计整改情况开展跟踪调研，听取和审议审计整改情况的报告,根据需要开展专题询问,推动审计整改情况报告向社会公开。启动对"沪发文"文件的备案审查,探索建立人大代表、专家参与审查的工作机制,加强备案审查能力建设。

第三,保障代表履职,推动代表工作取得新进展。根据新修改的代表法等相关法律,修改"一办法两规定",为规范代表履职提供法制保障。加强对区县、乡镇两级人大换届选举工作的指导,坚持党的领导,充分发扬民主,严格依法办事,把好代表政治关、素质关、结构关,确保选举工作风清气正,确保选举结果人民满意。改进和加强代表议案和建议的办理和督办工作,在立法监督中更多采纳代表议案的内容,加大主任会议和专门委员会督办代表建议的力度,适时组织代表对建议落实情况开展专题调研和询问,推进代表建议内容和办理情况向社会公开。完善代表联系社区工作机制,丰富联系内容、拓展联系方式,注重联系实效。全面开展市人大代表向原选举单位报告履职情况的工作,充分展现代表履职成效,更好接受人民群众监督。加强对代表小组活动的指导和服务,提升代表小组活动的凝聚力和成效。

第四,继续加强自身建设,促进履职能力上新台阶。进一步加强常委会组成人员思想作风建设,巩固"三严三实"专题教育成果,认真执行《常委会组成人员守则》。进一步加强常委会和专门委员会组织建设,配强、配齐专职常委和专门委员会专职副主任委员。进一步推进区县、乡镇人大工作和建设,密切与区县人大的工作协同,加强对区县人大专门委员会和街道人大工委开展工作的指导,支持乡镇人大主席团更好发挥作用。进一步加强信息化背景下的人大制度宣传教育,发挥公众网、微信公众号等新媒体为本市各级人大服务的功能,加强对立法监督过程、代表履职事迹、基层人大创新的宣传介绍。进一步加强人大机关建设,更好发挥工作班子的参谋和助手作用。

## (二)进一步转变政府职能,建设法治政府

2016年是上海市"十三五"规划的开局之年,要以"依法治理能力全面提升,基本建成法治政府,法治政府建设走在全国前列"的发展目标为

指引，继续推进法治政府建设。针对上海法治政府建设中出现的问题，要以有力举措整改问题，以扎实成效取信于民。要继续加强政府自身建设，贯彻落实国家法治政府建设实施纲要，按照"两高、两少、两尊重"要求，持续推进简政放权、放管结合、优化服务，使市场在资源配置中起决定性作用、更好发挥政府作用。

第一，继续加快转变政府职能。继续坚持"法定职责必须为、法无授权不可为"的原则，重点做好减少审批、加强监管的工作，并履行好市场监管、社会管理、公共服务以及环境保护等重要职责。加大行政审批制度改革力度。切实开展好浦东新区的"证照分离"改革试点工作，聚焦与企业经营密切相关的许可事项，取消一批，备案一批，实行告知承诺制一批。对保留的许可事项推行标准化管理，提高透明度。在全市面上再取消一批审批事项，取消一批与审批相关的评估评审。基本完成审批相关的中介服务机构与政府部门脱钩，积极稳妥推进行业协会、商会与政府部门脱钩。强化事中事后监管。探索建立登记注册、行政审批、行业主管相衔接的综合监管机制。强化行业监管，逐步建立全覆盖、分领域、强协同、高效率的行业监管体系。开展分类监管，对不同信用等级的企业采取差异化监管措施。实行检查对象和执法检查人员"双随机"制度。启动建设综合监管平台，构建大数据监管模型。

第二，全面加强依法行政。强化法治思维，推进政府运行机制法治化，切实做到依照法定权限和法定程序行权履职。健全政府决策机制。完善专家参与论证重大行政决策制度，进一步落实规范性文件备案审查、网上公开、即时清理制度。深入推进政府协商，认真听取人大代表、政协委员以及民主党派、无党派人士、工商联等的意见建议，进一步提高人大代表议案建议和政协提案的办理质量，促进科学民主依法决策。推进行政执法体制改革。深入开展交通等领域综合执法。试点环保机构监测监察执法垂直管理。推动行政执法部门与司法机关之间的信息共享，建立更加紧密的行政执法和刑事司法衔接机制。试点行政执法类公务员分类管理，形成更加有效的激励约束机制。

第三，推进政府服务管理方式创新。坚持问题导向，不断运用市场化、社会化、信息化方式加强服务管理，进一步提高行政效能。扩大政府购买服务的范围和规模，分级实施购买项目目录管理，推广凭单式购买。完善社会信用体系，启动建设信用信息平台二期，全面建成区县信用信息子平台，建立健全守信激励、失信惩戒机制。加快建设政府服务"单一窗口"。实现部门审批事项全部接入市级网上政务大厅，新增一批网上办事、网上服务、网上监管事项，基本建成区县网上政务大厅。制定发布政府服务事项目录。实施政务数据资源共享管理办法，基本实现工商登记、行政审批、行政执法等重点信息的共享使用。加强政府运行基础制度建设。全面推行政府目标管理，改进部门年度工作目标的制定报告制度，建立更加有力的重点工作督察机制，开展目标任务完成情况综合考评。发布部门间行政协助事项清单，建立部门协同配合机制，构建闭合联动、有力有效的跨部门运行系统。

第四，持之以恒推进政府作风建设。坚持严字当头、实处用力，自觉践行"三严三实"，把作风建设成效转化为推动工作的强大动力。以更高标准、更严举措正风肃纪。严格执行会务费、差旅费、培训费等财经管理规定，狠抓变相公款吃喝、公款旅游、公款送礼等作风领域新问题，进一步堵塞制度漏洞。坚定不移反对腐败。更加注重源头反腐，严格落实"一岗双责"，建立健全廉政建设与业务工作融合机制，完善行政权力内部流程控制制度。始终保持反腐高压态势，紧紧抓住公共权力运行、公共资源配置、公共资金分配等重点领域，切实做到严肃教育、严明纪律、严格管理、严惩腐败。加强公务员队伍建设。推广公务员岗位履职责任制，全面建立公务员平时考核制度。推行分级分类培训，提高公务员履职能力。

### （三）继续深化司法体制改革，维护司法公正

第一，上海市法院继续深化司法体制改革工作，完善相关配套措施，重点抓好以审判为中心的诉讼制度改革、行政案件集中管辖等改革任务，坚定不移地推进司法体制改革，缓解案多人少的矛盾，当好改革的排头兵。加强法院队伍建设，提升司法干警的专业技能和职业素养，提高办案质量，为完

成审判执行工作提供强有力的保证。强化对"执行难"的专项治理力度，缓解"执行难"问题。完善诉讼服务，继续推进司法公开，完善公开形式，提升司法透明度，维护司法公正。

第二，上海市检察院将全面履行检察职能，为上海市经济发展新常态提供充足的服务保障。继续坚定改革信心，落实各项改革措施，深化司法改革的理论研究和实践创新能力，大力推进刑事速裁、轻案快办等方案改革、跨行政区划检察院改革和"以审判为中心的"诉讼制度改革；加强信息化建设和检察队伍建设，为司法公正提供有力保障。

第三，上海市律师行业在坚持公平正义的基础上，积极履行本职工作，践行社会职责，积极参与司法体制改革，在改革中抓住机遇。加强律师队伍建设，大力培养涉外业务领军人才，提升上海律师国际竞争力，着力培养高端法律服务人才，进一步提升律师团体的国际化水平和实务能力。规范律师事务所管理，加强专业化、品牌化建设，提升律师事务所的服务层级。继续加强法律职业共同体建设，进一步改善律师的执业环境。

## （四）进一步加强依法治理，推进上海法治建设

第一，切实抓好《三年行动计划》。2016年是实施《三年行动计划》的最后一年，要运用项目化的工作方法，着重加强深化改革、生态保护、社会治理、科技创建等领域的法治建设，着重提升依法行政、司法公正及城市公共安全等方面的行动实效，及时总结各单位、各部门取得的成绩和经验，确保完成好法治上海行动计划确定的各项任务。

第二，全面深入开展法治创建工作。要在做好上一轮全国法制城区创建、依法行政示范单位工作总结和上海成果评估的基础上，积极探索新的创建路径，改进创建指标体系，提升区县和市委办局依法治理水平、按照推进多层次多领域依法治理的要求，完成第四批"全国法治县（市、区）创建先进单位"的申报推荐，继续开展基层法治创建活动。在"三项"创建的基础上，争取开展机关、企业学校等各级各类法治创建活动，要根据不同类型社会主体的性质、功能和特点，进行符合实际、特色鲜明的法治创建

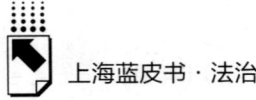

实践。

第三，有效破解难题，补齐短板，全力防控各类安全风险，切实维护社会大局稳定。2016年上海市公共安全工作要继续贯彻创新、协调、绿色、开放、共享的发展理念，继续以改革为主线，以反恐为标准，以科技为引领，以法治为保障，深入推进平安上海、法治上海建设，不断提升公众安全感和满意度。要深入推进城市公共安全管理体系建设。道路交通安全严管严治体系有待进一步完善，要围绕"保秩序、保安全、保畅通"的目标，健全严管道路交通秩序长效机制，积极推动修订《上海市道路交通管理条例》，推动落实交通安全职能部门监管责任、运输企业主体责任、属地政府管理责任，提升道路交通组织管理科学化、精细化水平。消防高风险、轨道交通公共安全等专项调研成果有待进一步转化运用，要不断完善消防安全防控体系、轨道交通公共安全防范体系。对于刚修订的《上海市公共场所人群聚集安全管理办法》要深入贯彻实施，建立更加专业的风险评估机制、大人流检测预警机制和大型活动安全管理机制。

# 评 估 篇

Evaluation Reports

## B.2
## 上海市第一中级人民法院司法公信力第三方评估报告

司法公信力评估课题组[*]

**摘　要：** 司法公信力评估课题组围绕司法公正、司法效率、司法透明度、司法便民、司法民主、司法形象、司法能力、司法信任度8项二级指标、54项三级指标，通过调查问卷等方式对上海市第一中级人民法院司法公信力展开第三方评估。结果显示，2015年一中院司法公信力较强，尤其是在依法立案及在法定期限内立案、司法透明度、司法便民等方面表现突出。

---

[*] 司法公信力评估课题组组长：叶青，上海社会科学院法学研究所所长、研究员。副组长：王玉梅，上海社会科学院绩效评估中心主任、研究员；副组长：杨雄，上海社会科学院社会学研究所所长、研究员。成员：安文录、裴斐、孟祥沛、顾丽英、李友权。具体执笔人为裴斐、安文录、孟祥沛。

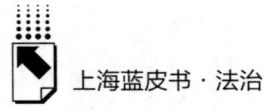

关键词： 上海市第一中级人民法院　司法公信力　第三方评估
　　　　　司法公正　司法效率

## 一　评估背景

党的十八届四中全会报告指出：公正是法治的生命线。司法公正对社会公正具有十分重要的引领作用。因此，必须完善司法管理体制和司法权力运行机制，规范司法行为，加强对司法活动的监督，努力让人民群众在每一个司法案件中感受到公平正义。司法公信力，一方面反映了公众对司法的充分信任与尊重，包括对司法主体的充分信任与尊敬，对司法过程的充分信赖与认同，对司法裁判的自觉服从与执行；另一方面也体现了法律在整个社会的权威与尊严已经树立，广大民众对法律持有十足的信心，公民的法律信仰包括司法信仰得到空前的加强。社会发展到这一阶段，适时对上海司法公信力整体情况进行全面、中立、科学的评估具有重大意义。为此，上海社会科学院法学研究所受上海市第一中级人民法院（以下简称"一中院"）委托，组建跨学科、跨部门、跨单位的专业评估小组，对一中院的司法公信力开展独立、客观的第三方评估工作。

## 二　评估工作基本内容

1. 评估对象与范围

（1）本次第三方评估的对象是一中院。一中院是国家审判机关，在上海市委和上海高院党组的领导下，依法独立行使审判权，并监督、指导辖区内法院的审判工作，对上海市人民代表大会及其常务委员会负责。

（2）本次第三方评估的范围是一中院司法公信力。根据"一中院司法公信力指标体系"内容设计要求，本次第三方评估主要对司法公正、司法效率、司法透明度、司法便民、司法民主、司法形象、司法能力、司法信任度8项二级指标、54项三级指标进行评估。

2. 评估方法

根据评估目的和要求,本次第三方评估主要采用民意调查和工作测评两种方法对一中院司法公信力进行评估。

(1) 民意调查。围绕"一中院司法公信力指标体系"内容,本次第三方评估通过科学的调查与统计方法,运用问卷调查方式,收集市民、专业人员、律师及案件当事人4类社会群体对一中院司法公信力的意见和态度倾向等民意调查主观评价数据。

(2) 工作测评。围绕"一中院司法公信力指标体系"内容,收集一中院2015年度相关工作材料,分析与司法公信力相关的工作数据,形成一中院司法公信力工作测评客观评价数据。

3. 评估指标体系

经过4轮评估组"设计—修改"指标体系过程,以及3轮专家论证指标体系过程,最终形成"一中院司法公信力指标体系"。本评估指标体系设计的要点如下。

(1) 指标评分原理。由于评估指标未全部采用百分制计分法,在综合评分时不能简单地进行相加,需要将不同单位的数据合成一项总指数分值。因此需要采用统计学上的无量纲化,具体统计原理为:第一,无量纲值,计算公式为:$A = A_i/A_0$,其中 $A$ 为某一指标的无量纲数值;$A_i$ 为指标的实际数值;$A_0$ 为该指标的基期数值。第二,综合评分,用加权求和的方法进行指标的综合评分,计算公式为:综合评分 = ($\Sigma$权重×无量纲数值) ×100。

(2) 指标体系特点。目前,"一中院司法公信力指标体系"具有以下3个特点:一是科学性。指标体系综合运用统计学、社会学、法学等多学科理论,按照科学程式,经反复论证、数易其稿,最终形成目前的版本,符合科学性和司法工作实际。二是系统性。司法公信力指标体系采用了复合指标,是客观指标和主观指标的有机统一,能够客观反映司法工作和公众评价;指标体系所采集的评价数据,既有司法系统内部资料,又有市民、专业人员、律师及案件当事人的评价与判断,符合评估系统性要求。三是可操作性。从理论研究角度而言,能够反映司法公信力的指标很多、体系庞大,从评估实践角度而言,指标体系所选择的司法公信力指标要符合法院系统的工作实际,要能够运用可行的方法对相关数据进行测评。因此,指标体系舍去了不符合司法工作实际及难以测量的指标,符合评估可操作性要求。

(3)指标确定权重。"一中院司法公信力指标体系"采用德尔菲法确定二级指标、三级指标、主观指标和客观指标,以及4类社会群体(市民、专业人员、律师及案件当事人)之间的权重关系。德尔菲法是采用背对背的通信方式征询专家的预测意见。本课题主要征询了上海市委政法委、上海市法学会、复旦大学、上海交通大学、华东政法大学、上海社会科学院法学研究所等单位专家的意见。最终获得的德尔菲法结果为:第一,二级指标权重为:司法公正占26.4%、司法效率占15.1%、司法透明度占12.6%、司法便民占8.2%、司法民主占6.4%、司法形象占5.1%、司法能力占13.6%、司法信任度占12.6%;第二,主观指标与客观指标权重为:主观指标占66.4%、客观指标占33.6%;第三,4类社会群体的权重为:市民占25.0%、专业人员占25.0%、律师占25.0%、案件当事人占25.0%。

(4)指标体系构成。一中院司法公信力指数是由1项一级指标、8项二级指标、54项三级指标构成。二级指标具体为司法公正、司法效率、司法透明度、司法便民、司法民主、司法形象、司法能力和司法信任度共8项。最终评估结果采用百分制形式,一中院司法公信力总分为100分,其中二级指标司法公正26.4分、司法效率15.1分、司法透明度12.6分、司法便民8.2分、司法民主6.4分、司法形象5.1分、司法能力13.6分、司法信任度12.6分。

(5)指标性质。本课题指标主要是由主观指标和客观指标构成。设置主观指标和客观指标,既能体现司法工作与司法评价的统一,又能很好地回避学界对"指标单一性"的质疑。主观指标是评估主体(市民、专业人员、律师及案件当事人)对一中院司法行为的主观评价和判断(满意度、认同度等),客观指标是一中院司法行为是否符合法定要求。根据"一中院司法公信力指标体系"内容设置,主观指标共计为66.4分,客观指标为33.6分。

4. 评估实施过程

根据"一中院司法公信力指标体系"的实施要求和一中院工作特点，本次第三方评估的实施过程如下。

（1）进行民意调查，收集主观评价数据。2015年7月底，围绕"一中院司法公信力指标体系"内容，评估组设计《2015年上海市一中院司法公信力调查问卷》；8~11月，对市民、专业人员、律师及案件当事人4类社会群体进行问卷调查，并于11月底回收问卷。[①]

（2）进行工作测评，收集客观评价数据。2015年12月底，围绕"一中院司法公信力指标体系"内容，评估组收集汇总一中院2015年度相关工作材料，并进行实地走访及数据检验，验证工作统计材料客观性、准确性，分析有关司法公信力的工作数据。

## 三　评估结果与分析

1. 评估结果

（1）司法公信力指标评估总得分。根据市民、专业人员、律师及案件当事人4类社会群体的问卷调查主观评价数据，以及一中院客观工作数据，评估组综合评估发现：2015年一中院司法公信力达到良好程度，司法公信力指标评估得分为82.06分，其中主观指标得分为51.12分，客观指标得分为31.00分。[②]

---

[①] 市民问卷调查主要采用多阶抽样的概率抽样方法，结合使用配额抽样，按中心城区:近郊区:远郊区＝2:2:1比例抽取区/县，即抽取2个中心城区、2个近郊区、1个远郊区，共发放问卷2000份，有效回收1889份，有效回收率约为94.5%；专业人员主要采用简单随机抽样方法，在司法系统、高校及科研院所发放问卷400份，有效回收345份，有效回收率约为86.3%；律师主要采用简单随机抽样方法，在律协网站、律师事务所发放问卷400份，有效回收400份，有效回收率为100%；案件当事人主要采用简单随机抽样方法，在一中院法庭大厅内随机调查案件当事人，原计划发放问卷400份，最终实际获得468份。

[②] 总分满分为100分，主观指标满分为66.4分，客观指标满分为33.6分。

为了便于比较市民、专业人员、律师及案件当事人4类社会群体对一中院司法公信力的评价，评估组对调查数据加权处理后获得这四类社会群体的评估得分：专业人员评估得分最高，为85.01分，其次是律师，评估得分为82.79分，再次是案件当事人，评估得分为80.63分，最后是市民，评估得分为79.81分。

（2）二级指标评估得分。从二级指标评估得分看，一中院司法公正得分为20.09分，司法效率得分为12.33分，司法透明度得分为11.47分，司法便民得分为7.62分，司法民主得分为5.80分，司法形象得分为4.42分，司法能力得分为10.65分，司法信任度得分为9.66分。通过二级指标评估得分占每项二级指标总分的比例看，2015年一中院得到认同最高的有司法便民、司法透明度、司法民主，占总分比例均在90%以上；司法效率、司法形象得到较高认同，占总分比例均在80%以上；司法公正、司法信任度、司法能力得到认同相对较低，占总分比例均在80%以下（见表1）。

表1　一中院司法公信力二级指标得分及占总分比例

单位：分，%

| 二级指标 | 得分 | 总分 | 占总分比例 |
| --- | --- | --- | --- |
| 司法公正 | 20.09 | 26.4 | 76.1 |
| 司法效率 | 12.33 | 15.1 | 81.7 |
| 司法透明度 | 11.47 | 12.6 | 91.0 |
| 司法便民 | 7.62 | 8.2 | 92.9 |
| 司法民主 | 5.80 | 6.4 | 90.6 |
| 司法形象 | 4.42 | 5.1 | 86.7 |
| 司法能力 | 10.65 | 13.6 | 78.3 |
| 司法信任度 | 9.66 | 12.6 | 76.7 |

从市民、专业人员、律师及案件当事人4类社会群体的二级指标评估得分看，在司法效率、司法透明度、司法便民、司法能力、司法信任度上的得分情况与总体一致，遵循"专业人员>律师>案件当事人>市民"的得分规律。而在司法公正方面，市民的评价得分比案件当事人高；在司法民主方

面，市民的评价得分比律师、案件当事人高；在司法形象方面，律师的评价得分比专业人员高（见表2）。

表2 一中院司法公信力二级指标得分及占总分比例（四类社会群体）

单位：分，%

| 二级指标 | 市民 | | 专业人员 | | 律师 | | 案件当事人 | |
| --- | --- | --- | --- | --- | --- | --- | --- | --- |
| | 得分 | 占比 | 得分 | 占比 | 得分 | 占比 | 得分 | 占比 |
| 司法公正 | 19.53 | 74.0 | 21.10 | 79.9 | 20.36 | 77.1 | 19.44 | 73.6 |
| 司法效率 | 12.20 | 80.8 | 12.55 | 83.1 | 12.36 | 81.9 | 12.20 | 80.8 |
| 司法透明度 | 11.26 | 89.4 | 11.72 | 93.0 | 11.46 | 91.0 | 11.42 | 90.6 |
| 司法便民 | 7.48 | 91.2 | 7.71 | 94.0 | 7.67 | 93.5 | 7.65 | 93.3 |
| 司法民主 | 5.83 | 91.1 | 5.93 | 92.7 | 5.72 | 89.4 | 5.69 | 88.9 |
| 司法形象 | 4.24 | 83.1 | 4.50 | 88.2 | 4.51 | 88.4 | 4.45 | 87.3 |
| 司法能力 | 10.04 | 73.8 | 11.27 | 82.9 | 10.84 | 79.7 | 10.45 | 76.8 |
| 司法信任度 | 9.23 | 73.3 | 10.24 | 81.3 | 9.87 | 78.3 | 9.32 | 74.0 |

（3）三级指标评估得分。在司法公正方面，从总得分看，依法立案得分较高，占总分比例超过90%，判决结果得到有效执行、法官自由裁量得分较低，占总分比例低于75%；从主观指标得分看，依法立案、调解自愿合法得分较高，占总分比例超过80%，法官自由裁量、判决结果得到有效执行得分较低，占总分比例低于75%。可见，公众对依法立案的认可度较高，对法官自由裁量、判决结果得到有效执行的认可度则较低。

2. 评估分析

在司法效率方面，从总得分看，法定期限内立案、无超审限案件、案件审理、案件执行、电子送达、远程审判、庭审后及时评议、无久调不决得分较高，占总分比例超过90%，委托其他调解机构调解效率、庭审效率得分较低，占总分比例低于75%；从主观指标得分看，法定期限内立案得分较高，占总分比例超过80%，案件审理、案件执行、委托其他调解机构调解效率得分较低，占总分比例低于75%。可见，公众对法定期限内立案的认同度较高，对委托其他调解机构调解效率、案件审理、案件执行的认同度则比较低；此外，案件审理期限、案件执行效率的公众认识与一中院实际情况

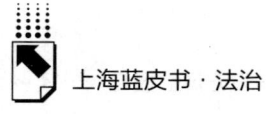

存在反向差异。

在司法透明度方面,从总得分看,"12368"平台信息查询,审判组织、审委会委员公开制度、庭审直播、录播、案件审判进度查询、裁判文书公开、案件执行信息查询、社会公众对案件沟通和反馈渠道、移动终端公开案件信息、判后答疑机制等所有项目得分都较高,占总分比例超过90%;从主观指标得分看,旁听及审判组织、审委会委员公开制度得分较高,占总分比例超过80%,判后答疑机制得分较低,占总分比例低于75%。可见,公众对旁听及审判组织、审委会委员公开制度的认同度较高,对判后答疑机制的认同度较低,且判后答疑机制的公众认识与一中院实际情况存在反向差异。

在司法便民方面,从总得分看,专人诉讼引导,案件当事人有休息场所,律师、案件当事人查阅、复制诉讼材料方便,律师有执业便利,律师有专用通道等所有项目的得分都较高,占总分比例超过90%;从主观指标得分看,案件当事人有休息场所,律师有执业便利,律师有专用通道得分较高,占总分比例超过80%。可见,公众对案件当事人有休息场所、律师有执业便利、律师有专用通道的认同度较高。

在司法民主方面,从总得分看,特邀监督员对法院工作有效监督、有第三方参与监督案件执行、信访窗口对人民群众信访有效回应得分较高,占总分比例超过90%;从主观指标得分看,陪审员(包括专家陪审员)在审判中权利得到保障,执行中有第三方参与监督案件执行,特邀监督员对法院工作有效监督,信访窗口对人民群众信访有效回应得分较低,占总分比例低于75%。可见,公众对陪审员(包括专家陪审员)在审判中权利得到保障,执行中有第三方参与监督案件执行,特邀监督员对法院工作有效监督,信访窗口对人民群众信访有效回应等司法民主项目的认同度较低。此外,特邀监督员对法院工作有效监督,信访窗口对人民群众信访有效回应的公众认识与一中院实际情况存在反向差异。

在司法形象方面,从总得分看,法院司法人员日常生活中不从事与身份不符的行为得分较高,占总分比例超过90%;从主观指标得分看,法官仪表着装规范得体，法官对律师、案件当事人在语言、行为等方面的尊重，保持司法礼仪得分较高，占总分比例超过80%。可见，公众对法官仪表着装规范得体，法官对律师或案件当事人在语言、行为等方面的尊重，保持司法礼仪的认同度较高。

在司法能力方面，从主观指标得分看，证据认定能力得分较高，占总分比例超过80%。公众对法官的证据认定能力认同度较高。

在司法信任度方面，从主观指标得分看，每项得分比较均衡，差异不明显。

从三级指标的得分情况看，三级指标的得分受客观指标影响很大，这导致公众对司法公信力认识与法院实际工作情况不一致。

## 四　评估发现

1. 经验总结

总体而言，通过评估发现，一中院司法便民、司法透明度和司法民主方面总体评价最好，同时，司法效率和司法形象总体评价也比较好。具体内容如下。

（1）一中院在依法立案及在法定期限内立案方面表现良好。从总得分看，依法应当受理的案件全部立案得分较高，得分占总分的93.6%，法院在法定期限内立案，得分占总分的93.1%。

在强调司法是实现公平正义的最后一道防线的年代里，"立案难"问题一直为案件当事人所诟病。一中院认为，司法是解决社会矛盾的最后途径，必须保证这一渠道的畅通，如果对应当立案的不立案，将会把矛盾推向社会，影响整个社会的稳定。同时，对于应当立案的案件，经立案并审理后，只要判决是公正的，即使败诉，让案件当事人知道败诉的原因，使其息诉服判，也会收到较好的法律效果与社会效果。因此，一中院严格按照法律规定办案，对该立案的给予立案，并且坚持在法定期限内立案，切实做到为民司法，从而真正树立起法院窗口的良好形象。

（2）一中院在司法透明度方面表现良好。在司法透明度方面，从总得分看，"12368"平台信息查询，审判组织，审委会委员公开制度，庭审直播、录播，案件审判进度查询，裁判文书公开，案件执行信息查询，社会公众对案件沟通和反馈渠道，移动终端公开案件信息等方面得分占总分的比例均超过90%。

司法透明度在司法改革中占有重要地位，只有提高司法透明度，才能将司法权力真正关入法治的笼子，使其在阳光下正常行使，服务人民。一中院一直以来高度关注司法透明度问题，从满足公众的知情权做起，多渠道提高司法工作透明度，自觉接受社会舆论监督，及时公开公众关心的司法信息，积极回应公众对法院工作的关切。

（3）一中院在司法便民方面表现良好。人民法院直接面对社会公众，能否做到司法便民不仅反映人民法院为人民服务水平的高低，还关系人民法院形象和声誉的好坏，因此司法便民具有重要意义。一中院在专人进行诉讼引导，为案件当事人提供休息场所，为律师和案件当事人查阅、复制诉讼材料提供方便，为律师提供执业便利，为律师提供专用通道方面表现良好，得分占总分的比例均超过90%。

2. 存在问题

（1）在法律规定范围内法官自由裁量妥当性有待提高。法律规定范围内法官自由裁量妥当性指标是主观指标。问卷调查结果显示，4个群体对该指标的评价都不高，分别为市民73.0分，专业人员81.0分，律师75.0分，案件当事人70.5分。在我国，普通老百姓基于认识上的局限，并不认可法官享有自由裁量权，普遍认为法官判案就应当"以事实为依据，以法律为准绳"进行裁判，不依照法律审判，就是不公正的。但从法的运行规律看，法官自由裁量权是与法共存的，也就是说，法官在审判案件的过程中不可能不运用自由裁量权，如何有效提高法官自由裁量的妥当性需要引起关注。

（2）判决结果有效执行率有待于进一步提高。一中院工作数据显示执行到位率为56.09%，比例相对较低，同时公众对于判决结果有效执行率的评价也较低，市民为73.8分，专业人员为79.6分，律师为72.2分，案件当事人为69.4分。执行难是一直存在的普遍问题，被执行人规避执行、地方保护主义时有体现、人民法院查控力度受限等造成执行效率较低。

（3）调解、送达、审判等环节司法效率有待于进一步提高。采用电子送达方式的比例较低，如以电子送达总数占结案总数的比例来看，为9.57%，对该指标，问卷调查结果和法院提供数据比较一致，分值和比例都偏低。其中市民为73.3分，专业人员为83.7分，律师为81.3分，案件当事人为79.5分。与传统送达方式相比，电子送达方式在提高效率和降低成本方面具有不可比拟的优势，电子送达也有利于减轻案件当事人负担、提升法院形象、提高司法公信力。但作为新生事物，无论是案件当事人，还是法院，对电子送达都有一个从不认识、不了解到逐步熟悉和接受的过程。

委托其他调解机构调解效率较低。对该指标，问卷调查结果和法院提供数据比较一致，分值和比例都偏低。其中市民为72.0分，专业人员为81.6分，律师为69.9分，案件当事人为68.2分。一中院工作数据显示，委托其他调解机构调解成功率为15.38%。委托其他调解机构调解可以充分发挥人民调解组织在化解涉诉纠纷中的积极作用，有效节约司法资源和社会综合成本。但其他调解机构调解成功率要受到多种因素的影响和制约，需要具体分析和解决。

采用远程审判比例较低。该指标是客观指标，一中院工作数据显示，2015年底，远程审判主要集中在刑事二审案件，针对刑事二审案件，远程审判比例为30.6%。远程审判是保护被告人合法权益，落实科技强院，加强审判管理，提高审判质效，节约社会资源和审判资源的重要举措，但远程审判也要受到技术等多方面因素的影响和制约，需要具体分析和解决。

庭审效率有待于提高。这一指标中的主要问题是重复开庭案件多。根据一中院工作数据，以实质开庭3次（含3次）以上计算的话，全院一审案件重复开庭案件为24件，重复开庭率为1.17%。该指标为减分项，按指标要求，10件以上分数全部扣完。对于重复开庭案件多的问题，要客观看待，一中院审理的案件很多是重大疑难案件，有些案件确实需要重复开庭才能厘清法律事实，做出正确的判决。

需要指出的是，采用电子送达和远程审判，目前均是一中院的探索之举和自我加压之举，法院系统目前并没有硬性、统一的比例要求。在评估中，评估组也了解了全市部分法院上述两项工作的情况，据不完全统计，一中院上述两项工作在全市走在前列。

（4）公众认识与法院实际工作情况存在反向差异。首先，在司法效率方面。对于平均审理天数，一中院工作数据显示自然审理天数为59.5天（不扣除任何时间），符合相关规定。但公众对于案件平均审理天数的主观评分比较低，市民为72.7分，专业人员为81.0分，律师为75.0分，案件当事人为69.8分。

对于平均执行天数，一中院工作数据显示自然执行天数为33.6天（不扣除任何时间），符合相关规定。但公众对于案件平均执行天数的主观评分比较低，市民为71.9分，专业人员为79.5分，律师为68.3分，案件当事人为66.6分。

其次，在司法透明度方面。在建立判后答疑机制方面，一中院工作数据显示判后答疑比例为97.3%，但公众对于判后答疑机制的主观评分较低，市民为73.5分，专业人员为80.3分，律师为72.7分，案件当事人为69.8分。

最后，在司法民主方面。在特邀监督员对法院工作有效监督方面，一中院工作数据显示监督比例为100%，但公众对于该项工作的主观评分较低，市民为74.0分，专业人员为78.6分，律师为70.2分，案件当事人为68.6分。

在信访窗口对人民群众信访有效回应方面，一中院工作数据显示回应比例为100%，但公众对于该项工作的主观评分较低，市民为73.3分，专业人员为81.7分，律师为72.4分，案件当事人为70.8分。

产生上述反向差异的主要原因在于，一中院按照相关法律、法规以及上级法院的规定，在规定期限内或已经按照规定的要求完成了工作，但工作效果与公众的主观感受或期待仍存在一定的差距。

3. 对策建议

（1）提高法律规定范围内法官自由裁量权的妥当性

首先，严格依法裁量。法官行使自由裁量权要体现法的公正价值，切实做到有法必依，这既是对自由裁量权的约束和限制，也是对自由裁量权的引导和指导。

其次，以公平正义为原则。法官行使自由裁量权必须坚持程序公正与实体公正相统一、审判的法律效果和社会效果相统一。

最后，依据合乎情理原则裁量。所谓情理，即社会公平正义的价值观，指事物的客观规律和多数人关于公平合理的社会共识。法官在行使自由裁量权的过程中，应给予公众合理的正义期待。

（2）进一步提高判决结果有效执行率

首先，加强与政府相关部门的沟通协商，为做好案件执行工作创造良好的执行环境与外部条件。

其次，依法综合运用教育、威慑、惩罚等手段，慎用和尽量少采用强制措施，积极促成和解，最大限度减少执行矛盾。

再次，对失信被执行人信息录入最高人民法院失信被执行人名单库，利用失信被执行人名单制度，迫使义务人履行法定义务；对于逃避、抗拒执行的案件，依法采取强制执行措施；对于恶意逃避和暴力抗拒执行的，坚决予以制裁追究责任。

最后，开展专项集中执行活动，以涉民生案件为重点，依法采取有效执行措施，集中打击拒不执行法院生效判决的行为，提高案件执行率。

（3）提高调解、送达、审判等环节的司法效率

首先，继续根据实际情况不断提高电子送达比例和远程审判比例。目前在法院系统尚未进行硬性要求的情况下，一中院自我加压，在上述两项工作方面均实现了一定的突破，并积累了良好的经验。为进一步提高司法效率，应根据实际需要和情况继续做好电子送达和远程审判工作。

其次，完善相关机制，提高其他调解机构调解成功率。实际工作中，委托其他调解机构调解更适用于基层法院，调解成功率也是基层法院比较好。但为进一步提高司法效率，一中院也应继续完善相关机制，不断探索，从而进一步提高委托其他调解机构调解的成功率。

最后，进一步提高庭审效率，在保证司法公正的前提下，减少开庭次

数。一中院审理的案件，很多属于重大疑难案件，部分案件可能确实需要多次开庭才能厘清事实，从而保证做出正确的判决。但为进一步提高司法效率，应尽量减少开庭数量。

（4）加强法院工作宣传，消除公众误解

首先，对于案件审理和执行效率问题，从工作要求角度而言，目前一中院的做法合乎规定，但公众的主观感受仍然是效率较低，需要加强沟通，引导公众正确认识这一问题。

其次，对于判后答疑机制问题，从工作数据中反映了一中院已履行了相应的职责，做到了100%答疑，但公众满意度不高，同样需要加大宣传，消除公众误解。

最后，在信访窗口对人民群众信访有效回应方面，一中院需要进一步提高工作水平，积极主动进行信访回应，从而使公众感受到司法公正。

上述工作均需要一中院做好相关宣传，通过灵活多样的宣传方式和渠道，普及法院工作常识，消除公众误解，从而提高司法公信力。

# B.3
# 上海市科技创新政策评估分析

彭 辉*

**摘 要：** 科技创新政策是政府营造创新环境、引导科技创新的主要手段。本文收集检索了1980~2015年中央政府和上海市政府出台的科技创新政策217份，量化评估政策主体、政策主题和政策作用面等相关内容，剖析制约上海市科技创新的法律障碍和现实问题，并提出针对性的应对之策。

**关键词：** 上海市　科技创新政策　改进策略　评估研究

## 引 言

目前，学界对于科技创新政策保持高度关注，根据"中国知网"统计，2006~2016年，在标题中同时含有"科技"和"政策"的论文共计1958篇，相关成果非常丰富，但主要内容仅限于科技政策的制定主体、价值理念、成果转化、演进路径等，以及对国内、国外科技政策的介评，[①] 这些研究方法停留在规范层面，实证研究的深度和广度有待加强。本文对1980年以来的"上海科技创新政策群"中的政策文本进行分析，重点回答以下问题：上海科技创新政策群共有多少份政策，政策涉及哪些行业，其重点和薄

---

\* 彭辉，上海社会科学院法学研究所副研究员。
① 参见沈福俊《和谐统一的行政诉讼协调和解机制》，《华东政法大学学报》2007年第6期。

弱领域何在？政策内部层级状况如何，分布比例是否适当？科技政策关注的热点和方向有哪些？以政策制定主体、政策研究主题、政策作用内容等为研究视角，对中央及上海市科技创新政策的历史研究路径、现实存在问题进行细致梳理与分析，希望能够为上海市建设具有全球影响力的科技创新中心提供裨益。

## 一 数据采集

我们主要通过中央人民政府门户网站（"中国政府网"）和北大法律信息网（"北大法宝"）搜集政策文本。课题组共搜集了1980~2015年属于"科技"政策群的294份文件，为确保政策文本选取的准确性和代表性，对初步收集的294份政策文本按照以下原则进行整理和遴选：①发文单位为法律、行政法规、部门规章、规范性文件、司法解释、地方性法规和地方政府规章，不包括上海市区县政府政策文件；②从发文形式而言，所选择的政策文本主要是政策规划、国家法律、行政法规、规范性意见、实施性办法、保障性通知等，对于文件流转的复函、批复及行业标准并不予以考虑；③与上海市的科技创新工作关系紧密。课题组通过对初步选取的294份政策文本进行细致遴选，最终将其中的217份作为本文研究对象。

## 二 科技政策量化评估

政策工具是为完成特定目标而使用的政策手段和途径。对此，应采用多样化的科技政策加以运用，具体而言，上海市科技政策工具分布如图1所示。对此，以政策工具作用面为区分对象，政策工具一般可以细分为供给型层面工具、需求型层面工具和环境型层面工具。①

---

① 参见沈福俊《和谐统一的行政诉讼协调和解机制》，《华东政法大学学报》2007年第6期。

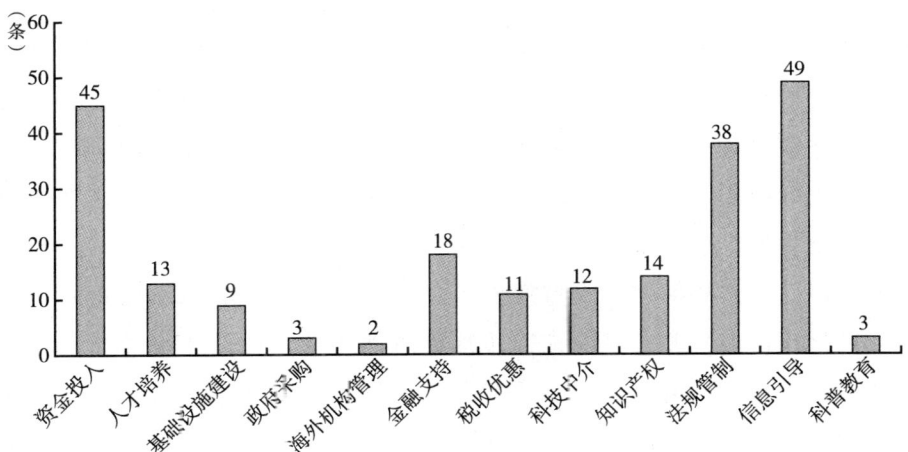

图1　上海市科技政策工具分布

1. 供给型层面工具

供给型层面工具特点在于政府选定的领域或项目，作用迅速、直接、明显，但也可能造成不公平。根据要素的不同，一般而言，供给型层面工具可以细分为人力资源培养、科技信息支持、基础设施建设、资金投入、公共服务五大基本政策工具。结合课题研究，供给型层面工具可以分解为以下三个方面，即资金投入、人才培养、基础设施建设。经统计，资金投入45条＞人才培养13条＞基础设施建设9条，合计67条，占科技政策工具数量的30.9%。可见，供给型层面工具各要素的组合具有较为协调有序的特点，但科技政策对人才培育、信息保护、基础设施、资金保障和公共服务等方面不能够均衡发力，"短板"现象依旧存在。资金投入占比要远远高于人才培养和基础设施建设。我们认为，科技政策固然需要关注科研资金投入，但与此同时，不能忽略对科技创新型人才的培育。

2. 需求型层面工具

需求型层面工具可细分为政府采购、外包、贸易管制、海外机构管理。其特点在于项目对象由市场选择，项目决策由市场决定，短期作用效果一般，但长期效果较好且较为稳定，因而较为公平。结合课题研究，需求型层面工具可以分解为以下两个方面，即政府采购3条＞海外机构管理2条，合计5条，占科技政策工具数量的2.3%。需求型层面工具的缺失，将影响政府对民间科研机构的支持力度，使得政府所扶植的科研企业无法充分发挥其潜力，同时也使得公共部门的研发成本节节攀升、科研产出效率低下。同时，海外机构管理所占比例略显不足，这就造成企业走出去的底气略显不足，前行步伐略显拘谨，增加了企业海外经营成本。对此，需要加强需求型层面工具的运用，比如应该增加政府采购工具的运用比例，尤其是应该逐步加大对拥有自主知识产权的高科技产品的采购数量，这可以显著提升我国的研发水平和技术进步，与发达国家的政府采购占GDP比例15%的平均水平相比，我国政府采购的空间依旧巨大。对此，政府采购的结构应当优化，应该合理配置基础性产品和应用性产品的比例，重点支持拥有自主知识产权的高科技产品。当然，我们也应该注意到，我国企业技术研发亟待突破创新动力不足和创新能力不强两大羁绊。应该说供给型层面工具和需求型层面工具基本上都是依靠行政命令式的手段，具有效果好、见效快的特点。但仅仅依靠行政手段的方式无法持续激发企业产品研发的热情和科技创新的动力，对此，应建立科技创新政策的合集，形成多渠道的政策运用渠道以应对企业在不同发展阶段的政策需求。

3. 环境型层面工具

环境型层面工具一方面可以有效降低企业科技创新风险，同时也可以在很大程度上缓解政府对企业及项目资助的低效率问题。其特点在于项目对象或领域由企业自己选择，较为公平公正，短期效果弱，长期效果较好。根据要素的不同，一般而言，环境型层面工具可以细分为目标规划、金融支持、税收优惠、法规管制、策略性措施五大基本政策工具。经统计，信息引导49条＞法规管制38条＞金融支持18条＞知识产权14条＞科技中介12条＞税收优惠11条＞科普教育3条，合计145条，占科技政策工具数量的66.8%。由此可见，在上述三类政策工具中，环境型层面工具的使用范围最为广泛，包括了金融、财税、法规管制等各个层面，以此来营造有利于企业自主研发、增强科技创新的环境氛围。通过对环境型层面工具进一步厘清，我们发现：①在实务操作中政府部门对"管制类"法规过度重视，计38条，占科技政策工具数量的17.5%。其原因在于，由于我国近年来加大了对科研活动的投入，因而科技创新政策关注的重点是"加大对科研投入的管理"，致使频繁使用"管制类"法规工具。金融支持和税收优惠等可以降低企业研发阶段对资金的投入，深受企业界的好评，这类科技政策也相对较多，合计29条，占科技政策工具数量的13.4%。②金融支持18条。数量不少，但对科技创新的支撑作用相对不足。一是风险投资、天使投资面临的法律障碍较多。最重要的问题在于，缺乏专门的法律法规来保障风险投资和天使投资的顺利发展，使得风险投资和天使投资对科技创新的支撑作用尚未充分发挥。二是投资规模偏弱。上海被投资企业数量和金额远远不及北京。三是科技银行发展速度偏缓。营业收入主要来自存放同业收入和政府财政补贴。③知识产权的科技政策共计14条，占科技政策工具数量的6.5%。从数量上看比例适中，但知识产权的科技政策质量亟待提高。且知识产权信息的增值服务没有得到充分挖掘。目前的科技创新政策仅停留在对涉及科研项目的知识产权信息予以收集、整理和公布，对于企业多样化的科技研发、推广运用等知识产权信息的需求不能做到一一匹配，还有相当大的改进余地。同时，对于科普教育的重视程度不够，不仅涉及的条款很少，而且政策工具单一。④科技中介12条。尽管从数量上看数量不少，但进一步考察研究，这些中介机构在运行中存在一些明显的缺陷，这些中介服务机构多拥有政府背景，且经营范围主要集中于促进生产力、科学技术孵化、科技咨询与评估、技术贸易、创业投资服务等狭小领域。更为重要的是，这些科技中介组织的专业化、市场化、国际化水平很难满足上海建设具有全球影响力科技创新中心的现实要求。⑤科普教育3条。这也折射出上海对高等教育的投资力度有待加强，目前上海还没有一所高校跻身泰晤士高等教育世界大学排行榜的前200位。[①]

---

① 参见沈福俊《和谐统一的行政诉讼协调和解机制》，《华东政法大学学报》2007年第5期。

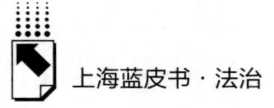

## 三 二维视角的分析研究

1. 行业类别维度 vs. 时间维度

（1）增长型行业类别：科技综合规定、科研经费。其中科技综合规定类别是属于高幅度增长态势，1980年1条、1988年2条、1991年1条、1996年3条、1998年1条、2000年1条、2001年3条、2002年2条、2003年2条、2004年1条、2005年1条、2006年1条、2007年4条、2008年1条、2010年1条、2011年2条、2012年1条、2013年1条、2014年2条。可见在早期，政策出台一次往往需要间隔较长时间才进行下一次政策的发布，而最近几年，政策出台的频率明显加快，这使得此类政策的发文量呈现较大幅度的增大。科技创新所涉及的事项领域较多，具体涉及科技人才、创新要素、创新资源等各方面要素，因而随着我国科技创新政策的不断深化和细化，科技创新的综合规定也随之增多，并呈现较高的增长态势。

（2）稳定型行业类别：科技创新与科技进步、科学研究与科技项目、科技成果鉴定奖励、技术合同与仲裁、技术市场管理、技术进出口与国际合作、对外科技交流、科技体制改革、科技统计与财税、高新技术产业。其中科学研究与科技项目、科技成果鉴定奖励、技术进出口与国际合作处于较高数量上徘徊。如科学研究与科技项目行业类别1983年1条、1988年1条、1992年1条、1993年1条、1996年2条、1998年2条、1999年1条、2006年3条、2007年2条、2011年1条、2012年1条、2014年3条、2015年1条。具体而言，科学研究与科技项目是科技工作者对未知领域进行探索的系统而复杂的活动，这些活动具有相对具体的指向，目标清晰而明确，需要在时间、空间、资金等环境条件下按照规范要求完成。科技成果鉴定奖励是对科研工作成果水平高低的评价，通过这个评价系统可以有助于科技成果得到更大范围内的认可，使得科研成果更好地向市场转化，实现产学研的顺利转化，实现科研成果的实践价值。

(3) 衰减型行业类别：科技情报档案保密、科技人员、科技成果转化、科技市场、科研院所与物资设备。如科技情报档案保密行业类别1982年1条、1990年2条、1995年1条、1996年1条、1998年2条；如科技人员类别1983年2条、1986年3条、1988年2条、1991年1条、1992年1条、1995年1条、1996年1条、1997年2条、2000年1条、2010年1条、2011年1条。由此可见，这些行业属于衰减型行业，相关的政策文件成渐减趋势，这也符合我国科技创新政策的历史演变。

2. 法律级别维度 vs. 时间维度

(1) 增长型层次等级：行政法规。具体而言，1980年1条、1986年2条、1990年1条、1996年2条、1999年2条、2002年2条、2003年2条、2007年1条、2008年1条、2011年1条。由于我国科技法律较少，而科技行政法规是根据宪法和法律，并且按照《行政法规制定程序条例》而制定的科技类法规的总称，因而科技行政法规的数量呈现递增的态势。

(2) 稳定型层次等级：法律法规、规范性文件、司法解释、地方性法规。具体而言，法律法规1982年1条、1984年1条、1993年1条、2001年1条、2002年2条。规范性文件1983年3条、1986年6条、1987年2条、1988年4条、1991年5条、1992年1条、1993年1条、1994年1条、1995年2条、1996年4条、1997年1条、2000年4条、2001年1条、2005年1条、2006年5条、2007年1条、2008年1条、2010年1条、2011年3条、2012年2条、2013年2条、2014年6条、2015年1条。可见规范性文件处于较高数量的稳定发展阶段。司法解释2004年1条，处于低数量水平阶段。地方性法规2000年1条、2002年1条，也处于低数量水平阶段。

(3) 衰减型层次等级：地方政府规章的政策数量呈现不断降低的趋势。随着法律法规、行政法规、部门规章以及规范性文件的强势崛起，地方政府立法的空间逐渐被压缩。具体而言，1982年1条、1985年1条、1986年1条、1987年2条、1989年1条、1990年1条、1994年1条、1995年1条、1996年1条、2000年2条、2001年2条、2004年1条。从这个角度而言，中国特色社会主义法律体系形成后，随着科技法律和行政法规日趋完备，地方立法中综合性立法项目会越来越少。地方科技立法更多地应从系统性立法向"问题引导立法"和"立法解决问题"方向转变。

（4）倒 U 形层次等级：由于颁布科技政策的主要部门是国务院的各委办局，因而部门规章占科技创新政策的总数较高，1983 年 1 条、1985 年 2 条、1986 年 1 条、1987 年 2 条、1988 年 8 条、1989 年 1 条、1990 年 10 条、1991 年 10 条、1992 年 6 条、1993 年 3 条、1994 年 2 条、1995 年 1 条、1996 年 2 条、1997 年 7 条、1998 年 7 条、1999 年 9 条、2000 年 1 条、2001 年 6 条、2002 年 1 条、2003 年 3 条、2004 年 2 条、2006 年 5 条、2007 年 1 条、2009 年 1 条。可见随着我国科技法律体系的日渐完善，法律、行政法规以及地方性法规的作用凸显，部门规章的数量呈现倒 U 形变化。

3. 政策层级 vs. 时间维度

（1）增长型政策层级。1982 年 1 条、1983 年 1 条、1984 年 1 条、1987 年 1 条、1989 年 1 条、1991 年 1 条、1992 年 1 条、1996 年 2 条、1998 年 1 条、2001 年 1 条、2002 年 2 条、2003 年 2 条、2004 年 1 条、2005 年 1 条、2006 年 2 条、2007 年 1 条、2010 年 2 条、2011 年 3 条、2013 年 1 条。可见根级政策在 2001 年开始发力，数量逐年增多。

（2）倒 U 形政策层级。1983 年 1 条、1986 年 2 条、1988 年 3 条、1990 年 1 条、1994 年 1 条、1995 年 2 条、1996 年 4 条、1998 年 3 条、1999 年 3 条、2001 年 2 条、2002 年 2 条、2003 年 1 条、2006 年 2 条、2012 年 1 条、2013 年 1 条、2014 年 4 条、2015 年 1 条。1995～2003 年是干级政策的出台高峰期，而 1995 年之前和 2003 年之后干级政策出台相对较为不足。

（3）稳定型政策等级。1980 年 1 条、1982 年 1 条、1983 年 2 条、1985 年 3 条、1986 年 8 条、1987 年 6 条、1988 年 9 条、1989 年 2 条、1990 年 10 条、1991 年 14 条、1992 年 7 条、1993 年 4 条、1994 年 3 条、1995 年 3 条、1996 年 5 条、1997 年 8 条、1998 年 6 条、1999 年 8 条、2000 年 6 条、2001 年 8 条、2002 年 3 条、2003 年 2 条、2004 年 3 条、2006 年 6 条、2007 年 9 条、2008 年 2 条、2009 年 1 条、2010 年 2 条、

2011 年 8 条、2012 年 3 条、2013 年 3 条、2014 年 3 条、2015 年 3 条。可见枝级政策处于高数量水平，只有 1984 年和 2005 年没有枝级政策出台，其余各年均有枝级政策出台。

## 四　政策建议

1. 注重科技创新政策的集成性

由于科技政策所涉及的领域非常广泛，不仅有第一产业，而且有第二产业、第三产业；不仅有研发领域，而且有基础研究领域、科研成果推广领域；不仅有宏观层面的根政策，还有更为细化的干、枝政策。基于此，科技创新政策在上述不同领域要注意各个环节、各个领域的协调性；基础研究与生产研发、推广运用、流通服务的协调性。

2. 依照国家上位科技法明确进行上海市科技立法

上海市应在全国人大已有的科技法律框架下，按照《立法法》规定的地方立法的权限，根据上海市的具体情况进行立法。具体而言，应当分别从科学研究组织制度方面、科技活动方面和企业技术进步法律制度方面以及可持续发展科技法律制度等方面，整体上完善上海市的各项科技立法，形成有条理的框架，构建科技单行法体系。同时，在立法过程中，应注意地方科技法规、规章应与现行的国家科技法律、行政法规配套、衔接。

3. 加强科技附属性立法

应当处理好上海市科技法规规章与其他相关立法的关系，加强用传统法律手段去调整科技活动的意识。一方面，上海市传统立法领域需要用科技法来解决现代科技对其的冲击；另一方面，科技立法制度的配套与完善需要其他方面立法的综合调整。因此，上海市立法部门需要对上海市传统法律如民法、商法、经济法、刑法等领域中的有关科学技术方面的地方立法规范展开广泛研究，对其中存在的不符合上海市科学技术发展的内容提出修改、补充和完善的立法意见。

# 专题篇
## Special Reports

## B.4
## 深化诉调对接工作积极推进多元化纠纷解决机制改革

上海市高级人民法院课题组*

摘　要： 上海法院推进多元化纠纷解决机制改革的主要做法是：明确推进多元化纠纷解决机制改革的指导思想、目标任务；强化诉调对接工作规范化建设；强化诉调对接工作专门队伍建设；以信息化为支撑，提升诉调对接工作现代化水平。今后要进一步准确把握定位，充分发挥人民法院在多元化纠纷解决机制改革中的作用；推动立法进程，为多元化纠纷解决机制改革提供法律保障；坚持源头治理，预防为主，进一步提升社会矛盾纠纷预防化解的水平；统筹谋划，将

---

\* 上海市高级人民法院课题组组长：崔亚东，上海市高级人民法院党组书记、院长；成员：张新、丁戈文、高佳运、俞小海。

多元化纠纷解决机制改革纳入司法体制改革大局、同步推进。

关键词： 诉调对接　上海法院　多元化　纠纷解决机制　司法改革

当前，我国经济发展进入新常态，在这种"新常态"的背景下，经济发展阶段性特征对社会发展产生了哪些新影响，人民法院工作面临着哪些新情况、新问题、新矛盾、新挑战，是我们研究的重要课题。

习近平总书记深刻指出："我国正处于跨越'中等收入陷阱'并向高收入国家迈进的历史阶段，矛盾和风险比从低收入国家迈向中等收入国家时更多更复杂。"[1] 他还指出："当前，国内外环境都在发生极为广泛而深刻的变化，我国发展面临一系列突出矛盾和挑战，前进道路上还有不少困难和问题。"[2] 孟建柱同志强调："当前，我国既面临着世界其他国家社会转型中出现的共性问题，又面临着由我国基本国情和主要矛盾所决定的特殊挑战。"[3] 这些重要论述，均表明我国经济社会发展已进入新的历史阶段，我们承担的改革发展稳定任务更加繁重，化解社会矛盾纠纷的任务也更加艰巨。

党的十八届四中全会把推进多元化纠纷解决机制[4]改革作为全面推进依法治国、健全依法维权和化解纠纷机制的重要内容之一，明确提出："健

---

[1] 参见 2014 年 12 月 9 日习近平总书记在中央经济工作会议上的讲话。所谓的"中等收入国家陷阱"，是指当一个国家的人均收入达到中等水平后，不能顺利实现经济发展方式的转变，导致经济增长动力不足，最终出现经济停滞的一种状态。按照世界银行的标准，2010 年我国人均国内生产总值达到 4400 美元，已经进入中等收入偏上国家的行列。

[2] 参见 2013 年 11 月 9 日习近平总书记在党的十八届三中全会上所作的《关于〈中共中央关于全面深化改革若干重大问题的决定〉的说明》。

[3] 参见孟建柱《在更高起点上全面推进平安中国建设》，《求是》2013 年第 14 期，第 3～7 页。

[4] 多元化纠纷解决机制，是指一个社会中多样的纠纷解决方式（包括诉讼与非诉讼两大类型）以其特定的功能相互协调、共同存在，所构成的一种满足社会主体多种需求的程序体系和动态调整系统。

全社会矛盾纠纷预防化解机制，完善调解、仲裁、行政裁决、行政复议、诉讼等有机衔接、相互协调的多元化纠纷解决机制。"孟建柱同志要求："各级人民法院要紧紧围绕'四个全面'的战略部署，主动适应经济发展新常态，善于把握矛盾纠纷的趋势特点，创新工作思路、方法，继续发挥好在多元化纠纷解决机制改革中的推动、保障作用。"[1] 最高人民法院《关于全面深化人民法院改革的意见——人民法院第四个五年改革纲要（2014～2018）》（以下简称"四五改革纲要"）也对推进多元化纠纷解决机制改革做出了具体部署，[2] 并于 2015 年 4 月在四川眉山召开了全国法院多元化纠纷解决机制改革工作推进会。上海高院认真贯彻落实党的十八届四中全会决定和习近平总书记、孟建柱书记的重要讲话、批示精神，按照最高法院的部署，在总结上海法院实践的基础上，研究制定了上海法院《关于深入推进多元化纠纷解决机制改革的意见》，全面深入推进多元化纠纷解决机制改革工作。

## 一 推进多元化纠纷解决机制改革的重大意义

### （一）推进多元化纠纷解决机制改革是全面推进依法治国战略、建设社会主义法治国家的客观需要

依法治国是"四个全面"战略布局之一，在"四个全面"战略布局中具有基础性、保障性作用。党的十八大提出，法治是治国理政的基本方式，要加快建设社会主义法治国家，全面推进依法治国。党的十八届四中全会进

---

[1] 参见 2015 年 3 月 11 日孟建柱同志对全国法院多元化纠纷解决机制改革工作推进会的重要批示。
[2] "四五改革纲要"提出，要"继续推进调解、仲裁、行政裁决、行政复议等纠纷解决机制与诉讼的有机衔接、相互协调，引导当事人选择适当的纠纷解决方式。推动在征地拆迁、环境保护、劳动保障、医疗卫生、交通事故、物业管理、保险纠纷等领域加强行业性、专业性纠纷解决组织建设，推动仲裁制度和行政裁决制度的完善。建立人民调解、行政调解、行业调解、商事调解、司法调解联动工作体系。推动多元化纠纷解决机制立法进程，构建系统、科学的多元化纠纷解决体系"。

一步提出,坚持依法治国、依法执政、依法行政共同推进,坚持法治国家、法治政府、法治社会一体建设,并对健全依法维权和化解纠纷机制,提高社会治理法治化水平做出重要部署。习近平总书记强调:"要强化法律在化解矛盾中的权威地位。"[1] "坚持人民调解、行政调解、司法调解联动,鼓励通过先行调解等方式解决问题;坚持依法治理,运用法治思维和法治方式化解各类矛盾纠纷。"[2] 推进多元化纠纷解决机制改革,是落实党的十八届四中全会精神和习近平总书记系列重要讲话精神的重要举措,应在依法治国、建设社会主义法治国家的战略布局下进行谋划,把多元化纠纷解决机制纳入法治化轨道,努力推动形成遇到矛盾找法、处理矛盾依法、解决矛盾用法、化解矛盾靠法的良好法治环境,推动实现依法治国、建设社会主义法治国家的战略目标。

### (二)推进多元化纠纷解决机制改革是加强和创新社会治理、推进国家治理体系和治理能力现代化的必然要求

党的十八届三中全会提出要创新社会治理体制,推进国家治理体系和治理能力现代化。习近平总书记强调:"加强和创新社会治理,关键在体制创新,核心是人,只有人与人和谐相处,社会才会安定有序,社会治理的重心必须落到城乡社区。社会服务和管理能力强了,社会治理的基础就实了。"[3] 从一定意义上讲,社会治理的水平集中体现在社会矛盾纠纷的处理上。能否为人民群众提供多层次、多领域、法治化的纠纷化解途径,维护社会和谐稳定,是社会治理水平高低的重要体现。通过完善多元化纠纷解决机制改革,创新工作模式,整合人民调解、商事调解、行政调解、仲裁等各类非诉调解组织,充分发挥社会性、民间性社会调解组织及其纠纷

---

[1] 参见2014年1月7日习近平总书记在中央政法工作会议上的讲话。
[2] 参见2015年10月13日习近平总书记在中央全面深化改革领导小组第十七次会议上的讲话。
[3] 参见2014年3月5日习近平总书记参加十二届全国人大二次会议上海代表团审议时的讲话。

解决方式的各自优势，可以更好地发挥多元化纠纷解决机制参与社会治理创新的重要作用，不断提高创新社会治理水平，推动实现国家治理体系和治理能力的现代化。

**（三）推进多元化纠纷解决机制改革是发展和完善具有中国特色社会主义司法制度、保障人民群众合法权益的迫切需要**

人民调解①制度是具有中国特色的化解矛盾、消除纷争的非诉讼纠纷解决方式，被国际社会誉为化解社会矛盾的"东方经验"。新中国成立后，人民调解制度得到了长足的发展，并先后被1982年《宪法》、《民事诉讼法》、《人民调解法》所确认。人民法院在加强诉讼调解的同时，通过开设人民调解窗口，委托人民调解组织在诉前开展调解工作，建立诉调对接②工作平台，是人民法院积极探索民事诉讼与人民调解有效衔接的重要举措，也是具有鲜明中国特色社会主义司法制度的优势所在。当前，随着人们维权意识、法治意识的不断增强，涉及当事人切身利益的婚姻家庭、合同、物权、侵权、劳资等纠纷不断增多③（见表1、图1），这对诉调对接工作的深入有效开展提出了新的要求。因此，我们要进一步更新理念，调整思路，让调解、仲裁、行政裁决、和解等纠纷解决方式成为当事人的主动选择，以满足人民群众多元司法需求的需要，更好地维护和保障人民群众合法权益。

---

① 人民调解，是指人民调解委员会通过说服、疏导的方法，促使当事人在平等协商基础上自愿达成调解协议，解决民间纠纷的活动（《中华人民共和国人民调解法》第二条之规定）。人民调解制度深深根植于中华大地。调解制度源于我国古代民间"排难解纷"和"止讼息争"的优良传统，因其契合了中华民族"以和为贵"的传统道德和处世原则，成为民间乃至官方解决矛盾纠纷的基本准则之一。
② 人民法院诉调对接工作，是指矛盾纠纷调处中的诉讼方式与非诉讼方式相衔接的一种工作方式。
③ 以上海为例，自2009年诉调对接中心成立以来，中心调解的纠纷数呈现逐年递增的态势。据统计，2010～2014年上海各级法院诉调对接中心调解纠纷数由98181件增至177653件，几乎翻了一番，年均增长15.98%，纠纷类型涵盖了婚姻家庭、电信、物业服务合同、机动车交通事故等几乎所有的民商事类型。

表1  2012~2014年上海法院诉调对接中心主要案件类型及收结情况

单位：件

| 案由 | 2012年 | | 2013年 | | 2014年 | |
| --- | --- | --- | --- | --- | --- | --- |
| | 收案 | 结案 | 收案 | 结案 | 收案 | 结案 |
| 合同类纠纷 | 77385 | 75384 | 100075 | 96799 | 103672 | 105871 |
| 侵权类纠纷 | 28145 | 27926 | 31836 | 31141 | 24680 | 24907 |
| 婚姻家庭纠纷 | 20216 | 20062 | 24553 | 23819 | 22347 | 22699 |
| 物权类纠纷 | 5978 | 5772 | 8798 | 8076 | 6132 | 6737 |
| 劳资类纠纷 | 7172 | 6888 | 8736 | 7988 | 6370 | 6726 |
| 合计 | 138896 | 136032 | 173998 | 167823 | 163201 | 166940 |

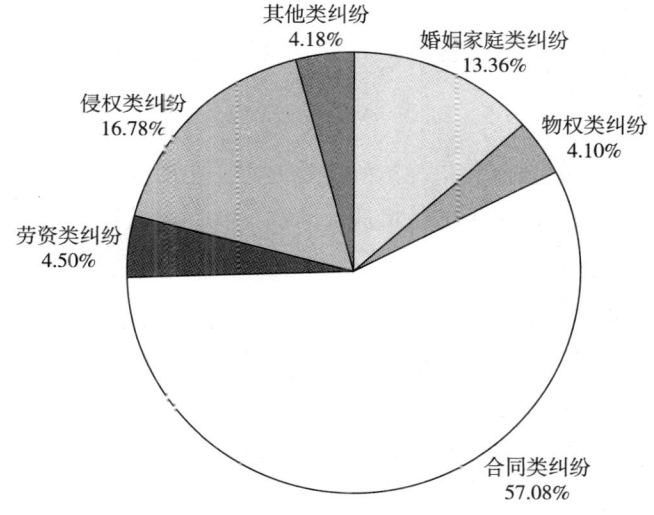

图1  2012~2014年上海法院诉调对接中心收案类型占比

## （四）推进多元化纠纷解决机制改革是人民法院延伸审判职能作用、维护社会公平正义的本质要求

党的十八届四中全会指出："公正是法治的生命线。司法公正对社会公正具有重要引领作用，司法不公对社会公正具有致命破坏作用。"孟建柱同志指出："司法的特点是当社会秩序遭到破坏、公民和法人的合法权益受到侵害时，审判机关以公正公开的形式，以国家强制力为保证，通过裁判保障公民、法人的合法权益，树立法律权威，维护社会公平正义，维护社会和谐

稳定。"① 面对依法治国新要求和人民多元司法需求，人民法院应当在更高位来审视司法职能定位，既要公正高效地审理好每一起案件，提升司法公信力，让人民群众在每一个司法案件中感受到公平正义，也要引导当事人通过诉讼以外的方式平等自愿自主解决纠纷，拓展化解矛盾纠纷的渠道，促进社会和谐。人民法院推动多元化纠纷解决机制改革，既是在"国家主导、司法推动、社会参与、多元并举、法治保障"这一格局下发挥好司法在社会矛盾化解中保障作用的体现，更是人民法院在社会多层次、多领域依法治理中司法功能作用的延伸，有利于更好地维护社会公平正义，实现人民安居乐业。

**（五）推进多元化纠纷解决机制改革是人民法院深化司法体制改革的重要内容**

司法体制改革是全面深化改革的重要内容，全面深化改革为人民法院的发展赢来了前所未有的重大历史机遇。因此，我们要抓住这一良好机遇，在司法体制改革的进程中，统筹谋划，协调推进。要以夯实诉调对接工作基础为抓手，将诉调对接中心建设与诉讼服务中心建设结合起来，建立集诉讼服务、立案登记、诉调对接、涉诉信访等多项功能于一体的综合服务平台，引导人民群众选择非诉讼渠道解决矛盾纠纷，让更多纠纷在诉讼渠道之外得到有效化解，有效缓解法院案多人少矛盾，发挥司法资源的最大效能，在更高层次上实现公正与效率的平衡，促进审判质效的提升。

## 二 上海法院推进多元化纠纷解决机制改革的主要做法与成效

### （一）主要做法

1. 明确指导思想、目标任务

（1）把握推进多元化纠纷解决机制改革的指导思想。上海法院确立的

---

① 参见2014年2月20日孟建柱同志在省部级主要领导干部学习贯彻党的十八届三中全会精神全面深化改革专题研讨班上的报告。

指导思想是：紧紧围绕党的十八届三中、四中全会就全面深化改革、全面推进依法治国以及关于推进法治社会建设的部署，始终坚持"党委领导、政府主导、多方参与、司法推动、便民利民"工作格局，积极推进多元化纠纷解决机制改革，有效化解各类纠纷，以满足人民群众多元司法需求，维护社会和谐稳定，促进社会公平与正义，推进平安上海、法治上海建设，为上海经济社会发展创造良好的司法环境。

（2）确立推进多元化纠纷解决机制改革的主要目标。上海法院确立的主要目标是：以构建职能明确、机制健全、管理规范、功能强大的人民法院诉调对接平台为抓手，有效对接行政机关、社会组织、企事业单位等各方面纠纷解决主体的力量，更好地发挥审判的规范、引导和审查监督作用，促进各种纠纷解决方式的有效衔接、相互配合和全面发展，为当事人提供多元的纠纷解决渠道，引导当事人自愿选择适当的纠纷解决方式，促进多元化纠纷解决机制的制度化、法治化。

（3）明确推进多元化纠纷解决机制改革的主要任务。上海法院确立的主要任务是：进一步推进人民法院诉调对接中心规范化建设，将诉调对接操作规范从零散差异向系统整合转变；完善诉讼与仲裁、行政调处、人民调解、商事调解、行业调解以及其他非诉讼纠纷解决方式之间的衔接机制，将诉调对接平台从单一平面的衔接功能向多元立体的服务功能转变；推进多元化纠纷解决机制的队伍建设，将解纷人才的培养从经验型向职业型转变；拓展诉调对接领域，将诉调对接对象从重点突破向全面启动转变。

2. 强化诉调对接工作规范化建设

2009年3月，最高法院发布的《人民法院第三个五年改革纲要（2009~2013）》（以下简称"三五改革纲要"）将"建立健全多元纠纷解决机制"作为司法改革的一项重要内容，[①] 2009年7月，最高法院颁布了《关于建立健全诉讼与非诉讼相衔接的矛盾纠纷解决机制的若干意见》，对诉调

---

[①] "三五改革纲要"明确提出："加强诉前调解与诉讼调解之间的有效衔接，完善多元纠纷解决方式之间的协调机制，健全诉讼与非诉讼相衔接的矛盾纠纷调处机制。"

对接工作提出明确要求。自 2009 年起，上海高院先后出台了一系列规范文件，大力推进诉调对接工作规范化建设。

(1) 建立完善诉调对接工作体制。2009 年上海高院明确"各级法院要将诉调对接中心作为独立建制，纳入各法院统一管理"。2009 年 4 月，上海长宁区法院率先在全国挂牌成立了"诉调对接中心"。[①] 至 2009 年 12 月底，全市基层法院均成立了诉调对接中心，并一律实行诉调对接中心的专门建制，实现了"一站式"调解服务。2010 年 4 月，时任最高人民法院院长王胜俊在上海杨浦法院调研时对该院的诉调对接中心建设给予了充分肯定和高度评价，认为该中心就像"司法超市"，很有特色，对促进社会和谐稳定具有十分重要的现实意义。

(2) 建立完善诉调对接工作制度。制度建设带有根本性、基础性、全局性，对深入推进多元化纠纷解决机制改革具有重要意义。上海高院先后出台了《关于推进诉调对接多元纠纷解决机制建设的若干意见》、《诉调对接中心工作流程管理办法（试行）》、《诉调对接中心调解员管理办法（试行）》、《关于民事调解协议司法确认程序的实施细则（试行）》和《关于加强立案和诉调对接中心衔接工作的意见》等近 10 项规定，各基层法院也制定了有关实施细则。通过一系列的制度建立，确保诉调对接工作程序符合规范要求，保障诉调对接工作的依法有序进行。

(3) 建立完善诉调对接工作机制。一是将司法资源下沉，建立矛盾纠纷就地化解机制。从诉调对接处理的案件来看，大部分是来自于基层群众日常生活经济往来中的纠纷，矛盾来自于基层，化解的重心也应在基层。因此，我们结合本市基层政权组织和社区建设的总体部署，将司法资源下沉至

---

① 早在 2003 年，长宁法院与长宁司法局率先尝试在法院办公场所设置人民调解窗口，引导当事人通过人民调解的方式化解纠纷，效果良好。经过几年的探索和实践，2006 年初，上海市高级人民法院与上海市司法局联合制定了《关于规范民事纠纷委托人民调解的若干意见》，规定可以将适合调解的纠纷，委托人民调解组织组织调解，并确定了长宁、浦东、杨浦、松江等区作为重点推进单位，探索民事纠纷委托调解的不同模式，要求全市各法院结合各自特点进行探索和尝试。至 2006 年 9 月 18 日，全市各基层法院均设立了人民调解窗口，开展委托调解工作。

街道、社区、乡镇，整合基层人民调解组织、社区组织等多方力量，与街道、社区、乡镇共同构建多元化预防和化解社会矛盾的工作平台，实现社会矛盾纠纷的就地解决。如上海市第二中级人民法院组织辖区法院开展"百名法官进社区，指导调解化纠纷"活动；浦东区人民法院建设"三级四层调解网络"，普陀区人民法院、杨浦区人民法院成立"社区法官"工作机制，推进"全日制、全覆盖、全方位"的社区法官工作室的建设；崇明县人民法院、松江区人民法院、静安区人民法院依托派出法庭、街镇设立了诉调对接分中心，既就地解决了问题，又方便了人民群众。

二是注重与社会力量的衔接，建立矛盾纠纷联动化解机制。多元化纠纷解决机制，需要社会广泛参与。我们注重与行政机关、专业化调解组织、商事调解组织、仲裁机构等衔接，建立矛盾纠纷联动化解机制，充分发挥行业组织在纠纷化解中的作用，开展联动化解矛盾工作，取得了良好的社会效果。如上海崇明县人民法院、奉贤区人民法院与区县司法局、区县农委三方联合，成立农村土地承包纠纷联合调处中心；金山法院与区教育局、团委、老龄委、残联等部门合作，共同开展涉弱势群体纠纷联合调解；上海铁路运输法院与市公安局交警总队及高架道路支队成立了高架道路交通事故调解室；海事法院与中国海事仲裁委员会建立了海事纠纷委托调解机制；上海市第一中级人民法院与上海经贸商事调解中心共同建立了商事调解协作机制。2015年4月29日，上海市委常委、市委政法委书记姜平同志就推进商事调解工作做出批示："上海经贸商事调解中心积极参与多元化纠纷解决机制建设的成功经验值得肯定和推广。"

三是延伸诉调对接职能，建立矛盾纠纷全面化解机制。在实践中，我们不断延伸诉调对接职能，积极探索诉调对接领域从单一的民商事纠纷逐渐向行政、刑事及执行和解拓展。上海虹口区、普陀区等区的法院已开始探索刑事和解工作；闸北区人民法院将行政诉讼中的房屋拆迁裁决纠纷导入诉前调解，从源头上预防和减少因强迁可能引发的矛盾。

四是探索调审"无缝"衔接，建立矛盾纠纷快速化解机制。我们还通过加强诉前调解与小额速裁机制的"无缝"衔接，对部分法律关系单一、事实清楚、争议标的金额符合小额诉讼标准的民事案件，适用小额速裁程序审理；完善调审信息资源共享机制，畅通调解与后续审判的信息沟通渠道，确保当纠纷调解不成时调解员所做的前期工作能为后续审判工作提供便利等措施，实现调审之间的快速流转。

（4）建立完善司法确认程序。司法机关通过确定性的法律规则和强制性的国家权力，确认人民调解协议的法律效力，是人民法院运用司法权对人民调解工作给予的有力支持和保障，也是对当事人的司法救济和司法保障，可以减少诉讼，保障调解协议的有效执行。2011年7月，上海高院研究制定了《关于民事调解协议司法确认程序的实施细则（试行）》，不断完善司法确认程序，成效明显。自2011年7月至2015年6月，全市各法院诉调中心共受理调解协议确认案件11717件，审结11363件。

（5）加强完善诉调对接中心硬件建设。为了全方位提升诉调对接工作质效和司法服务水平，上海高院制定了诉调对接中心硬件建设标准，对诉调对接中心的场所面积、窗口设置、设施配备等方面做出了明确规定，推动实现中心建设的规范化和标准化。同时，上海各级法院也加大资金投入，落实好诉调对接中心建设的经费保障。

3. 强化诉调对接工作专门队伍建设

建立专门调解队伍，是做好诉调对接工作的前提和保证。我们将专门调解队伍建设作为规范化建设中的重要内容，同步推进。

（1）构建专职调解队伍。建立了由法官、法官助理、人民调解员、书记员共同构成的专职调解队伍。

（2）吸收社会资源扩充调解队伍。扩大调解员组成的范围，吸收专家、学者、人大代表、政协委员、人民陪审员等加入调解队伍，形成了诉调对接中心调解队伍"组合体"。如上海浦东、普陀等法院建立特邀调解员名册，根据案件的实际需要邀请人大代表、政协委员等参与诉前调解工作；徐汇法院创建了"律师参与诉前调解工作机制"，实现审判资源、司法行政资源与执业律师资源的有机互补。

（3）健全制度规范管理。2011年1月，上海高院制定了《诉调对接中心调解员管理办法（试行）》，建立调解员名册管理制度。明确调解员任职条件、选聘程序、工作职责，加强对调解员的日常及年度考核管理，定期对调解员进行业务培训，提高调解员的业务能力和调解工作质量。目前，在上海各级法院诉调对接中心从事调解工作的司法人员已达到252名。

4. 以信息化为支撑，提升诉调对接工作现代化水平

（1）建立了诉调对接信息化管理系统。为规范全市诉调对接案件的管理，上海高院把诉调对接信息化管理纳入上海法院信息化建设三年规划，专门研发了诉调对接信息化管理系统，为诉调对接工作提供技术支撑和保障。

（2）建立了网络调解新方式。上海法院充分利用上海法院"12368"诉讼服务平台、上海法院律师服务平台等信息化资源，构建集网上立案、网上咨询、在线调解等功能为一体的网络调解平台，通过诉讼服务App、微信、微博、"网上执行和解室"、电子法庭等新型方式调解纠纷，向社会提供高效便捷的现代化网络调解服务。2014年4月，最高法院院长周强在上海法院调研时对徐汇区人民法院的"网上执行和解室"给予充分肯定和高度评价，指出："这一创新举措加强了与当事人的沟通，为当事人节约了大量时间和精力，要进一步加强研究，持续推进，深入推广。"

（3）提升了诉调对接工作管理的信息化。信息技术地融入，提升了诉调对接工作的科技含量，实现了管理现代化。一方面，通过调解案件网上流转、网上沟通、智能推送、电子记录、电子送达等方式，大大降低了当事人调解、应诉的成本与时间，提高了诉调对接工作效率；另一方面，通过网上信息录入，实现了对调解案件收案、分案、排期等信息的全流程记录，加强了对调解案件各个环节的实时管理和监督，实现了诉调对接工作管理的信息化，提升了诉调对接工作的现代化水平。

（二）主要成效

1. 形成了"党委领导、政府主导、各方参与、优势互补、调解优先、

司法终局"的多元化纠纷解决机制工作格局

上海高院推动多元化纠纷解决机制工作始终得到市委、市人大、市政府、市政协及相关职能部门的大力支持。市委常委、市委政法委书记姜平同志就多元化纠纷解决机制改革专门做出批示:"全市各级法院和司法行政机关用好典型经验,进一步研究落实有关支持举措,争取在全国法院多元纠纷解决机制改革工作中继续走在前列。"市、区(县)两级相关职能部门在诉调对接中心的机构设置、人员编制、场地建设、财政经费等方面给予了充分保障。上海各级人民法院与行政机关、基层调解组织、行业调解组织、商事调解组织、仲裁机构的沟通机制日臻完善,配合协作的效果日趋明显,形成了"全社会共同参与"综合化解矛盾纠纷的新格局。2015年,上海浦东新区人民法院、普陀区人民法院被最高人民法院确定为全国多元化纠纷解决机制示范法院,上海长宁区人民法院、徐汇区人民法院、虹口区人民法院被市高院确定为上海市多元化纠纷解决机制改革示范法院。

2. 满足了人民群众多元化的司法需求,维护了人民群众的合法权益

上海法院充分挖掘资源的潜力,最大限度地发挥诉调对接中心的职能作用,满足人民群众多元化的司法需求。

(1)大量矛盾纠纷得以解决,维护了人民群众的合法权益。自2009年诉调对接中心建立以来,中心受理的纠纷呈现逐年递增的态势。2010年,全市法院诉调对接中心共收案98181件,调解成功64297件;2014年,全市法院诉调对接中心收案177653件,调解成功82174件;2015年1~9月,全市法院诉调对接中心收案达到141346件,调解成功58527件,有力维护了人民群众的合法权益(见表2)。

(2)节约了诉讼成本,减轻了当事人的讼累。上海法院以诉调对接中心为抓手,为当事人提供"一站式、零距离、全方位"的司法服务,大量的矛盾纠纷在诉前得到调解,节约了当事人的时间,减轻了讼累。截至2014年底,全市诉调对接中心2个月以上的未结纠纷为零(调解不成依法及时转入立案或审判程序)。

表 2  2010～2015 年 9 月上海法院诉调对接中心收结案情况

单位：件，%

| 年份 | 一审民事案件 | | 诉调中心收案 | 收案数占一审民事收案数的比例 | 调解成功数 | 调解成功数占一审民事结案数的比例 |
| --- | --- | --- | --- | --- | --- | --- |
| | 收案 | 结案 | | | | |
| 2010 年 | 197734 | 195114 | 98181 | 49.65 | 64297 | 32.95 |
| 2011 年 | 215045 | 215309 | 128218 | 59.62 | 78841 | 36.62 |
| 2012 年 | 218485 | 211320 | 149538 | 68.4 | 86376 | 40.87 |
| 2013 年 | 227130 | 221346 | 188728 | 83.09 | 88612 | 40.03 |
| 2014 年 | 256165 | 245248 | 177653 | 69.35 | 82174 | 33.51 |
| 2015 年 1～9 月 | 200460 | 188152 | 141346 | 70.51 | 58527 | 31.11 |

3. 节约了司法资源，缓解了法院案多人少的矛盾

诉调对接机制的建立，缓解了案多人少的矛盾，促进了审判质效的提升。

（1）实现了案件诉前分流。2014 年，全市法院诉调对接中心收案数占一审民事收案数的 69.35%，调解成功案件占一审民事结案数的 33.51%。2015 年 1～9 月，全市法院诉调对接中心收案数占一审民事收案数的 70.51%，调解成功案件占一审民事结案数的 31.11%，七成以上的案件进入诉前程序，1/3 左右的案件在诉前得以有效化解。

（2）缓解了"案多人少"的矛盾。2014 年上海法院共受理各类案件 55.03 万件，审结 54.5 万件，同比分别上升 13.2% 和 14.6%，法官年人均结案达到 158.74 件，位居全国法院第二。2015 年 1～9 月，上海法院共受理各类案件 46.52 万件，审结 43.98 万件，同比分别上升 13.3% 和 11.4%，预计法官人均结案将达到 180 余件，法官工作负荷已近极限。诉调对接中心融合了多类资源，调解成功案件数占一审民事结案数的 1/3，在一定程度上缓解了"案多人少"的矛盾。

（3）提高了办案效率。诉前调解与小额速裁机制"无缝"衔接，有利于法官做好审判先期工作，减少了办案流程中精力与时间的消耗，提高了办案质效。2014 年，上海法院共受理小额速裁案件 36822 件，审结 86695 件，结案率 99.85%。

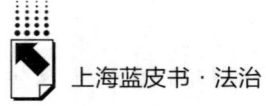

## 三 人民法院深化多元化纠纷解决机制改革的思考

### （一）准确把握定位，充分发挥人民法院在多元化纠纷解决机制改革中的地位作用

在新的历史发展阶段，人民法院应充分发挥推动、引导、保障的作用，推进多元化纠纷解决机制改革。推动，即在主体多元、诉求多样、纠纷多发的社会矛盾凸显期，人民法院必须始终坚持依靠党委领导，争取政府支持，鼓励社会各界参与，充分发挥司法在多元化纠纷解决机制改革中的推动作用。引导，即在国家设立的调解、仲裁和诉讼等多种纠纷解决形式中，对于更适于用调解和仲裁化解的纷争，人民法院要引导诉争当事人选择这些途径和形式。保障，即人民法院要着眼于大调解工作格局，立足于司法审判，充分发挥司法的保障作用，强化司法程序对非诉讼解决方式的支持和监督，通过法律制约、司法确认及其他司法引导方式，在法治化轨道上确保多元纠纷解决更加高效权威，提升诉讼外纠纷解决的公正和效率。

### （二）推动立法进程，为多元化纠纷解决机制改革提供法律保障

推动多元化纠纷解决机制立法进程，构建系统、科学的多元化纠纷解决体系，是人民法院"四五改革纲要"确立的司法体制改革的重要任务之一。多元化纠纷解决机制重大意义的发挥和具体成效的落实，离不开立法确认。当前，一些地方已经着手开展地方性的多元化纠纷解决机制的立法工作，[①]并已取得初步成果。但在国家层面仍缺乏针对多元化纠纷解决机制的专门性法规，以致多地在具体实践中存在着法律依据不足、操作不规范等问题。因此，人民法院应及时总结实践中好的做法和成功经验，积极向立法机关提出立法建议，推动国家层面的立法，使多元化纠纷解决机制有法可依。

---

① 如2015年4月1日厦门市人大常委会审议通过了《厦门市经济特区多元化纠纷解决机制促进条例》，并于2015年5月1日正式实施；四川省人大常委会也正在着手开展地方立法工作。

## （三）坚持源头治理，预防为主，进一步提升社会矛盾纠纷预防化解的水平

人民法院在推进多元化纠纷解决机制改革中，不能仅局限于矛盾纠纷个案的解决，还要关注产生矛盾纠纷的源头治理。加强源头治理、减少社会矛盾，是建立和完善多元化纠纷解决机制的重要内涵。在多元化纠纷解决机制改革实践中，人民法院既要抓好对已产生的矛盾纠纷的末端处理，通过调解、诉讼等方式解决纠纷，保障人民群众合法权益，维护社会公平正义；还要主动延伸职能，通过审理案件、调解纠纷，深入分析社会矛盾产生的根源，关注矛盾纠纷发生的前端预防，充分发挥人民法院教育、引导职能作用，力争做到"调解一案，教育一片"，从源头上预防和减少纠纷发生。要从有利于保障人民群众合法权益、维护社会和谐稳定出发，积极会同有关部门，对房地产、金融、劳资关系、社会保障、城市管理等重点领域存在的不稳定不确定因素进行排查，确保对各类矛盾做到心中有数；针对经济发展新常态下可能产生的各类社会稳定风险，要通过司法建议、审判白皮书等方式提醒有关企业，建议有关地区、部门做好社会稳定风险评估工作，防止形成行业性、区域性社会风险。

## （四）统筹谋划，将多元化纠纷解决机制改革纳入司法体制改革大局、同步推进

当前正在开展的司法体制改革，涉及体制性、机制性、保障性等深层次、关键性问题，改革力度、广度、深度前所未有，将给人民法院科学发展带来深刻影响。推进多元化纠纷解决机制改革必须要与当前司法体制改革的举措统筹协调、同步推进。

1. 要处理好与立案登记制改革的配套衔接

人民法院要建立立案前的过滤、甄别、分流和引导机制，使大量矛盾纠纷在进入立案登记前就得到有效化解，确保立案登记制改革与多元化纠纷解决机制改革的配套衔接。

**2. 要进一步加强诉调对接中心建设**

以多元化纠纷解决机制改革为契机,进一步加强诉调对接中心建设,并将诉调对接中心纳入诉讼服务中心整体规划,积极构建多方参与、有机衔接、优势互补的多元诉讼服务体系,为人民群众提供便捷的诉讼服务,保障人民群众合法权益。

**3. 要进一步优化调审资源配置**

探索实行诉调对接工作人员分类管理,让擅长调解的法官和辅助人员从事调解指导工作和专职调解工作,加大诉调对接中心辅助人员配比;扩大利用院外调解员协助法院化解纠纷的范围和规模,探索调解组织参与法院工作的新方式,推动诉调对接机制从单向输出向双向互动转变。

**4. 要推进调解队伍正规化、专业化、职业化建设**

健全调解员名册管理制度,加大对调解员队伍的监督、考核、管理;充分发挥法院自身的专业优势,加强对相关领域行业性调解组织的专项指导,提高解纷队伍的专业化水平;开展调解人员分级分类培训,强化调解技能指导,切实提高调解人员的法律素养和调解技能,提升调解效率和调解质量。

# B.5
# 检察机关司法公信力研究

上海市人民检察院课题组*

**摘　要：** 党的十八届三中全会对深化检察权在内的司法体制改革做出了根本性、全局性和方向性的部署。上海检察机关主任检察官制度和检务公开试点等工作的稳步推进，均从顶层设计和实践探索双重角度对加快推进检察机关司法公信力建设形成"倒逼"之势。面对新的形势和任务，上海检察机关理应在司法公信力的顶层设计和检察官的行为养成教育方面主动作为、定向发力，从而使人民群众对我们所办理的每一个案件、处理的每一起纠纷及在与我们的每一次接触中都能实实在在地感受到检察机关的司法为民和司法公信。

**关键词：** 上海　检察机关　司法公信力　司法体制改革

习近平总书记就全面推进依法治国主持中共中央政治局第四次集体学习时，指出"进一步提高政法工作的亲和力和公信力，努力让人民群众在每一个司法案件中都感受到公平正义"，这是对所有政法机关提出的努力目标和明确要求。然而，司法人员正确适用法律所做出的司法裁决，未必能得到人民群众的认同。司法人员眼中的公平正义，在社会公众的眼里有时就蜕变为"司法不公"。因此，不断加强司法公信力建设内容与路径的研究和运

---

\* 上海市人民检察院课题组组长：陈旭，上海市人民检察院原党组书记、检察长；成员：罗昌平、朱庆华、张海翔、姜青富、张梅、张士彬。

用，乃是检察机关自身的职责和使命。

党的十八届三中全会对深化检察权在内的司法体制改革做出了根本性、全局性和方向性的部署。习近平总书记强调，司法体制改革对推进国家治理体系和治理能力现代化具有重要十分的意义，要着力解决影响司法公正、制约司法能力、损害司法公信的深层次问题。无论是《关于司法体制改革试点若干问题的框架意见》《上海市司法改革试点工作方案》等文件的审议通过，还是上海检察机关主任检察官制度和检务公开试点等工作的稳步推进，均从顶层设计和实践探索双重角度对加快推进检察机关司法公信力建设形成"倒逼"之势。面对新的形势和任务，上海检察机关理应在司法公信力的顶层设计和检察官的行为养成教育方面主动作为、定向发力，从而使人民群众对我们所办理的每一个案件、处理的每一起纠纷及在与我们的每一次接触中都能实实在在地感受到检察机关的司法为民和司法公信。

近年来，上海检察机关一直探索运用项目引领方式推进司法公信力建设，并取得了看得见、感受得到的实效（从律师界的反馈意见、市区"两会"的表决结果及新增涉检信访量等方面均可以看出）。然而，检察机关的司法公信力建设是一个系统工程，涉及法律适用、司法言行、检务公开、群众参与、舆论氛围、法治文化等各个方面；同时对检察官的行为养成教育也有一个逐步积累、循序渐进的过程。因此，我们需要在分析现状、总结经验的基础上，进一步从规范化、体系化层面探索和拓展上海检察机关司法公信力建设的内容与路径。

# 一 司法公信力概述

## （一）司法公信力的内涵及其特征

据《现代汉语词典》解释，公信力是指使公众信任的力量，即在社会公共生活中，公共权力面对时间差序、公众交往以及利益交换所表现出的一种公平、正义、效率、人道、民主、责任的信任力。故而，所谓司法公信力，是指司法机关通过依法履行侦查权、检察权和审判权而逐步在社会公众心中建立和形成的信赖感、影响力和权威性。它是人民群众对司法机关和司法人员、对司法权运行过程及其结果的主观认知、心理感受和价值判断，是衡量和检验人民群众对司法机关、司法人员满意度、信赖度、认同度的重要标尺，并直接影响和决定着司法机关司法办案结果被接受、遵从和执行的程度与状态。

从上面的表述可以看出，司法公信力具有如下鲜明特征。

1. 司法公信力的责任主体主要是司法机关和司法人员

司法公信力虽然属于社会信任系统范畴，但毫无疑问的是，构建和树立司法公信的责任主体却应该主要是司法机关和司法人员。司法有无公信力、公信力的大小以及如何才能使司法具有公信力，这些无不需要司法机关和司法人员在工作、生活与司法实践中努力去培育、践行和诠释。脱离这个主要的责任主体，司法公信力则成为无源之水、无本之木。比如，司法机关在招录法官、检察官时，要择优录用在政治、专业和能力上的适格者；司法人员要在司法实践中注重德的养成、业的精湛和言行举止的公正无偏，乃至在八小时以外保持无瑕疵的社会形象；等等。

2. 司法公信力的评价主体是人民群众，特别是实际接触司法个案的律师和当事人等

虽然司法机关和司法人员承担着树立和展现司法公信力的职责和使命，但是司法公信力有无信赖感、影响力和权威性，却无关司法机关和司法人员自身的评价和观感。相反，司法公信力的有无、公信力的大小以及司法公信力是如何体现的，是由人民群众来评价、感知和判断的。正如法国启蒙思想家卢梭说的那样，"一切法律之中最重要的法律，既不是铭刻在大理石上，也不是铭刻在铜表上，而是铭刻在公民们的内心里"。简言之，司法公信力要让人民群众，特别是直接接触司法个案的律师和当事人以看得见、感受得到、能够充分认可的方式来体验、感受和信仰。

3. 司法公信力的核心内容是司法机关和司法人员是否可信，以及司法权的运行过程及其结果是否公正、有权威、值得信赖

众所周知，国家治理体系和治理能力现代化的一个重要标志是依法治

国，即宪法和法律成为国家治理的最高权威，任何人在法律面前一律平等，不允许任何组织和个人有超越法律的权力。落实到具体的司法个案而言，就是要求司法机关和司法人员能够清正廉洁、秉公执法，司法裁判的过程和结果能够公开、透明和可信。概言之，作为维护和实现社会公平正义的最后一道防线，司法机关、司法人员、司法裁判过程及其结果应当具有公信力，司法无公信即法律无公信，法律无公信即社会无法治。

## （二）司法公信力的结构

作为在社会公众心中建立和形成的特定信赖感、影响力和权威性，司法公信力从来不是一个抽象的概念，而是由相互联系、相辅相成、不可分割的内容有机构成的，即司法公信力有结构之别。我们认为，司法公信力的结构包括实体公正、程序公正、形象公正和职业素养四个部分。

### 1. 实体公正是司法公信力的根基

综观中国历史，从古代文献、司法制度到开明的君王和官员，无不强调司法的实体公正和公信，如"法不阿贵，绳不绕曲""信赏必罚""事断于法"等表述；夏商时期确立了"与其杀不辜，宁失不经"的刑罚原则；唐太宗强调"法者，人君所受于天，不可以私而失信"；清官包拯则提出"法令既行，纪律自正，则无不治之国"。在西方社会，无论大陆法系国家还是英美法系国家，都非常重视实体公正，司法官不可以随意厚此薄彼，为追求程序公正而放弃真相。诚如法国启蒙思想家孟德斯鸠所言，正义被认为是确定无疑的，它体现了"确实存在于两件事物之间的恰当的关系；无论谁来考虑这种关系——上帝也好，天使也好，以至于人也好——这种关系始终如一"。由此可见，无论古今中外，司法的终极目标就是实体公正，即对司法个案的准确认定和对实体法的正确适用，也即"得其所哉"、"恰如其分"、给予当事人应得的利益。

从司法公信力的价值要求来看，实体公正至少应包含以下三方面要素。一是求实。要严格依法司法，以证据为基础探求事实真相，严防冤假错案。正如美国法学家迈克尔·D. 贝勒斯阐述的那样，"即使判决并没有准确地判定过去发生的事实真相,争端各方只要确信他们受到了公正的对待,他们也会自愿接受法院的裁判结果"。二是平等。要平等对待任何组织和个人,不歧视、不专断,公正处理每一个案件。"正义的精义乃在于相同的原则必须得到普遍适用。"三是准确。要综合考虑案件的政治效果、法律效果和社会效果,将司法的定纷止争功能现实化、具体化、相对化。尽管司法裁决的结果不可能让所有公众,特别是双方当事人均满意,但司法裁决的结果理应是事实得以查明、法律得以准确适用及合法权益得以确认与维护。

2. 程序公正是司法公信力的核心

程序公正历来为西方社会所注重,即便是以实体法为主的大陆法系国家,也主张程序公正是实现实体公正的前提,实体公正是程序公正追求的目标。在以判例法为主的英美法系国家,更是强调程序公正,注重程序优先。美国司法史上著名的"辛普森案"和所谓的"米兰达规则"(告知当事人有沉默权)等就是注重程序公正、追求司法公信力的最好注脚。正是由于不同的人对自己所获得的司法裁决结果是否正义公平有着不同的感受,我们才需要寻求程序上的公正,并以此来表达实体上的相对公正。可以说,没有程序的公正,实体公正便无任何实质意义,犹如水中月、镜中花般不切合实际。从这个意义上说,对实体公正的真正追求将使其上升为对程序公正的追求,即"同意了程序,也就是已经接受了最后的结果"。就像美国联邦最高法院法官杰克逊所说的那样,"我们宁愿以公正的程序去实施一项残暴的法律,也不愿以不公正的程序去实施正义的法律"。

程序公正应由以下三个方面的要素组成。首先是程序公开。公开既是司法公信的促进剂,又是司法腐败的防腐剂。除了涉及国家秘密、商业秘密和个人隐私以外,程序公正要求司法做到过程公开、依据公开、结果公开与裁决理由公开。正如英国著名的法官和法学家丹宁勋爵所强调的那样,"正义不仅要实现,而且要以看得见的方式实现"。其次是群众参与。要让人民群众,特别是案件的当事人和律师有充分的权利和机会参与司法裁决过程,并在结果产生后,有足够的机会参与效果反馈过程和机制改进。正如古老的法律箴言所言,"诉讼双方的声音都应当被倾听,即使裁决似乎是显而易见的"。最后是司法效率。意大利法学家莫诺·卡佩莱蒂曾说过:"在现代社会的推动下,诉讼迟延尤其不可接受,特别是对经济实力不足以承担延迟负担的当事人而言,更是无法容忍。因此,长久的裁判是恶的裁判,诉讼迟延等同于拒绝裁判。"程序公正必然要求司法个案的办理期间具有适度性、可见性,要符合司法成本的精简性和科学性。如果案件久拖不决、诉讼成本过高,当事人必定饱受累讼之苦,也就不会存在什么司法公信力,即"迟来的正义非正义"。

3. 形象公正是司法公信力的载体

司法是否具有公信力,是客观作用于社会公众后的主观感受。司法机关和司法人员的良好、公正形象是司法具有公正性和公信力的外在表现形式,是当事人可以直接感受到的司法公正。古代的包拯被人们称为"包青天",其铁面无私、秉公办案、一身正气的形象为世人所传颂。在这种公正形象下,人们往往会对他所做出的裁判深信不疑。很难想象,观感上被判定为形象不公正的司法主体,当事人、律师和社会公众会相信他能够公正司法,以至于在司法实践中出现"一叶障目,不见泰山;两耳塞豆,不闻雷霆"的情景就不足为怪了。可见,一个具有良好形象的司法机关和司法人员,容易赢得律师、当事人和社会公众的信赖,案件的处理即使在实体公正或程序公正上稍有瑕疵,人们也较能接受。英国的休厄特法官就曾一针见血地指出:"法官不仅要主持正义,而且要人们明确无误地、毫不怀疑地看到他是在主持正义。这不仅是重要的,而且是极其重要的。"

形象公正的要素主要包含以下二点。一是司法人员仪容端庄、服饰整洁,司法办案场所规范、公正。在人际交往中,每个人的仪容都会引起交往对象的特别关注,进而影响对方对自己的整体评价,司法人员也不能例外。不修边幅、服饰奇特或衣着混搭等细节,均会影响司法人员的公正形象,进而影响其司法办案的公信力。此外,规范、公正的司法办案场所也是形象公正的应有之义,对保障程序和实体公正、提高司法公信力具有重要意义。二是司法言行举止中立、有度。司法人员在司法办案中语言粗鲁、态度专横,不当打断律师、当事人的讲话,与律师、当事人关系暧昧或称兄道弟等,均会引起社会公众对司法裁决的公正性产生合理怀疑。美国法学家迈克尔·D.贝勒斯曾说过,"即使判决并没有准确地判定过去发生的事实真相,争端各方只要确信他们受到了公正的对待,他们也会自愿接受法院的裁判结果"。

4. 职业素养是司法公信力的灵魂

西方社会关于司法人员的期待和评价有许多表述,如"法官是仅次于上帝之人","法律借助法官而降临尘世","法官乃是说话的法律,法律乃是沉默的法官"。因英美法系实行判例法制度,故英国哲学家、大法官培根强调,"一次不公正的裁判,其恶果甚至超过十次犯罪。因为犯罪虽然触犯了法律——但只是污染了水流;而不公正的裁判则毁坏法律——就好比污染了水源"。江泽民同志根据新时期依法治国的要求提出,"要建设一支政治坚定、公正清廉、业务精通、纪律严明、作风优良、党和人民满意的、能够担当跨世纪重任的、高素质的政法队伍"。这些论述都充分说明了司法人员的内在素质是司法公信力的灵魂。

职业素养包含以下两个方面的要素。一是司法人员的道德修养。社会允许法律有漏洞,但不允许司法人员不公正。在普通人眼里,司法人员应是公正的化身,虽不一定可亲,但一定是可敬之人,即司法人员理应"公德与私德均无瑕疵"。邓小平同志曾指出,"资本主义国家考法官、考警察,条件很严格,我们更应该严格,除了必须通晓各种法律、政策、条例、程序、案例和有关的社会知识以外,特别要求大公无私、作风正派"。习近平同志也鲜明地指出,"司法是否具有公信力,主要看两点,一是公正不公正,二是廉洁不廉洁"。当一个人以法官、检察官的身份出现时,必须具备超乎常人的品格,在遵守宪法、法律和纪律之外,还应当具备比一般公务员更高标准的道德修养,特别是当遇到权力、金钱、人情等外部力量介入和干预时,能有抵御外力干预的勇气和能力。二是司法人员的专业素养。司法是一项专业性要求很高的神圣工作,司法人员必须具备娴熟的法律专业知识、精湛的司法技能(如高超的审讯驾驭和文书制作能力等)、新形势下群众工作能力、新媒体时代社会沟通能力和科技信息化应用能力等。无论是分析证据,还是重构事实，抑或运用当事人听得懂、听得进、听得信服的语言释法说理，没有过硬的专业素养、训练有素的专业技能和丰富的社会阅历，仅靠司法人员的道德修养是根本无法做到公正裁判，更无法谈及司法公信力的。

## 二 当前上海检察机关司法公信力的现状及其原因分析

### （一）上海检察机关近年来在司法公信力建设方面的实践与探索

近年来，上海各级检察机关围绕服务大局保障民生，紧密结合检察职能积极探索转变司法办案理念，不断拓展提高司法公信力的方式方法，经实践运作和总结完善，取得了阶段性成果。

1. 以理念塑造为抓手提升检察队伍整体形象

近年来，市院党组始终把树立和践行现代司法理念作为提升全市检察队伍司法公信力的重要抓手。在加强检察职业素养方面，采取经常性思想教育与检察职业道德建设长效机制相结合的方式，将每年2月的最后一周确定为全市检察职业道德教育活动周，以宣誓、座谈、演讲、主题日活动等形式，不断砥砺全市检察队伍的道德修养和政治素质；在营造尊重司法规律氛围、引导公正司法方面，每年集中开展一次"上海检察机关服务大局保障民生十佳案（事）例"评选活动，以身边的典型案事例引导全市检察官积极转变司法理念、思考和践行提高司法公信力的机制措施；落实市院党组成员每年牵头重点课题调研制度，通过项目引领、成果转化等途径引导全市检察官坚持公开司法办案，落实人权保障制度，践行程序公正、非法证据排除理念，以看得见的方式履行法律监督职责。

2. 以制度规范为载体彰显检察机关司法公信力

市院党组充分发挥顶层设计和制度规范的引领作用，围绕增强司法公信力主题出台了一系列的规章制度，使人民群众真切地在具体的司法个案中感受到了上海检察机关的公正和公信。如《加强执法为民工作21条》及其贯彻意见，确立了"把人民群众满意作为标准"的司法理念，让人民群众在每一个案件中都能感受到检察机关的依法、公正、文明和热情服务;《上海检察机关依法保障律师执业权利的十条意见》则将工作着力点落脚到全力保障律师的会见权、阅卷权、调查取证权等执业权利上;《上海检察机关深化检务公开实施方案(暂行)》《上海市检察机关案件质量评查工作办法(试行)》《上海检察机关接受人大及其常委会监督加强同人大代表联系的工作规则》《上海检察机关推进执法办案社会评价工作的指导意见》等制度的出台,极大地促进了上海检察机关司法办案的公开透明和规范公正。

3. 以体制改革为契机助推检察官主体责任落地

为更好地回归检察工作的司法属性,市院党组结合上海检察工作实际,以试点推进方式积极稳妥地在全市推行主任检察官制度和检务公开等工作体制机制改革,为检察机关司法办案"去行政化"、落实办案责任制做出了实质性的努力。如主任检察官制度的推行,势必推动全市检察队伍的精英化建设,促使主任检察官更加注重自身的执法形象和社会形象,进而提高检察官司法办案的公信力。当前,作为全国检察机关司法体制改革的试点省份,市院党组正按照中央、市委精神和检察工作特点,在着重突出试点院自身重点和特色基础上,抓紧推进各试点单位的改革试点任务,并及时对试点中遇到的深层次问题加强分析研究和政策把控,努力为实现"审理者裁判、裁判者担责"目标率先在全国迈好坚实的、可复制推广的一步。

4. 以教育培训为手段促进检察官公信行为养成

检察官的专业能力和道德修养不是与生俱来的,需要后天的努力和培养。市院党组高度重视检察官的职业素养养成教育,5年来力推每人每年5天、集中全脱产的全员套餐式培训制度,通过科学设置针对性的课程,广泛推行紧贴需求的问题式、互动式、实训式教育培训模式,大大提高了全市检察官的综合素质、司法办案技能。同时,市院党组还致力于兼职检察官师资的培养使用、精品检察课程的培育推广工作,通过"教学相长""检察官教检察官"等平台,营造人心向学乐学、注重行为养成教育的氛围。

5. 以人才培养为引领放大典型的示范辐射效应

培养专家型人才和检察业务专门人才既是提升检察官个人公信力的重要

载体，更有利于形成"以点带面"的示范辐射效应，进而培养造就一批高素质的检察官。截至目前，全市共有全国、上海检察业务专家20人和"三优一能"人才426人，通过具体的司法办案和业务条线"传帮带"，极大促进了全市检察机关司法公信力的提升。为提高新时期"三门干部"的群众工作能力，市院党组从战略高度出发，用5年时间全力推行青年检察官到基层锻炼制度，全市35周岁以下青年检察官分批前往街镇居委会、信访办、综治中心等基层一线，进行为期6个月的了解社情民意、学说群众语言、学做群众工作的全脱产锻炼活动。为学习借鉴其他单位和先进人物提升工作公信力的先进理念和做法，市院党组在系统内外、长三角地区检察系统之间搭建了挂职锻炼平台，并在全市检察系统深入开展向全国"模范检察官"葛海英和上海"十佳检察官"等先进模范的学习活动，充分发挥身边榜样的引领带动作用。

6. 以环境营造为动力激励干警公开透明规范司法

随着新刑诉法、新民诉法的颁布实施，市院党组积极推动全市检察机关营造公正司法环境和氛围，一批符合检察权运行规律的专门司法办案用房得以建成，检察办案的审查方式也逐步向司法化、公开化转变。对部分社会关注度高或在检察环节即被终结的案件，全市检察机关根据市院党组的部署，正探索推进公开审查、公开听证、公开宣告和公开答复等措施，努力让人民群众通过直接参与、见证和反馈，以看得见、感受得到的方式感受个案的公平正义和检察机关的司法公信力。市院党组还注重依托检察文化和廉政文化建设等平台，对全市检察官开展廉洁从检、敬岗爱业等文化熏陶，充分发挥先进司法文化凝聚人、感染人、引导人的作用，激励检察官公正廉洁司法。

### （二）上海检察机关在司法公信力建设方面的不足及其原因分析

上海检察机关虽然在教育和引导检察官以提高司法公信力为载体践行司法为民宗旨方面，取得了比较明显的成效，形成了很多好的经验做法，得到了社会各界的广泛肯定和积极评价，但在加强和推进司法公信力建设方面还存在如下问题与不足。

1. 司法办案的公开性、透明度不够高

长期以来，检察官常常是在办公室内"闭门或半闭门"办案，而非在专门的司法办案场所公开处理案件。特别是许多在检察环节即被终结的案件，检察官做出不立案、不批准逮捕、不起诉、不抗诉、不支持监督申请等裁决的过程、依据和理由等信息，对律师和当事人来说并不透明。造成这种现象的原因主要有两点。首先，是受传统司法观念的影响。长期以来，我国存在重实体、轻程序的司法观念，忽视程序公正，忽视司法公开对增强案件裁决公信力的重要意义。实际上，司法不公开或半公开，人民群众就会对公正司法产生疑虑；不让老百姓以看得见的方式感受公正，怀疑定势就会形成。诸多质疑的积累，必然会引发人民群众对司法公信力的信任危机。其次，是检察权运行的行政化色彩浓厚。长期以来，检察机关缺乏符合检察权运行规律的专门司法办案场所，检察官办案较习惯于"三级审批"，裁决的结果往往是遵从部门负责人、检察长或检委会的意见，故而对司法办案过程不敢公开或没有底气公开。这种不透明的办案模式，使人民群众对检察官的公正司法能力提出了质疑，并为司法裁决的公信力埋下了隐患。

2. 法律文书释法说理内容简单化、说理性不足

与法院相比，长期以来，检察机关法律文书内容过于简单、裁决依据和理由的论述过于抽象概括，往往千篇一律、单调枯燥。特别是对检察环节终结案件的文书说理，针对性不强、充分性不够，缺乏对法律精神、中国特色社会主义道德观和公正观及检察官个人鲜明立场与态度等内容的论述，难以让当事人、律师和社会公众信服，进而导致对司法办案裁决结果的不信任、对检察机关司法办案公信力的质疑。具体来说，产生这一问题的原因有三点。一是重视不够。很多检察官对法律文书在司法办案和提高司法公信力中的地位与作用认识不够，缺乏说理意识或认为说不说理无所谓。事实上，法律文书是彰显检察机关和检察官司法办案公信力的重要载体，是检察官司法办案质量和水平的直接展示，是让人民群众了解、信服司法裁决过程与结果的直接途径。二是底气不足。由于害怕"言多必失"或者欠缺说理能力，有些检察官对文书说理常常语焉不详、欲说还羞、似理非理，有些检察官则

欠缺将思维过程转化为说理的能力，或者只能使用艰深晦涩的法律术语和法学理论机械解释法律，表现在文书上就是没有司法裁决过程的推演或详细论证，即往往是由事实直接引出法律、得出结论。三是缺少作品意识。有些检察官满足于机械执法、就案办案，没有树立作品意识，没有认识到法律文书具有生命力，可以在释法说理中充分展现检察官个人的观点、立场、特点和风格。诚然，法律文书有其特定的结构和规范要求，但完全不影响和制约检察官在既定结构和框架内施展个人的释法说理能力，恰如其分地融入个人的特色、立场和风格，力争使每一份法律文书都成为人所学习、传颂的司法裁判经典样板文书。

3. 部分检察官司法办案言行举止失当、日常社会形象不佳

在司法办案中，有些检察官语气、语调冷漠或烦躁，眼神、表情傲慢或厌烦，不愿意倾听当事人和律师的意见或随意打断当事人和律师的讲话，不恰当地对一方当事人和律师有亲疏之举动，不注重职业形象、不遵从司法礼仪，释法说理言辞不当或引喻失意，等等，这些都会让人民群众对司法裁决结果产生怀疑，进而影响检察机关的司法公信力和权威性。还有的检察官虽然较为注重司法办案中的言行举止，但对日常生活和社会交往中的言行举止则往往重视不够，对自我道德约束要求较低，不注重家庭美德、社会公德，不懂得提醒和约束亲友，做出了与司法人员身份不相符合的事情，既损害了自身的社会形象，又破坏和降低了检察机关的司法公信力，即生活中有道德瑕疵的检察官不可能会公正处理案件，其所办案件无公信力可言。究其原因，有两点，一是传统思维习惯作祟。由于长期以来受重视结果、忽视形象和重视实体、忽视程序等思维惯性的影响，部分检察官思想上不同程度地存在"身正不怕影子歪""只要处理无偏袒就行了"的错误认识。然而，人民群众虽关注案件最终得到如何处理，但更关注检察官在处理案件中的言行举止。特别是一些案件结果虽正确，但就是因为检察官的语言欠妥、行为有瑕疵等使当事人产生不信任感，进而影响司法裁决的公信力。俗话说，"细节决定成败"，只有言行举止让人民群众放心的检察官，群众才会对其产生信赖和信任，进而信赖其对案件的处理结果。反之，即使司法裁决结果与客观

事实完全一致，也会受到群众的合理怀疑。这种先入为主信任心理的形成，是人民群众信赖司法、信仰法律及司法具有公信力的基础和前提。二是双重考量和感受标准。有的检察官常常把司法办案行为与日常生活行为截然分开，注重八小时内的道德操守和职业规范，而对八小时外的言行举止往往按照个人的习惯、喜好和标准行事。然而，由于检察官具有"公堂一言断胜负，朱笔一落命攸关"的特殊身份，因而无论是在司法办案中，还是在家庭中、社区里以及各种公共场合，人民群众都会用司法人员的标准来衡量和评价其可信任、信赖程度，即检察官的道德无瑕疵是人民群众的期许和要求，并不区分所谓的公德和私德。因此，一旦某个检察官的私德出现问题，往往容易被社会放大或炒作，进而影响对该检察官的司法办案行为的评价，直至影射整个检察系统的司法公信力问题。

4. 司法责任制落实不到位，检察官有职无权、权威性不够

并非所有的检察官都是办案责任主体，都在业务一线办案，检察官等级与权责利相脱节，检察官对案件的裁决要实行审批制度，裁决结果要对科长、处长、检察长负责，办案责任制难以落实到位，就连人民群众遇到个案上的具体诉求，第一反应往往也不是找承办检察官解决，而是热衷于找科长、处长、检察长解决。在人们心中，检察官的头衔只不过是其个人法律身份和资历的表征，行政职务和职级才是决定检察官地位和权威高低的唯一标准。尤其是本身级别就很低的基层检察院，由于受到职级和职数的限制，检察官的社会地位更低，很难说检察官有什么职业荣誉感和司法权威性，更难言司法的公信力有多强。造成这一现象的原因，无外乎一条：长期以来，检察院被当作普通党政机关，检察官被实行与普通公务员相同的管理模式，检察院和检察官的行政化导致每一个检察院、每一个检察人员都被纳入统一的行政等级体系，检察官职业化、专业化和精英化的主体地位没有确立，权责利上的不统一也最终使办案责任制的落实成为空谈。

5. 创造条件让人民群众参与司法办案的力度不够、渠道不畅，对重大敏感案事件的回应不及时、表态不鲜明

有些检察官对人民群众的意见建议与诉求重视程度不够，搭建平台让律

师、当事人直接参与司法办案的渠道还不够畅通，人民群众在具体的司法个案中尚缺乏足够的参与权、表达权和监督权；对一些重大、敏感、社会关注度高的案事件，个别检察机关和部分检察官不敢发声表态、不能及时表明立场，甚至在媒体对个案处理已经形成媒体舆论场时，我们还不能有效回应媒体和群众关切。检察机关和检察官的这种长期被动性司法和职责立场的缺位，一定程度上自我葬送了培育和提高检察机关司法公信力的良机。究其根源，主要有两点。一是特权思想、衙门作风在不同程度上仍然有所反映。一些人片面认为司法办案是检察官的事情，律师、当事人和人民群众参不参与司法办案过程无关紧要，司法裁决的结果和效果都一样，因而对律师、当事人参与有关案件处理的重要性认识不够。其实，人民群众虽然看重案件的处理结果，但更重要的是希望直接参与司法办案过程，表达自己的意愿，以看得见、感受得到的方式了解检察官裁决的依据和理由。这实际上对提升检察机关的司法公信力是有益无害之举。二是对检察机关和检察官应尽的职责担当不够，有瞻前顾后思想。检察机关是国家的法律监督机关，检察官是社会公平正义的守护者、中国特色社会主义的建设者和捍卫者，面对社会上突发的重大、敏感、涉及民生民利或社会关注高的案事件，应该挺身而出，敢于并善于发声，特别是在当前的新媒体、自媒体时代，更应努力克服瞻前顾后、患得患失的心理，担当起自己的神圣职责，向社会大众和媒体表明自己对案事件的立场和态度，否则就难以形成检察机关和检察官的话语权和权威地位，更谈不上提高司法公信力了。

## 三 加快推进上海检察机关司法公信力建设的具体内容与路径

习近平总书记指出，"深化司法体制改革，一个重要目的是提高司法公信力，让司法真正发挥维护社会公平正义最后一道防线的作用"。显然，作为全国首批司法体制改革试点单位，上海检察机关由此获得了加快推进司法公信力建设的内在驱动力。同时，上海检察机关近年来的既有经验和不足也将使全市的司法公信力建设更具方向性、针对性、规范性和系统性。

## （一）结合检务公开推进司法办案方式向公开透明转变

解决长期以来检察机关司法办案公开性、透明度不够高问题的关键，就是通过深化检务公开促进司法办案方式转变，切实以公开促公正、以公正赢公信。

### 1. 公开审查、公开听证和公开宣告要常态化、规范化、制度化

要让公开司法办案成为检察官的一种工作习惯和方式，对于检察环节拟终结案件（不立案、不批准批捕、不起诉、不抗诉、不支持监督申请等），当事双方或公检双方争议较大案件，社会关注度或社会影响较大案件，当事人申诉、羁押必要性和特殊程序的案件，除涉及国家秘密、商业秘密和个人隐私外，均应采取公开审查、公开听证和公开宣告等方式处理。要完善司法办案场所办案制度，加强对司法办案场所的管理和维护，落实安保监控、值勤巡查等措施。要根据案件所涉类别细化公开办案的方式方法和工作流程，建立人大代表、政协委员、人民监督员、高校专家学者等第三方人员信息库，视情邀请相关领域人员参与案件审查和听证，做到兼听则明。

### 2. 案件信息和办案过程的公开要渠道畅通、更新互动及时

要充分利用信息化技术在促进司法办案方式转变方面的作用和实效，把检察门户网站作为检务公开的重要手段，定期发布、更新案件信息（法定情形例外）和司法办案进程。要积极推进落实《上海检察机关深化检务公开实施方案（暂行）》，加大检察机关职能、工作报告、重大部署和检察动态等信息的发布力度，明确所有法律文书均要做到依据公开、结果公开和裁决理由公开，切实把法律文书的公开作为检验检察官司法是否公正的"试金石"，确保检察权在阳光下运行。指定专人做好案件信息告知、查询，法律文书公开查询、重大典型案件信息及时发布等事项，及时对群众在网上提出的问题进行答疑释惑。

## （二）以看得见的方式让群众感受司法办案的程序公正

程序公正如何体现？最好的方式莫过于让人民群众以看得见的方式感受检察机关在司法办案中的程序意识、程序规范和程序保障。

1. 充分保障当事人和律师的诉讼权益

及时告知当事人、律师的诉讼权利和可能产生的诉讼程序，为律师提供网上预约、阅卷服务、案件进程反馈等便利，充分听取当事人和律师的意见建议与诉求，尽可能充分地让当事人和律师参与司法裁决过程，并在结果产生后，有足够机会表达意见建议。

2. 加强案件办理的全过程管控

案管部门对办案流程进行全面监督，通过"三书备审"、案件检查、案件评议等方式对办案进行监督，对重大、疑难、复杂案件，经检察长授权对办案全程进行动态监督。案件对外宣布前，必须经主任检察官的审核，接受主任检察官的监督；所有的法律文书须经专人审核；对检察环节依法终结的案件，如不批捕、不起诉等，都要在办结后报上一级检察院复核。

3. 运用同步录音录像强化程序监督

对所有案件的公开审查、听证和宣告过程进行同步录音录像，每次审查、听证、宣告结束后，要求承办人和到场参与人在录制的光盘上签字，并根据审查事项将光盘分类存档，切实用"镜头"促进检察官提升程序意识和规范意识。

## （三）完善以检察官办案责任制为核心的制度保障体系

司法体制改革的关键是围绕检察官办案责任制建立健全符合司法工作规律特点、有利于提升司法公信力的制度保障体系，使检察官真正成为执法办案主体，实现"让审理者裁判，由裁判者负责"。结合上海现状，改革试点工作在全市全面推开后，应经历一个由主任检察官负责制逐步过渡到检察官负责制的阶段，保障制度的设计应充分考虑这一实际情况。

1. 构建扁平化办案组织，实行专业化分工

根据全市各级院的实际情况，精简办案组织层级，整合业务部门内设机构设置，主要整合为刑事检察、诉讼监督、职务犯罪侦查和案件管理等部门。各部（局）下设若干主任检察官办案组，由主任检察官、检察官、检察官助理、书记员等组成，实行专业化分工，负责相关执法办案工作，并直接对检察长负责，淡化司法办案的行政化色彩。各部（局）长由分管副检察长兼任，原各内设机构的负责人担任副部（局）长，协助部（局）长管理原负责部门，履行日常行政管理、案件调配、召集主任检察官联席会议等职能，但不再对检察官所办案件进行审批。副检察长、专职检委会委员应相对固定编入办案组织，带头办理疑难复杂和有重大影响的案件。

2. 完善检察一体化办案机制

坚持放权与审核并重，充分发挥检察长、主任检察官和上级院在案件质量上的审核、监督制约作用。整合检察专业化力量，优化职能配置，加强工作衔接，对转办、交办、提办、督办案件等工作做出制度规定，实现检察工作整体效益的最大化。市院要进一步发挥组织、协调、指挥作用，对疑难复杂、新类型案件，要加大研判指导力度，促进司法公信力的提升。

3. 落实检察官办案责任制

由市院依法依规统一制定、发布检察官办案责任制授权清单，明确规定检察长、检委会、副检察长、主任检察官、检察官在办案中的职责权限。法律明确应当由检察长、检委会行使的职权由检察长、检委会行使，其他经检察长授权的案件处理均由检察官独立做出。检察官在职责范围内，根据事实和法律独立办理案件，但对外做出法律决定前须报主任检察官审核，审核意见均应做到书面明示。主任检察官、检察官对检察长的指挥、决定和命令必须服从。对检察官的处理决定，检察长有不同意见的，可以改变其决定或提交检委会决定。属于检察长或检委会决定的执法事项，检察官只对事实和证据负责；检察官的决定被全部或部分改变的，对改变的部分不承担责任。检察长或检委会决定实行书面明示。

### 4. 强化办案责任追究和监督制约机制

建立检察官执法档案，全面记录和掌握检察官办案数量、质量效果以及办案中是否有违纪违法等情形。健全检察官办案责任考评机制，定期对检察官办案质量进行评查，并将考评和评查结果作为检察官等级晋升、奖惩等的重要依据。实行"谁办案、谁负责"，严格执行高检院错案责任追究条例，检察官对其所办案件终身负责。加强检察长、检委会对执法办案活动的领导和监督。检察长定期检查主任检察官办案组的工作，可以指令汇报某一案件或一段时间内的办案情况，并可以对检察官独立做出决定的案件进行事后复核。

### 5. 建立科学规范的检察官培养选拔和职业待遇保障制度

与市编制管理部门协商，建立全市检察院政法专项编制统一管理体制，逐步建立全市检察人员统一招录、培训制度。实行检察人员分类管理，建立检察官专业职务序列及其配套薪酬制度和省以下人财物统一管理制度。实行有别于普通公务员的检察官培训、选任、遴选和等级自然晋升等制度，如市分院检察官要逐步实现从下级院检察官遴选和从社会上的优秀律师、法律学者等专业法律人才中公开选拔或调任。

## （四）以让人民群众信服的方式推进释法说理工作

释法说理是检察机关司法办案有无公信力的重要载体，是提升司法权威、推进社会化法治进程的助推器。然而，释法说理要因人、因案而有所不同、有所侧重，不能千篇一律，要通过有针对性、充分性的释法说理来消除群众对司法办案的误解和猜疑。

### 1. 强化释法说理的培训教育

以案例实训、情景模拟、国内外经典文书研读为主要载体，加强释法说理专项知识与技能的培训指导，着重提高检察官的说理方式、应变能力和综合素质。要深化套餐式培训内容，引导干警用人民群众喜闻乐见的形式，将法律解释清楚、把道理讲解透彻，让群众接受、信服。

2. 完善法律文书释法说理的标准和要求

明确释法说理要针对当事人的特点和具体案情，重点围绕案件的争议分歧点，证据的采信依据和理由，律师、当事人诉求不予认定的理由，司法裁决的过程、依据和结果等内容展开论述，论述要详略得当，有针对性、说服力和感染力。规定释法说理要符合法律精神、中国特色社会主义核心价值观、公正司法观，尽可能体现个人特点、风格与立场。同时，应适时融入心理疏导和人性关怀内容，通过感情疏导、情绪引导、说服感化，使释法说理贴近群众、深入民心。

3. 注重口头释法说理的充分运用

明确凡未成年人案件，不立案案件，有被害人的不捕、不诉案件，当事人或公安机关有较大争议案件，社会关注或社会影响较大案件，当事人申诉或拟提起抗诉案件，要注重口头释法说理的充分运用，努力让人民群众对检察机关的司法裁决理由和结果听得懂、听得进、听得信服。

### （五）以满足信息社会群众需求为目标加大涉检新闻发布、舆论引导

检察机关要主动顺应信息社会的新形势，积极转变思想观念，通过涉检新闻发布、舆论引导，表达自己的观点和立场，回应群众对公正司法、权益保障的期待和需求。

1. 加大新闻发布和宣传力度

完善新闻发言人工作，加大对重特大案事件的新闻发布力度，第一时间向社会旗帜鲜明地表明检察机关的立场和态度。对群众关注度高的案件，要敢于表明并坚持自己的原则立场，对有关食品安全、暴恐事件、环境污染、网络舆情等涉及民生民利和影响群众安全感的案件，要通过门户网站、官方微博、微信、新闻媒体等渠道，主动、及时、准确、权威地发布信息，形成震慑声势。

2. 拓宽检民互动的渠道和深度

依托检察开放日、门户网站、官方微博、微信等平台，广泛深入地开展常态化、规范化、制度化的问计、问需、宣传、互动、纳谏活动，努力消除

人民群众对检察机关和检察工作的神秘感以及因信息不对称而产生的误解与不信任,进而促进司法办案公信力的提升。

### (六)围绕司法办案强化人民群众有序参与、监督检察工作

检察机关既是司法机关,也是群众工作机关,认真落实专门机关工作与群众路线相结合的工作模式符合检察工作规律和特点。当前的重点是围绕司法办案,完善人民群众有序参与和监督检察工作的工作机制和渠道,通过人民群众的参与和监督,进一步提升检察机关的司法公信力。

1.完善人民监督员参与检察工作制度

完善人民监督员的选任、管理工作,增强人民监督员的人民性、代表性和专业性。细化工作流程和要求,确保人民监督员参与检察工作的随机性和针对性。明确人民监督员参与检察机关司法办案的范围为四类:检察机关直接立案侦查的7种情形案件、检察机关拟终结的案件、社会关注度高的案件及有较大争议的案件。规定人民监督员参与检察工作的方式为参与案件的公开审查、公开听证,并发表意见建议。如人民监督员与检察官的意见不一致,启动检察长或检委会决定程序;如检察长或检委会的决定与人民监督员的意见不一致,应专门向人民监督员说明不予采纳的理由。

2.完善人民群众监督司法办案工作制度

把群众满意度作为司法公信力的考量标准,主动接受人大法律监督和党委政法委执法督察,定期开展执法检查、案件评查等专项监督工作。邀请人大代表、政协委员参加案件听庭评议,听取人民监督员对执法办案的监督意见。做好受理控告申诉工作,接受社会监督。对律师、当事人、人民监督员和人民群众的意见建议与诉求,落实专人受理、调查及答复和反馈等措施。

### (七)以职业素养为核心规范检察官的司法办案言行

良好的职业素养是检察官公正司法必须具备的职业操守,是检察官履行检察职责和从事业务外活动展现良好形象的必然要求。因此,要提高检察机关的司法公信力,必须以职业素养为核心规范检察官的司法办案言行。

1. 强化检察官的职业素养锤炼

通过综合运用自我完善、教育培训和检察文化熏陶等途径，持之以恒抓好检察官队伍的职业修养建设。要使检察官在司法实践中自觉形成自尊、自爱、自信、自律的意识，树立并践行正确的职业荣辱观、司法价值观和思想道德观，通过自身对法律的信仰赢得群众对自己的信赖、对检察机关司法办案结果的信服。从形象公正、语言公正、举止公正等角度，明确检察官在司法办案中的应为与不应为情形，切实以形象公正、言行举止公正赢得群众信任，进而提升检察机关的司法公信力。

2. 探索建立检察官退出机制

纪检监察部门对检察官遵守检察职业道德和职业纪律的情况进行监督。检务督察部门通过明察暗访，对检察官执法办案的质量和效率进行监督，对督察发现的倾向性问题进行通报、督促整改。检察官岗位实行动态管理，打破终身制，建立优进劣退的管理机制。对有不能完成办案任务、办案质量不高等情形的检察官，依照程序调离检察官岗位。

### （八）围绕重塑社会形象强化检察官的业外行为准则

欧阳修曾说过，"不修其身，虽君子而为小人；能修其身，虽小人可为君子"。检察官私德如何，虽只是体现在业外的社会行为和社会活动中，但会引起人民群众对其司法办案公信力的合理怀疑。

1. 加强对检察官私德的规范和引导

明确检察官八小时以外社会交往的行为准则，净化检察官的生活圈、社交圈，助其守牢廉洁自律底线，把住生活腐化防线，避免其做出有损检察官良好社会形象的言行举止。强化制度执行，将关心、保护和帮助检察官的"防护网"向前延伸。

2. 健全内部监督、社会监督和新闻舆论监督

畅通纪检监察部门、新闻舆论和人民群众等多层面的监督渠道，及时发现并纠正苗头性、倾向性问题与隐患，把私德问题严重的检察官及时清除出检察官队伍，确保整个队伍的纯洁性和先进性。

# B.6
# 跨行政区划人民法院的改革探索与实践

上海市第三中级人民法院课题组*

**摘　要：** 上海在跨行政区划法院改革建设中，要处理好跨行政区划法院与行政区划法院、跨行政区划法院与铁路法院、跨行政区划法院与跨行政区划检察院、跨行政区划法院改革与知识产权法院改革等关系，构建案件管辖、组织机构、工作机制等体系，坚持统筹推进、同步推进、联动推进、有序推进等原则。跨行政区划法院改革面临的困难和瓶颈体现在：一是需要进一步强化跨行政区划法院发展的顶层设计；二是与铁路法院改制改革有待协调；三是跨行政区划案件管辖范围标准尚不明晰，管辖体系有待完善；四是跨行政区划管辖带来保障机制问题。今后应对跨行政区划法院案件管辖体系、法院组织体系和审判工作制度体系进行完善。

**关键词：** 上海法院　跨行政区划　司法改革　案件管辖

党的十八届三中全会提出，"探索建立与行政区划适当分离的司法管辖制度，保证国家法律统一正确实施"；党的十八届四中全会提出，"探索设立跨行政区划的人民法院和人民检察院，办理跨地区案件"。根据中央关于全面深化改革和全面依法治国的重大战略部署，最高人民法院、最高人民检

---

\* 上海市第三中级人民法院课题组组长：吴偕林，上海市第三中级人民法院原党组书记、院长，现任上海市人民政府法制办公室主任；成员：璩富荣、沈建坤、朱奕。

察院牵头制定了《设立跨行政区划人民法院、人民检察院试点方案》（以下简称《试点方案》），经中央全面深化改革领导小组审议通过，首先在上海和北京试点，分别依托上海铁路运输中级法院设立上海市第三中级人民法院，依托北京铁路运输中级法院设立北京市第四中级人民法院。两家法院要共同肩负起为今后跨行政区划法院建设提供可复制、可推广经验的重任，并先后于 2014 年 12 月 28 日和 12 月 30 日挂牌成立。由此，我国跨行政区划法院改革迈出了坚实的第一步。跨行政区划法院是新生事物，没有先例可循，没有经验可鉴，需要不断深化认识和不断探索实践。

## 一 准确把握跨行政区划法院改革的基本思路

设立跨行政区划人民法院是党的十八届四中全会提出的重要改革举措。司法体制改革事关全局，法律性、政策性都很强，跨行政区划法院的建设、改革和发展既应注重顶层设计，又要尊重地方首创精神。中央的决定、《试点方案》、《最高人民法院关于北京、上海跨行政区划人民法院组建工作指导意见》（以下简称《指导意见》）、《最高人民法院关于全面深化人民法院改革的意见——人民法院第四个五年改革纲要（2014~2018）》（以下简称"四五改革纲要"），以及习近平总书记在党的十八届四中全会上关于探索设立跨行政区划的人民法院所做的说明，为跨行政区划法院建设、改革、发展提供了依据，指明了方向。

1. 总体目标

习近平总书记指出，随着社会主义市场经济深入发展和行政诉讼出现，跨行政区划乃至跨境案件越来越多，涉案金额越来越大，导致法院所在地有关部门和领导越来越关注案件处理，甚至利用职权和关系插手案件处理，造成相关诉讼出现"主客场"现象，不利于平等保护外地当事人合法权益、保障法院独立审判、监督政府依法行政、维护法律公正实施。设立跨行政区划的人民法院，目的就是要排除对审判工作的干扰，克服地方保护主义、地方领导干预司法的问题，保障法院依法独立公正行使审判权，平等保护各方当事人合法权益，树立法律权威；构建普通案件在行政区划法院审理、特殊案件在跨行政区划法院审理的诉讼格局，提高司法公信力。

2. 案件管辖

确定案件管辖范围是设立跨行政区划法院的基础。《试点方案》和《指导意见》明确规定，跨行政区划人民法院经所在地高级人民法院以司法文件形式指定管辖下列案件：（1）跨地区的行政诉讼案件；（2）跨地区的重大民商事案件；（3）跨地区的重大环境资源保护案件、重大食品药品安全案件等；（4）跨行政区划人民检察院提起公诉的案件；（5）高级人民法院指定管辖的其他特殊案件。为保持管辖范围上的连续性，跨行政区划人民法院仍管辖原铁路运输法院受理的刑事、民事案件。"四五改革纲要"提出的改革任务第2项，即"以科学、精简、高效和有利于实现司法公正为原则，探索设立跨行政区划法院，构建普通类型案件在行政区划法院受理、特殊类型案件在跨行政区划法院受理的诉讼格局。将铁路运输法院改造为跨行政区划法院，主要审理跨行政区划案件、重大行政案件、环境资源保护、企业破产、食品药品安全等易受地方因素影响的案件、跨行政区划人民检察院提起公诉的案件和原铁路运输法院受理的刑事、民事案件"。改革任务第4项提出，"通过提级管辖和指定管辖，逐步实现易受地方因素影响的行政案件由中级以上人民法院管辖"。这种通过列举和兜底条款结合确定跨行政区划法院试点的管辖范围，既明确了当前跨行政区划法院管辖改革的框架性重点，也为今后跨行政区划法院的发展提出了指明了总体方向和拓展空间。

3. 机构和人员

孟建柱同志指出，探索设立跨行政区划法院这项改革，只要对现有铁路运输法院略加改造，合理调配、充实审判人员就可以做到。《试点方案》和《指导意见》对跨行政区划法院的内设机构也有要求，跨行政区划人民法院机构设置应当精简，实行审判组织、办案组织专业化管理。因此，在设立跨行政区划法院过程中，要把握机构组建的精简、高效、实用，不增加新的机构，精简内设机构，有效整合利用现有司法资源，节约改革成本，发挥良好的改革示范作用。

基于上述政策性的文件规定，跨行政区划法院试点必须在案件管辖范围的确定、铁路法院的综合改造和保障独立公正的审判机制方面有所作为，树立跨行政区划法院特有的公正、高效、权威的形象，为推动审判体系和审判能力的现代化发挥独特的作用，从而积累可复制、可推广的制度经验，为跨行政区划法院的下一步发展提供借鉴。

## 二 跨行政区划法院改革的上海实践

习近平总书记在中央全面深化改革领导小组第七次会议上强调，跨行政区划法院是新生事物，新开门面要站在高起点上，进行整体性考虑和系统性设计，创造可复制、可推广的机制制度。同时，《试点方案》、《指导意见》和"四五改革纲要"，从组建要求、工作原则和案件管辖等方面，对跨行政区划法院的建设提出了指导意见。探索跨行政区划法院建设是中央交给上海的司法体制改革试点任务，上海市委、市委政法委和上海高院贯彻中共中央和最高法院的部署要求，组建上海市第三中级人民法院（以下简称三中院），在全国率先挂牌，同时就上海跨行政区划法院的改革提出了总体要求。三中院积极落实，着力探索跨行政区划法院改革的实践路径。

### （一）跨行政区划法院建设路径的思考

#### 1. 处理好四个关系

一是跨行政区划法院与行政区划法院的关系，对于上海来讲就是要处理好三中院的改革发展与全市行政区划法院改革发展的关系。跨行政区划法院审理特定类型的案件，但其本身并不是专门法院，也不是传统意义上在省、自治区内按地区设立或在直辖市内设立的中级法院，跨行政区划法院仅对辖区内特定类型的案件行使管辖权。上海高院在案件管辖的确定上，坚持以"特殊案件"为划分标准，坚持按照科学合理、全市统筹原则，从原属一中院、二中院或者基层法院管辖的案件中，指定部分案件划归三中院管辖。

二是跨行政区划法院与铁路法院改革的关系，对于上海来讲就是要处理好三中院的改革与上海铁路运输法院以及外地四家铁路运输法院之间的关系。依托铁路法院设立跨行政区划法院，是中央对于跨行政区划法院建设的首选思路。首先是因为铁路法院原本就具备跨行政区划特点；其次是符合科学、精简、高效原则，尽量不增加机构；最后是可以推动深化铁路法院自身的改革，找到一条适合的发展之路。但是，各地铁路法院由于所处地域经济社会发展情况的不同，铁路法院在机构、人员、案件管辖、案件数量等方面都有较大差异，而且铁路法院在2012年体制改革后，已经实行属地管理，如何协调推进铁路中院与铁路基层法院的改革需要积极而谨慎的态度。对于上海铁路运输法院的跨行政区划改造，是要与三中院的改革同步考虑、统筹推进的，因为两者之间存在密切而联动的关系。尤其是在案件管辖的调整和确定上，需要整体考虑、循序渐进。

三是跨行政区划法院与跨行政区划检察院之间的关系，重点是在案件管辖和组织体系、管理体系等方面的衔接。检察院是国家的法律监督机关，同时也是公诉案件的审查起诉机关，检法两院在诉讼活动、诉讼监督工作中都有着紧密联系。在跨行政区划法院和检察院的改革进程中，二者也必须加强协调。首要的就是案件管辖方面的协调，刑事案件的管辖，工作重点在检察院，但是法院不能置身事外，要对案件类型的把握、案件数量的测算提出自己的方案，确保符合跨行政区划的特性、符合法院审判力量的实际；在民事和行政案件的管辖上，也需要协调，确保监督工作的到位。因此，就需要建立跨行政区划法院与检察院在改革推进上的沟通协调机制，确保改革的同向、同步、共赢。

四是跨行政区划法院改革与知识产权法院改革的关系，这是上海的特点，知识产权法院与三中院合署办公，需要处理好两者同步推进改革和发展的关系。三中院依托上海铁路运输中级法院设立，同时组建上海知识产权法院，与三中院合署办公。就三中院和知产法院而言，两者都肩负着中央交给的改革试点任务，各有侧重，也相互倚重。在审判权力运行机制改革、司法责任制改革、透明法院建设、信息化推进司法改革等基础性工作任务方面，两者更多的是一体化推进；而在审判专业化、审判运行保障方面，要突出各自特点，突出相互借鉴，注重合力。

2. 构建三个体系

一是构建案件管辖体系。突出"跨"的属性，确定"特殊案件"，形成跨行政区划法院案件管辖体系，是跨行政区划法院建设的基础性工作。之所以要形成体系，而不仅仅是一个法院的案件管辖范围，就是为了形成跨行政区划法院案件管辖的标准，只有明确了案件管辖标准，才能可复制、可推广。

二是构建组织机构体系。对外形成跨行政区划法院的审级体系，对内以法官为中心、以审判为重心，科学划分审判职能，科学配置审判力量和服务保障力量，完善内设机构，增强法院管理效能。

三是构建工作机制体系。结合跨行政区划法院改革创新探索要求及司法改革推进要求，建立一整套特色机制和常规机制相结合的工作机制体系，优化司法职权配置，完善审判管理，促进审判、执行工作规范运行，形成结构合理、配置科学、程序严密、制约有效的审判权和执行权运行机制。

3. 坚持四个原则

一是坚持统筹推进原则。统筹行政案件、环保案件、食品药品案件集中管辖改革。案件跨行政区划集中管辖"牵一发而动全身"，关系司法改革大局，是维护司法公正、提高司法公信的重要举措。行政案件、环保案件、食品药品案件，都是人民群众特别关注的案件，是事关民生、事关社会稳定的改革任务，必须要按照中央的统一部署，发挥试点先行的优势和责任，有序统筹推进。

二是坚持同步推进原则。同步推进中央确定的整体改革任务和跨行政区划法院改革。以中央确定的确保依法独立公正行使审判权、健全司法权力运行机制、完善人权司法保障制度三个方面重点任务和中央批准的上海司法改革五项试点任务为重点，结合跨行政区划法院改革任务的落实，同时在完善体制机制上下功夫，着力解决影响司法公正、制约司法能力的深层次问题，努力实现审判体制和审判能力的现代化。

三是坚持联动推进原则。在上海高院的统一部署和指导下，联动推进三中院（铁路中院）与上海铁路基层法院的改革，做好案件管辖上的协调，做好上下级审判业务上的监督指导，确保上海铁路运输法院跨行政区划改造顺利推进。

四是坚持有序推进原则。改革要蹄疾步稳，要坚持从实际出发，坚持总体规划、分步实施、稳步推进的原则，确保改革有序有效。要处理好改革整体推进和重点突破的关系，处理好立足当前和着眼长远的关系，强化改革措施的配套协调，有计划、有步骤推进跨行政区划法院改革。

### （二）夯实跨行政区划法院可持续发展的理念基础

基于上述对跨行政区划法院改革顶层设计的认识和推进跨行政区划法院路径的理性分析，三中院着眼可持续发展的目标，在深入调研的基础上，提出了自身发展的目标定位和工作方针，为长远发展奠定理念基础。

#### 1. 目标定位：透明度高、权威度高、满意度高

随着跨行政区划案件管辖的进一步明确，三中院的职能履行范围将更大，对法治上海、平安上海建设的积极作用将更加凸显。三中院通过案件公正高效审理，体现出跨行政区划法院设立的目的，更好体现审判公正、独立，平等保护当事人利益，避免诉讼"主客场"，根据中央对跨行政区划法院发展的顶层设计，结合"三院合一"实际和跨行政区划审判工作的特点，确立三中院透明度高、权威度高、满意度高的发展定位。透明度高就是要从满足人民群众的知情权做起，把审判工作、把诉讼过程置于阳光之下，置于社会公众的监督之下，打造透明法院，积极回应人民群众对法院工作的关切，以公开促公正，以公开树公信。权威度高是法治国家建设对司法工作提出的必然要求，更是跨行政区划法院的首先要追求的价值目标，对于彰显跨行政区划法院依法独立公正行使审判权、避免诉讼"主客场"具有突出明显的作用。满意度高就是要把人民群众对法院工作是否满意作为衡量工作成效的"试金石"，群众对法院满意度评价与司法裁判的公正性、廉洁性密切相关，人民群众满意是法院履行司法职责的内在要求，也是社会公众信任司法、认同司法、遵从司法的重要体现，要从提高案件质量、提升司法效率、

加强司法为民不断努力和探索。

2. 工作方针：公开、便民、公正、统一

基于目标定位及跨行政区划法院案件的特性，必须要有一套适合跨行政区划法院的工作制度体系。建立制度体系，就要确定这套制度的基本理念、整体格局。为此，三中院提出了以"公开、便民、公正、统一"作为基本的工作方针。"阳光是最好的防腐剂"，公开是促进司法公正、树立司法权威和司法公信的基础，公开也是防止不当干扰、保障依法独立行使审判权的基础。司法便民是诉讼法对审判工作的一项基本要求，我们的一切工作都要围绕为民、便民来开展。对于跨行政区划法院来说，由于跨地区受理案件，诉讼的路途、时间成本在一定程度上会增加，更加要考虑诉讼的便民问题，尽量减少诉讼成本，通过信息化等手段，提供更加便捷的诉讼服务和参与诉讼的方式。公正是人民法院的最核心追求，司法不公毁掉的将是"法治大厦"的根基，公正更是人民群众对跨行政区划法院的更高期待，是跨行政区划法院必须绘出的一分答卷。统一是跨行政区划法院的一项重要职责和任务，促进法律适用统一，才能赢得人民群众对法律的尊重和敬畏，通过跨行政区划法院在案件审理、在裁判标准等方面形成规则效应、示范效应，可以凸显以审判为中心的诉讼制度的应有作用。

### （三）探索符合改革要求、具有上海特点的跨行政区划法院案件管辖体系

从落实改革的要求出发，确定案件管辖这个核心要素的基本原则：一是按照中央和最高人民法院文件规定，体现改革精神；二是不违背现行法律规定；三是符合上海法院和三中院实际。

按照"探索形成普通案件在行政区划法院审理，特殊案件在跨行政区划法院审理的诉讼格局"的要求，认真学习领会《试点方案》、《指导意见》和"四五改革纲要"的规定和精神实质，推进跨行政区划案件管辖体系建设和逐步形成。基于对上述文件的分析，我们认为，应以"跨地区""易受地方因素影响""重大"三要素为标准，来衡量跨行政区划法院"特殊案

件"的管辖标准。按照上述三要素的考量，依照总体设计、循序渐进的原则，经过深入调研论证，三中院提出了包括行政案件、民商事案件和刑事案件在内的整体跨行政区划管辖建议方案。

行政案件管辖方面，在建院之初，上海高院被指定管辖以上海市人民政府为被告的第一审行政案件和以市级行政机关为上诉人、被上诉人的第二审行政案件。下一步的改革推进思路是，一方面与上海铁路法院集中管辖本市基层行政案件改革同步，实行先行试点、分步实施、集中管辖，拓展二审案件管辖范围；另一方面进一步优化一审案件管辖的范围。

刑事案件管辖方面，管辖重大危害食品药品安全、侵犯知识产权、破坏环境资源保护刑事案件，海关所属公安机关侦查的刑事案件，涉及水上、港口、海事、机场、轨道交通等公安机关侦查的交通运输领域刑事案件等。这些类型的案件大多具有较为明显的跨地区、跨流域、跨行业的特征，而且往往影响面大。

民商事案件管辖方面，如何确定跨地区特殊民商事案件的类型是较为困难的。在当前市场经济长足发展、市场流动高度频繁的环境下，交易的跨地区已经成为新常态。因而既要立足当事人的身份或住所地等要素来判断跨地区性，更要找出更加符合跨行政区划法院设立根本目的的判断标准。其中交易的流动性和案件的易受地方因素影响等因素应当成为判断的显著标准。因此，涉环境资源保护、食品药品安全的重大民商事案件，涉企业破产案件，以及涉航空、公路、水路等具有跨地区特征的交通运输类合同纠纷案件等，更加需要由跨行政区划法院来审理。

需要特别考量的是，涉环境资源保护和食品药品安全的案件，不仅案件本身往往具有"跨地区"性，在纠纷的处理上往往"易受地方因素影响"，在案件的影响面和处理结果上也往往具有"重大"性。因此，无论是行政、刑事还是民商事，凡是涉及环境资源保护和食品药品安全的案件，均宜由跨行政区划法院管辖，并可以考虑采取"三合一"审理的模式，形成集中管辖、集约审理的工作机制，更好体现治理的法律效果和社会效果。

## （四）探索建立一套符合跨行政区划案件特点的审判工作制度体系

"公开、便民、公正、统一"的工作方针是审判工作运行的目标和原则，如何实现这一目标，三中院为此确立了"信息化、互动化、规范化、机制化"的路径，逐步建立跨行政区划法院的特殊审理机制，以保障"让人民群众在每一个司法案件中都感受到公平正义"。

### 1. 以信息化为支撑，全面推进阳光司法

对于跨行政区划法院来说，当事人"跨地区"的特点更加明显，当事人对案件"易受地方因素影响"的担忧更加突出，人民群众对公正、高效司法的期待更高，法官对公正裁判的自我要求、法院对科学管理的自我要求也相应凸显。信息化是回应这些要求的重要支撑和保障，应当在跨行政区划法院公正司法和审理机制建设上发挥基础性和关键性作用。一是运用移动互联网思维，打造在线审判平台，进一步打破时间、空间对人民群众诉讼活动的限制，实现诉讼事务的移动、互动和联动。作为新设法院，又是受理特殊类型案件的法院，案件总量尚不会太大，尝试并不断拓展、深化在线审判功能，打造在线法院，具有先天的优势，也必将使方便当事人诉讼产生质的飞越。二是运用"互联网+"思维，更好推动司法公开，架起人民法院与人民群众之间沟通的快速通道。全面建立网站、微博、微信等公开平台，通过电视、网络、手机电视以及微博等渠道开展庭审直播，全方位、全媒体推进新闻宣传工作，积极回应人民群众对跨行政区划法院的关注。三是运用大数据思维，实现司法数据从静态向动态的功能转变，全面提升审判管理能级。在办理案件过程中形成、积累了海量的工作信息，大量的数据背后，隐藏着法官办案的规律、法院管理的规律和社会发展的规律，必须借助信息化的手段，运用大数据分析挖掘，为法官办案、法院管理和社会运行提供来自司法活动的科学分析。

### 2. 以互动化为依托，让司法更贴近群众

跨行政区划法院案件管辖的特殊性，一定程度上决定了案件当事人的特

殊性。跨行政区划案件中跨地区的当事人多，往往具有诉求的多样性和诉讼不便等问题；涉食品药品安全、环境资源保护的案件中，取证、举证等方面的困难在实践中已然成为诉讼难的集中表现，等等。破解这些跨行政区划法院的特有问题，需要增强法院与当事人的互动，既要通过信息化为当事人提供"键对键"的便利，更要强化多途径"面对面"的互动，保障当事人的诉讼权益，更好关切群众诉求，增强跨行政区划法院司法的民主性、公信力，体现跨行政区划法院特有的工作模式和机制。一是更好保护当事人的诉权。全面贯彻落实立案登记制改革要求，推进立案材料分类清单制度，根据案由分类，对立案所需材料以表格式列明，方便当事人检索参考和对照提交，同时在法院官网上公布清单和填写说明，使之可直接下载使用，减少当事人诉累。二是加强释明，从立案、审判、执行的全过程，加强对当事人的法律释明，尤其是对行政案件原告当事人（行政相对人）的诉讼权利、诉讼程序的释明，能够更好平衡双方当事人的诉讼能力。三是引入社会力量化解矛盾，设立志愿者服务窗口和岗位，引入律师、高校老师和学生，为当事人提供法律咨询，开展诉讼引导、法律释明、信访接待、判后答疑、心理咨询等方面的服务；建立与调解机构、行业协会等组织的合作机制，促进纠纷多元解决，更好有效化解涉诉矛盾纠纷。

3. 以规范化为基础，让人民群众对公正司法有更多获得感

程序规范、行为规范，是公正司法的基础，也是树立司法权威和公信的基础。跨行政区划法院承载着破除诉讼"主客场"和利益"小算盘"的社会期待，通过司法过程的规范，化解和消除当事人的疑虑，让司法的归司法，让跨行政区划法院成为建设司法公信的一个亮点。一是完善审判权力运行机制，规范审委会、合议庭运行机制，建立诉讼案卷即时扫描、在线阅卷机制，促进合议庭成员交叉阅卷、同时阅卷，更好地贯彻落实"让审理者裁判，由裁判者负责"的原则。二是完善审判权力制约机制，建立随机分案为主、指定分案为辅的案件分配制度，避免因人分案，减少分案的人为因素引起的合理怀疑并体现对法官的有效保护。除了院庭长指定办理重大案件、专业合议庭办理特定类型案件以外，其他案件原则上按照审判业务部门

和法官工作任务量实行轮排、随机分案。所有分案及调整活动均在在线审判管理工作平台进行，实行全程留痕。三是完善行政诉讼规则释明和判后释明机制，促进双方当事人更好遵守法庭规则，诚信诉讼、依法诉讼、规范诉讼，宣判后当庭答疑，用通俗易懂的语言回应当事人对裁判结果的关切，促进当事人服判息诉。

4. 以机制化为抓手，推动法律适用的统一

跨行政区划法院的一项重要职责和任务就是促进法律适用统一、促进法律有效实施，在这方面，应当有所作为，也大有可为。一是促进内部适法统一。完善合议庭负责制和专业法官会议制度等工作机制，并通过发挥庭长审判管理权、审判监督权和审管办等职能部门的协调作用，在法院内部法官之间、合议庭之间、部门之间建立适法统一的促进机制。二是完善以审判为中心的诉讼制度，建立与其他执法、司法机关的协调机制。尤其是与公安侦查机关、检察机关的适法统一，保证庭审在查明事实、认定证据、保护诉权、公正裁判中发挥决定性作用。三是形成法院典型案件裁判的导向机制，完善裁判理由和依据公开机制。建立精品案例发现、打造、宣传机制，形成一批"伟大"判决，让跨行政区划法院的裁判成为社会遵循的规范。

## 三　跨行政区划法院改革面临的困难和瓶颈

1. 需要进一步强化跨行政区划法院发展的顶层设计

司法体制的改革需要法律的支撑。跨行政区划法院是新生事物，是我国法院组织体系中的新成员。尽管备受关注，也备受期待，但目前还仅限于北京和上海两地的探索，亟须推动相关法律修改和完善，真正形成跨行政区划法院组织体系并在全国范围内复制推广。

按照中央和最高法院关于铁路运输法院改造为跨行政区划法院的改革方向，各地铁路法院都开启了探索建立跨行政区划法院改革。但是全国铁路法院如何协调推进跨行政区划法院改造，需要在进一步试点的基础上，推动法律的修改，固化为法律的成果。

### 2. 与铁路法院改制改革有待协调

目前，全国铁路中院及所辖基层法院都在改制后积极探索自身发展方向，各高院为了充分发挥铁路法院作用，都指定特定类型案件交由铁路法院管辖，但总体缺乏统筹规划，也将影响案件管辖秩序。因此，铁路基层法院的跨行政区划法院改造需要统筹考虑、协调推进。此外，根据中央试点方案，三中院依法管辖原铁路中院管辖的案件，但铁路中院的牌子还在，涉铁案件如以三中院名义办理，特别是外地铁路基层法院办理的案件明确上诉至三中院，缺乏相应的法律或司法解释直接依据，容易引起一些当事人和公众的质疑不解，对铁路中院的职能定位和走向亟须予以明确。

### 3. 跨行政区划案件管辖范围标准尚不明晰，管辖体系有待完善

案件管辖范围问题是跨行政区划法院科学定位和长远发展的前提和基础问题。北京和上海两地高院和北京四中院、上海三中院以及相关铁路运输基层法院自身的探索，还没有统一的标准，仍有较大差异，还需要得到最高法院的明确指导和高院的统筹协调。

### 4. 跨行政区划管辖带来保障机制问题

跨行政区划法院案件有其自身的特殊性，影响审判质效的因素也有区别于其他法院的特殊性。如上海三中院管辖的铁路案件跨三省一市，管辖的其他刑事、行政、民商事案件的区域范围囊括了全市各区县，从方便群众诉讼、提升审判效率的角度，推行在线审判、远程审判势在必行。又如跨行政区划法院管辖的案件，往往具有审理周期长、送达难等特殊情况，在审判质效评价方面，需要建立有别于其他中院的标准。

## 四 进一步深化跨行政区划法院改革的思考

### （一）理论界和社会公众对跨行政区划法院的期待

探索设立跨行政区划法院，是保障人民法院依法独立公正行使审判权、构建"特殊"诉讼格局的重要举措，也是完善人民法院组织体系，推动诉

讼体制改革的重大历史机遇，社会各界给予了高度的关注和期待。深化跨行政区划法院改革必须要回应社会的期待，以体现改革的成效。

1. 回答"跨"到哪里的问题

根据十八届四中全会精神，跨行政区划法院不是传统意义上在省、自治区内按地区设立或在直辖市内设立的中级法院。在跨行政区划法院的辖区范围内，地域管辖应当由对应的行政区划法院来实行，跨行政区划法院行使管辖权仅仅是对辖区内特定类型的案件。随着改革的不断推进，未来可以积极争取立法机关授权，逐步建立跨行政区划的法院组织体系，构建分类受理的诉讼格局，并推动将改革成果纳入人民法院组织法。

2. 回答独立行使审判权的保障问题

设立跨行政区划人民法院，有助于排除法院外部对审判工作的干扰，保障法院依法独立行使审判权。避免地方政府部门或领导对案件审理工作的干预、避免"主客场"问题在诉讼环节的出现，都需要进一步在体制机制上深化改革。特别是对于"民告官"的行政诉讼案件，确保案件立得进来，推动行政机关负责人出庭应诉，依法审查行政行为并做出判决，促进行政机关依法履行法院的生效裁判，都是法院依法独立行使审判权的标志性因素，需要落地生根。

3. 回答公正司法的保障问题

在司法公正和审判工作之间，存在一些机制性的制度，对依法独立公正审判具有重大影响，在一定情况下还是审判权运行的重要载体，还是决定和影响司法公正的重要因素：一是审判管理机制保障。法院在管理活动中具有较大能动性和裁量空间，需理顺审判管理与审判权的关系与边界，厘清审判管理的作用形式和行为方式，限制和预防审判管理扩张或越位，构建基于服务、保障而非命令、服从式的审判管理机制。二是司法责任机制保障。司法责任制并非诉讼程序问题亦非司法体制问题，被视为本轮司法改革的关键。司法责任制与独立审判系司法公正之两端，断不可偏执一端。

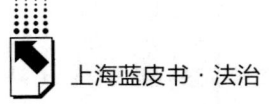

## （二）深化跨行政区划法院改革的具体建议

跨行政区划法院改革不是单一的、独立的一项改革任务，需要统筹协调与省级以下地方法院人财物省级统管改革、行政案件集中管辖、完善审级制度、铁路运输法院改制等多项改革举措的关系，不断完善配套制度，协同推进改革任务，推动构建形成普通案件在行政区划法院审理、特殊案件在跨行政区划法院审理的诉讼格局。

1. 完善跨行政区划法院案件管辖体系

案件管辖不仅是跨行政区划法院安身立命之本，还是当事人诉讼权利保障的一项基础工作。按照中央关于设立跨行政区划法院旨在"构建普通案件在行政区划法院审理，特殊案件在跨行政区划法院审理的诉讼格局"的要求，需要对"特殊案件"做出明确界定。"跨地区""易受地方因素影响""重大"三要素的判断标准还需要实践的检验和丰富，各地的实践探索也没有形成统一的认识，需要进一步加以研究推进。我们认为可以采用"1+3"的模式，即按照《试点方案》和《指导意见》的规定，以上级法院指定管辖为基本方式，结合地域管辖、级别管辖、集中管辖来探索健全跨行政区划法院案件管辖体系。

2. 完善跨行政区划法院组织体系

跨行政区划法院的准确定位需要在法律上予以明确。鉴于司法权是中央事权，立足跨行政区划法院设立的目的在于破除地方保护、避免诉讼"主客场"，跨行政区划法院今后在组织体系的设计上，要以省以下法院人财物统一管理改革为基础，消除省内跨行政区划设立法院的法律障碍，也要以《人民法院组织法》的修订为基础，充分利用现有铁路法院的组织机构，逐步构建和完善真正意义上的跨行政区划法院组织体系。

3. 完善跨行政区划法院审判工作制度体系

一是适应"互联网+"和移动互联网的新趋势，完善司法公开和便民机制。按照在线审判的思路，不断推进诉讼活动的电子化、网络化、移动化，以信息化推动司法改革的不断深化。还需要不断适应公共媒体融合发展和自媒体发展的新形势，更多地从"用户需求'"用户体验"的角度来推进阳光法院建设，更好回应人民群众的期待，保障人民群众对司法的知情权、表达权、参与权和监督权。

二是适应化解特殊类型矛盾纠纷需要，完善多元纠纷解决机制。进一步完善民商事案件诉调对接、诉裁对接机制，尤其是针对涉环境资源保护、食品药品安全以及企业破产类案件的特殊性，更多地从恢复环境资源、食品药品安全和企业经营秩序的角度出发，加强与其他的相关机构，比如调解机构、政府协调机构等的联系互动，强化补偿和恢复秩序。

三是适应以审判为中心的诉讼制度的构建，完善相应的工作衔接、监督机制。以审判为中心的诉讼制度的构建，不仅需要凸显法院裁判的权威性、终局性，还要发挥法院裁判和审查的监督、引导作用，促进检察机关、公安侦查机关和其他政府部门依法、规范行使权力。要建立与这些机关的工作衔接、监督机制，加强沟通交流，规范工作程序。

# B.7
# 跨行政区划检察院设立模式及前瞻性研究

——以上海市人民检察院第三分院的实践为视角

上海市人民检察院第三分院课题组\*

**摘　要：** 党的十八届三中、四中全会决定设立跨行政区划人民法院、检察院，提出了逐步构建一般案件在普通法院审理，特殊案件在跨行政区划法院审理的新型诉讼格局。本文在探究跨行政区划检察院的历史渊源、设立背景和价值目标的基础上，着力对上海市人民检察院第三分院在跨行政区划检察院改革，诸如组织机构、案件管辖、业务管理等工作实践进行全方位的解析，回顾改革探索的成效，分析存在的问题，并对跨行政区划检察院设立的三种模式进行了利弊分析，提出一些前瞻性的观点和建议，以期引起理论界、实务界广泛的思考和探讨，为下一步深化跨行政区划检察院的改革提供有益的参考。

**关键词：** 司法改革　跨行政区划检察院　案件管辖　设立模式　前瞻性思考

2014年12月28日，为贯彻落实党的十八届三中、四中全会精神及司

---

\* 上海市人民检察院第三分院课题组组长：陆建强，上海市人民检察院第三分院党组书记、检察长；成员：孙秀丽、陈海锋、洪梓桉。

法改革部署,上海市人民检察院第三分院(以下简称"上海三分院")成立;两天后,北京市人民检察院第四分院也在北京成立,由此标志着我国首批跨行政区划检察院正式诞生。这是深化司法体制改革迈出的历史性、实质性一步。一项重大制度的出台,必然有其历史背景和现实需要,也有其追求的价值目标。只有厘清这些基本问题,才能保证跨行政区划检察院的正确发展方向。

## 一 跨行政区划检察院设立的历史渊源、背景及价值目标

### (一)跨行政区划检察院设立的历史渊源

跨行政区划检察院的设立是在原铁路运输检察院的基础上加以嫁接改造,这是中央改革方案中明确的改革路径。2013年7月,最高人民检察院铁路运输检察厅提出了《关于在铁检基础上设立跨区域专门检察院的若干思考》,对跨区域专门检察院的案件管辖、布局设点、管理体制等做出具体设计,这是跨行政区划检察院改革的由来和雏形。

我国现有的铁路运输检察院是为保障铁路运输秩序和安全,设立在铁路运输系统的专门国家法律监督机关,根据铁路运行管理体系分布而设置,具有跨行政区划的天然属性。追溯铁路运输检察院的发展历史:1953年,考虑到铁路运输在当时的战略地位和铁路犯罪跨区域、流动性大等特点,为方便管辖和及时调查取证,借鉴苏联的体制,最高人民检察署提出了逐步建立铁路、水上等专门检察署的意见,得到中央批准。1953年10月和1954年4月,分别成立了天津铁路沿线专门检察署和上海铁路沿线专门检察署,随后不少地方也纷纷成立了铁路检察机关。随着1954年《宪法》和《人民检察院组织法》的颁布实施,铁路运输检察院的法律地位得以确立;至1956年初,建立了最高人民检察院铁路、水上运输检察院,作为地方两级铁路运输检察院的领导机构,在全国15个铁路局和50个铁路分局分别建立了铁路运

输检察分院和铁路运输检察院。毫无疑问，这些地方的铁路运输检察机关并非按照行政区划建立，而是根据铁路机关管辖的范围而定。以上海铁路沿线专门检察署为例，其成立之初就受最高人民检察署华东分署领导；虽在1954年10月划归上海市人民检察署领导，但其下辖杭州、上饶、南京、上海等铁路运输分局，并不局限于上海。至2012年全国铁路运输检察系统移交地方，全国共有17家铁路运输检察分院（后增加到18家）和59家基层检察院，相对于内地31个省（区、市），大部分的分院都是跨省级行政区划，大部分的基层检察院都跨地市级行政区划。即使在铁路运输检察系统移交地方，人、财、物管理也划归地方后，但铁路运输检察分院仍然对原下辖的铁路运输检察院的传统业务进行领导，跨行政区划是铁路运输检察系统最大的特点之一。

其实，我国既有的专门司法机关大多是跨行政区划的。在检察系统，除了铁路运输检察系统外，我国还有军事检察院。垦区检察院和林业检察院在我国设立的较少，但也基本上都是根据垦区或林区设立，并非根据行政区划设立，不少更是具有跨行政区划的特点，如黑龙江省人民检察院农垦分院设在哈尔滨市，但管理黑龙江的所有垦区，涉及48个市县。

### （二）跨行政区划检察院设立的时代背景

尽管我国既有专门检察机关如铁路运输检察院、军事检察院、垦区检察院和林业检察院，且大多是跨行政区划的，为什么还要专门设立跨行政区划检察院？这是有其时代背景的。

1. 依法治国被作为治国理政倚重的基本方式

党的十八大以来，全面依法治国成为推进实现全面建成小康社会目标的双轮之一。依法治国是全面建成小康社会的基本战略选择。没有公平正义的小康社会是不完整的，同时没有公正正义制度的保障，小康社会也是难以维系的。正义是社会制度的首要价值目标；对法治而言，公正就是生命线。依法治国的核心理念就是法律至上和法律面前的人人平等，这与小康社会的追求是一致的。

### 2. 司法公信力不高的当下现实

司法是维护社会公平正义的最后一道防线。"一次不公正的审判,其恶果甚至超过十次犯罪"。随着社会的发展,跨行政区划乃至跨境案件越来越多,涉案金额越来越大,社会公众对司法裁决的公正性更为关注,司法不公引起的社会反响更为强烈。同时,我国司法机关的设置与行政划高度重叠,司法机关的人财物保障由地方承担,由此导致司法机关与地方利益密切相关。在行政诉讼、涉及地方发展利益的民事诉讼和部分官员的刑事诉讼中,司法机关所在地有关部门和领导有意或无意的关注案件处理,甚至利用职权和关系插手案件处理;同时一些司法机关或人员受地方利益的驱动,执法偏袒,损害了当事人的权利,侵蚀了司法的公信力。

### 3. 司法体制改革全面推进的要求

通过设立跨行政区划司法机关,构建普通案件在行政区划法院审理、特殊案件在跨行政区划法院审理的新型诉讼格局,是优化司法职权配置的主要体现之一。当前的铁路司法机关因铁路建设和管理的变革,案件较少,资源相对闲置;同时地方司法机关普遍存在案多人少的矛盾,跨行政区划司法机关的建立,有利于合理配置司法资源,也有利于排除对审判工作和检察工作的干扰、保障法院和检察院依法独立公正行使审判权和检察权。

## (三)跨行政区划检察院设立的境外制度借鉴

法律制度的建立是人类文明进步的成果,相互借鉴不可缺少。综观我国检察制度,借鉴苏联的模式,并受到大陆法系检察制度的深刻影响。俄罗斯建立了集中统一的检察机关体系,分别置于中央的联邦总检察院、联邦各主体的检察院和区(市)检察院。与我国检察制度相似的是,俄罗斯还根据其国情设置有交通运输检察制度、自然保护检察制度、监所检察制度和地铁检察制度等诸多专门检察机关,其中交通运输检察制度比较有特色,影响也比较大。德国则在 16 个州的基础上设置了 24 个州级高等法院及与之相对的检察机关。审检合署的法国共设 450 个违警法庭,180 个轻罪法庭和民事大法庭,95 个重罪法庭,33 个上诉法院;法院在哪里设置与行政区域没有关系，原则是要方便诉讼，而检察官就派驻在各级法院内。

综上所述，检察机关的设置可能因各国的具体国情而有较大的差异，但排除行政干预、实行检察一体、防止权力滥用，维护法律的统一实施，实现司法公正是其共同目标。在俄罗斯，为了突出交通案件、自然资源案件的特点，还建立独特的专门检察机关，这可成为我国跨行政区划检察院设立的参考。

### （四）跨行政区划检察院改革的价值目标

#### 1. 完善法律监督，构建严密的法治监督体系

党的十八届四中全会明确提出要形成"严密的法治监督体系"。没有监督的权力必然导致腐败，行政权、司法权也不例外。检察机关作为法律监督机关，在监督保障国家法律统一正确实施中承担着重要职责。由于体制改革等方面的原因，较长一段时间以来，我国检察机关对侦查机关、审判机关的监督没能全覆盖或监督体制没理顺，部分执法与司法的监督处于相对的真空状态，留下了权力滥用的空间。如海事法院的民事审判监督，因其并不隶属于地方法院系统，又因其管辖民事案件，没有专门的检察机关与其相对应；虽然有些地方指定检察机关对海事法院的民事诉讼进行监督，但从体制上来说并不合适。再如新成立的知识产权法院，其主要管辖知识产权类诉讼案件，在知识产权刑事案件还没有完全划归其管辖的情况下，也没有相应的检察机关与之对应，等等。跨行政区划检察院的设立，就是要通过整合原有的铁路运输检察机关，一方面通过明确的地域管辖和理顺体制，强化法律监督；另一方面通过将有关机关的诉讼行为纳入其监督的范畴，构建完备的法治监督体系。

#### 2. 回归司法中央属性，保障法律统一正确实施

司法权是中央事权，这是其自身的特质决定的，世界各国也都将司法权作为国家主权的一部分，在单一制国家更为明显。长期以来，我国各级检察机关都是由地方权力机关产生、受地方权力机关监督，是地方"一府两院"的组成部分，人、财、物都受制于地方，检察机关事实上成为地方治理的工具，有时也被要求承担许多行政职能。针对当前地方对司法的干预，必须从保障上

将司法权上提到中央。我国是单一制国家，各地司法机关并非是本地的司法机关，而是国家设在地方代表国家行使司法权的机关，行使国家的司法权，维护国家的利益，保障国家的法制统一。司法权从根本上只能是中央事权。

3. 排除地方干预，确保司法公平正义

近年来被揭露的极少数冤假错案，形成了极大的负面效应，削弱了司法的公信力；当前司法公信力不高的客观现实，与检察机关难以独立行使司法权，没能维护公平正义有密切的关系。① 当前检察机关普遍与行政区划平行设置，在人事任免、财政经费及其他各方面的保障上完全依赖同级政府，从而使得检察权的行使会受制于地方影响，甚至有的地方领导直接借此干预检察机关办案；不仅如此，不少地方还安排包括检察机关在内的司法机关参与招商引资、强制拆迁等所谓的当地"中心工作"，检察机关俨然成为地方的一部分。② 正义是司法的生命线，司法又是社会正义的最后防线，司法正义不仅对其本身而言，还将直接决定社会公正的实现程度。检察机关是我国的法律监督机关，肩负着保障法律统一正确实施，实现司法公正的义务。通过设立跨行政区划的检察院，使其人、财、物不受地方的制约，在体制上可以不受或少受地方的干预，更为公正的依法行使检察权。

4. 优化司法资源配置，最大限度减少改革成本

近年来随着我国公民权利意识、诉讼意识的提高，公民的利益多元化与分化日趋严重，由此导致诉讼案件的激增，司法资源日趋紧张，案多人少矛盾普遍存在。与此同时，随着铁路司法体制的改制，铁路法院、检察院"吃不饱"已渐渐成为一个突出问题。铁路司法曾擅长办理的"车匪路霸"案件数量已经很少；高铁的大规模建设、乘车环境的改善、车厢的封闭式管理，列车扒窃案件直线下降；实名制购票的实行，"黄牛"倒票、制贩假票案件也在下降等。面对这一迥异的形势，设立跨行政区划检察院，形成普通

---

① 龙宗智：《影响司法公正及司法公信力的现实因素及其对策》，《当代法学》2015年第3期。
② 参见蔡长春《疲惫的招商》，《法治周末》2013年12月18日；党会娟、刘勇：《蒲城检察院招商引资成效显著：华元购物中心即将开业》，http://www.sn.xinhuanet.com/2012-11/18/c_113714564.htm，2015年7月13日访问。

案件在行政区划内司法机关处理、特殊案件在跨行政区划司法机关处理的新型诉讼格局，具有优化司法资源配置、提高司法公正、司法效率的作用。

5. 探索特殊案件的专门办理，推动司法专业化建设

党的十八届四中全会明确提出"推进法治专门队伍正规化、专业化、职业化，提高职业素养和专业水平"。设立跨行政区划检察院，目标之一是构建普通案件在行政区划法院审理、特殊案件在跨行政区划法院审理的诉讼格局。通过特殊案件的集中管辖和专门办理，经过不断学习、积累，形成办理环保、食品药品等专业刑事案件的司法专业人才队伍，促进检察队伍的专业化建设，提升检察人员的理论素养和专业化水平。

## 二 上海三分院跨行政区划检察工作的探索实践

自从2014年12月28日在全国率先挂牌成立后，根据高检院、上海市委关于改革的部署要求，结合上海实际，上海三分院对跨行政区划检察制度的改革进行了有益的探索。

### （一）上海三分院的跨行政区划检察改革实践

1. 基本明确案件管辖

案件管辖是检察院的基本职能，三分院开始跨行政区划改革试点之后，即把探索特殊案件的管辖作为整个试点的基础性工作和关键。三分院挂牌后第二天，上海市院下发了《上海市人民检察院关于市检察三分院职能管辖的暂行规定》，确定了三分院的基本管辖框架。2015年7月，在上海市委政法委的组织协调下，上海市检察院与市公安、法院、司法和海关五部门会签下发了《关于跨行政区划人民法院、人民检察院刑事案件管辖的规定》；市高级法院、市检察院又会签下发了《关于跨行政区划人民法院、人民检察院民事行政监督案件管辖的规定》，标志着上海三分院跨行政区划检察院对外的职能管辖基本形成。经过充分调研，反复征求相关职能部门和单位意见的基础上，上海市院下发了《关于明确市检察三分院（铁检分院）案件管

辖相关问题的批复》。由此上海三分院从内外两方面界定了跨行政区划检察院职能管辖，形成了具有上海特色的管辖模式。

2. 理顺检察院内部诉讼体系

在检察院职务犯罪侦查方面，除原有的铁路系统管辖不变外，明确涉铁企业副局级以上或在系统内有重大影响的案件，由三分院管辖，其余案件由基层铁检院管辖；上海轨道交通系统涉及副局级以上或者在系统内有重大影响的案件，由三分院管辖，其余案件由上海铁检院管辖；上海海关、航空、水运系统涉及副局级以上或者在本系统有重大影响的案件，由三分院管辖，其余案件逐步指定由上海铁检院管辖。在刑事检察方面，三分院在办理"跨地区"重大刑事案件、危害食品药品安全、侵犯知识产权、破坏环境资源保护等管辖范围内刑事案件时，对本市相关区、县院行使业务指导职能。在民事行政案件监督方面，除了对上海三中院、上海知识产权法院、上海海事法院实行监督以外，市检察院可以通过交办的形式进一步扩大三分院管辖范围。由此，三分院从上海市检察系统内部在诉讼层级上得到进一步理顺，形成了相对完备的内部诉讼体系。

3. 逐步推进跨行政区划检察改革向基层院延伸辐射

三分院挂牌成立后，仍旧保留了原来上海铁检分院与铁检基层院上下两级院的领导体系，考虑到铁路运输检察院本身就具有"跨行政区划"的制度特点和体制优势，在改革探索中把分院所辖的5个铁检基层院纳入改革范围。5个基层院分为两种情况，一是上海行政辖区内的上海铁检基层院，因为没有体制和机制障碍，将三分院新增管辖案件直接向其延伸，如对三分院管辖的"危害食品药品安全、侵犯知识产权、破坏环境资源保护"的三大类案件，按照"整体规划，分步推进"的思路，一审案件逐步过渡到基层院办理。二是针对分布在江、浙、皖三省的4个基层院，由于行政管辖不一，人、事管理分属不同省院和上海三分院。我们认为，跨行政区划检察院改革的探索向这个层面辐射，更加符合中央顶层设计的要求。在办理自侦案件方面，充分发挥铁检原有体制机制优势，坚持上下一体，两级互动，推进跨行政区划职务犯罪侦查一体化机制建设，截至目前，已办理了7件具有跨行政区划因素的典型案件。在办理传统铁路刑事案件方面,发挥分院对下的业务指导职能,加强联动协调。在民事、行政监督方面,加强分院对基层院的指导,健全职能,强化意识,逐步提高能力,不断增强合力。在对铁路外新增案件上,摸索规律,加强与所在地省院的沟通,提出了跨行政区划民行检察监督的设想,推动与相关省院协调落实,积极探索建立跨区划办案新模式。

**4. 办理了一批特殊管辖的案件**

截止到2015年11月,上海三分院共受理审查逮捕案件67件102人,其中铁路犯罪案件23件24人,新增类型案件44件78人,包括走私犯罪案件40件64人,危害食品药品安全犯罪案件2件11人,侵犯知识产权犯罪案件2件3人,环境资源犯罪案件以及民航、水运犯罪案件则暂无受理数;共受理审查起诉案件90件176人40单位,其中铁路犯罪案件9件19人4单位,新增类型案件81件157人36单位,包括走私犯罪案件64件120人35单位,危害食品药品安全犯罪案件3件16人,环境资源犯罪案件1件1人,侵犯知识产权犯罪案件11件14人1单位,民航、水运犯罪案件2件6人(具体罪名分布情况见图1、图2)。

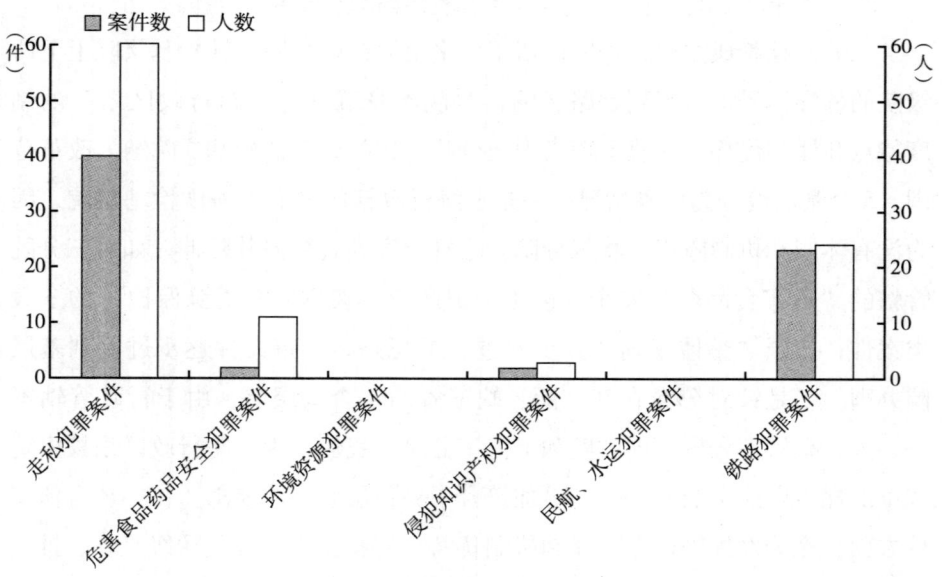

**图1 受理审查逮捕案件罪名分布**

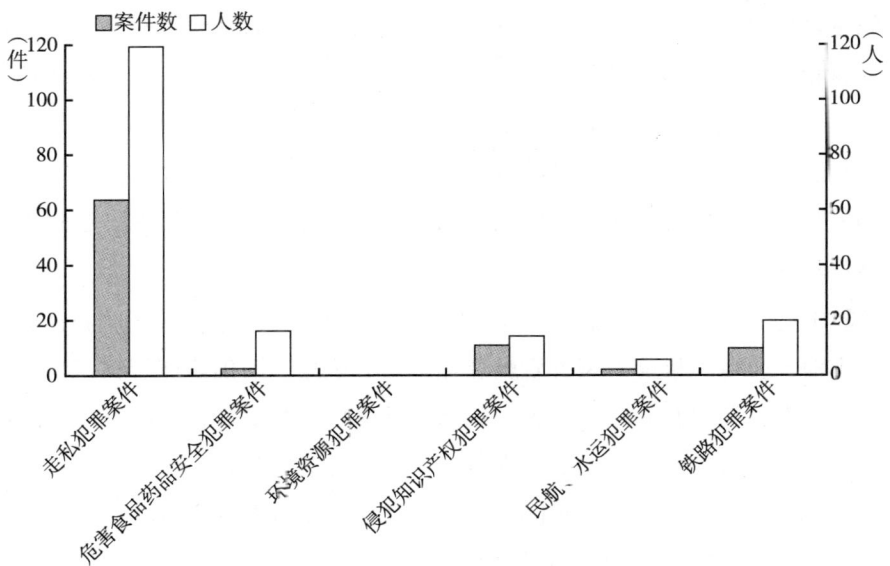

**图 2　受理审查起诉案件罪名分布**

办理了由上海港公安局侦查终结的案值近 7000 万元的虚开增值税专用发票案、上海市公安局侦查终结的重大假冒注册商标案；批捕了 2 名以工业盐冒充食用盐销售的犯罪嫌疑人；办理了由高检院和公安部督办的 "11·25" 特大销售不符合安全标准的食品案，依法将被告人寺田润（日本籍）等 6 人以销售不符合安全标准的食品罪提起公诉。充分发挥跨行政区划侦查一体化办案优势，积极落实指定管辖和异地办案机制，指定基层院管辖案件已立案 9 件，异地办案 7 件，分院督办案件 6 件。积极开展跨行政区划民事、行政案件监督。到目前为止，中央政法委确定的八类跨行政区划检察院特殊案件管辖，目前办理的案件中已涉及七类。办案的成功探索，初步体现出设立跨行政区划检察院的司法意义和社会价值。

（二）上海三分院改革试点的初步成效

1. 形成了一定范围内特殊案件在跨行政区划法院审理的新型诉讼格局

上海三分院坚持把握司法规律，确立普通案件与特殊案件的全新分类，积极推动建立与行政区划相分离的司法管辖制度，尽管上海原有一、二分院案件管辖同样具有跨区域的性质，但其"跨"是着眼于审判管辖和级别管辖，而三分院案件管辖"跨"的性质着重体现在"案件的特殊性"，是鉴于一些行业领域案件跨行政区划特点，以及一些犯罪危害结果往往具有跨行政区划的特征，由此形成一定范围内特殊案件在跨行政区划检察院、法院审理的新型诉讼格局。

2. 完善了对法院在民事、行政、知识产权审判进行法律监督的对应关系

上海三分院积极应对案件管辖变化带来的挑战，明确职能管辖，注重以多种形式开展民事行政法律监督。审结1件民事监督案件，并向市检察院提请抗诉，市检察院已支持抗诉；另对1件海事执行案件，制发《检察建议书》，也是上海三分院首次向上海海事法院制发《检察建议书》。受理了一起不服上海三中院行政起诉不予立案的监督申请，对当事人的申请做出了稳妥处理；受理了首起行政诉讼监督案件。

3. 实现了跨行政区划检察院内设机构模式的创新

在铁检分院基础上，共设置12个内设机构，数量大为减少，新设立的知识产权检察处、行政检察处等机构，充分体现出改革的精神和跨行政区划检察工作职能特征。

4. 探索了专业办案组织形式

上海三分院结合正在推进的司法人员分类管理、办案责任制改革，把跨行政区划检察院探索与队伍职业化、办案专业化建设有机结合起来。通过遴选、选调、引进优秀人才；采取挂职锻炼、业务研讨、专题讲座等形式，加强对业务骨干和后备干部培养力度。同时严格实行人员分类管理，择优遴选了36名纳入员额管理的检察官，结合跨行政区划案件专业性较强的特点，探索专业办案组织形式，如公诉部门率先结合业务职能和办理案件类型，探索实行专业化分工，分别设立危害食品药品安全类、侵犯知识产权类、破坏环境资源保护类、海关走私类、职务犯罪类、未成年人类、交通类7个类别的专业刑事案件办案组，将相关专业案件逐步相对集中分配在专业组办理，形成具有跨地区特色的专业化办案小组。

5. 建立了规范高效的工作办案机制

上海三分院在加大办理新增特殊案件的同时，加强了与相关司法、行政等单位的沟通协调，推动建立规范高效的工作办案机制。职能管辖方面，从案件受理、证据标准、材料移送、案卷查阅等具体操作性问题入手，进一步理顺与公安、法院、相关行政执法机关以及其他分院、区县院之间的关系。配合协作方面，加强与海关、海事法院、三中院、知识产权法院的双边联系，强化信息通报和工作配合。在工作联系方面，与上海铁路监督管理局、上海市质量技术监督局、上海市律师协会和上海市法律援助中心签署战略合作框架协议等，增强工作合力。在内部管理方面，制定上海三分院自侦、刑检、民行等内部案件线索移送以及民事、行政、知识产权工作协作配合的相关规定。

## （三）跨行政区划检察改革探索中遇到的问题和障碍

1. 实践中的"小跨"与改革的要求有距离

按照现有中央改革方案和上海现有的改革模式，界定了一些"特殊案件"由三分院管辖，但就其实质来说，除了传统的铁路案件以外，这些案件都是发生在上海市行政区划范围之内的，从这个意义上说，只能算是"小跨"。尽管在原有诉讼格局上有所突破，但与中央改革精神和顶层设计所要达到的目标还有距离。

2. 检法指定管辖上的不协调影响诉讼监督

2012年铁检司法体制改革完成后，华东江浙皖三省针对铁路基层法院涉铁诉讼业务日渐萎缩、工作不饱和的现状，各省高级人民法院根据最高人民法院有关规定并报最高院同意，授权铁路基层法院管辖部分民商事、行政、知识产权、执行案件。上海铁路运输中级人民法院下辖上海、杭州、南京、合肥、徐州五个铁路基层法院，目前五家法院中，除徐州院尚无指定管辖案件外，其他四家铁路法院都已受理指定管辖案件。除上海院外，对此类案件的同步检察监督职能由谁行使、如何行使没有明确规定，这就导致：一是同级监督缺位。如杭州铁路运输法院办理部分指定管辖案件，而对这部分民商事案件的法律监督却没有同步跟上，造成检察监督缺位。杭州铁路运输检察院就上述案件开展民事检察监督，铁路法院存在认识上的分歧，其认为在指定管辖案件上，两院不存在同级关系，杭州铁路运输检察院开展监督依据不足。二是同级监督业务的上下级监督与既有体制存在矛盾。江苏省高级人民法院2012年根据最高人民法院相关规定并报经最高法批准，将知识产权等部分案件授权由南京铁路运输法院管辖，同时指定由南京市人民检察院承担法律监督职责，这意味着虽然上海三分院系南京铁路检察院的业务上级机关，却不能在基层院提起公诉的同类案件中行使法律监督权。

3. 铁检人事分离的管理机制不利于跨行政区划检察院的发展

2012年铁检机关体制改革完成后，各地铁检分院与基层院形成了以省为单位进行属地化管理的制度模式。以上海为例，上海铁检分院下辖上海、杭州、南京、徐州、合肥五个基层铁路检察院。五家基层院在工作业务上接受原上海铁检分院的指导，但人、财、物的保障则由各自所在的省、市负责，同时也要接受所在地区省级检察院组织管理上的领导。类似的情况在北京、成都、甘肃、广东等全国八个铁路运输检察分院下辖的基层院也都存在。这种行政管理体制与业务体制的割裂，使得改革后的铁路检察机关工作出现下述问题，如在办案工作方面，铁检分院对辖下基层院及驻在地省级检察院之间的协调力度不够，使得相关办案工作尤其是职务犯罪侦查一体化的有效性受到削弱。再如业务经费保障方面，年度预算制定、日常保障因管理权的分离而遇到障碍，与业务相关的装备、设施投入因省际差异造成保障不到位。[1]

## 三　设立跨行政区划检察院的前瞻性思考与建议

根据党的十八届四中全会精神和中央顶层设计，结合上海三分院一年来

---

[1] 徐向春：《铁路运输检察体制改革》，《国家检察官学院学报》2015年第2期。

跨行政区划检察院的探索实践，就下一步深化跨行政区划检察院的改革，谈一下我们的思考和建议。

## （一）跨行政区划检察院设立的三种模式

1. "小跨"：以省级行政区划为单位，设立跨区划专门检察院

这种模式主要是参照北京、上海模式，即在对原省、直辖市、自治区（以下统称省）辖区内的铁路运输检察院进行改造，并利用林业、农垦等检察院的机构编制，在统筹、优化配置机构编制资源基础上，在省会城市新设检察分院，形成省院、分院、基层院三层级的跨行政区划检察体系，对特殊案件按照级别管辖的规定实行集中管辖。幅员较小的省可在省会城市设1个检察分院及1~2个基层院，而相对幅员辽阔的省，可设1个检察分院及2~3个基层院。以北京、上海为模式加挂牌子，为了不过度增加改革成本，尽量以不增加机构为设置原则。由于机构设置及案件管辖均在省内，跨行政区划检察院无论是人、财、物等行政管理，还是审级、案件指导等业务管理，都应由所在地省检察院负责。

2. "中跨"：以原铁检模式为架构的跨省级行政区划专门检察院

这种模式构想是以原铁检机构设置及管理机制为基础，整合林业、农垦等专门检察院，设立跨行政区划检察机关，在原有铁路运输领域案件外扩大职能管辖。可以简单归纳为"机构靠铁检、案件跨地区"。总体上形成原铁检基层院在省内跨地级市集中管辖特殊案件，原铁检分院则跨省集中管辖特殊案件的二级跨行政区划检察机构设置。具体机构设置上，第一，对幅员相对辽阔的省，应当在合理调配原铁检资源的基础上，增设机构，如在浙江省内已有杭州院的基础上可以增设宁波院，在安徽省内已有合肥院的基础上可以增设芜湖院等作为跨行政区划基层检察院；第二，为实现分院一级检察机构能够跨省集中管辖特殊案件，可以撤并原铁检分院中管辖不跨省的分院机构。

管理机制上，可有以下两种方案：一是沿用铁检改制后的管理体制，即行业务与行政二头管理体制。2009年7月，中央提出了铁路检察院与铁路

运输企业全部分离，一次性整体纳入国家司法管理体系，一次性移交给驻在地省党委和省检察院，实行属地管理的总原则。① 截至2012年6月30日，全国原17个铁路运输检察分院（现为18个）和59个铁路运输基层检察院全部移交给29个省检察院实行属地管理。在体制改革之后，部分基层检察院出现人、财、物由驻地省检察院负责，而业务工作却由外省铁检分院领导的情况。二是业务、行政均由分院所在省垂直管理。参照铁检改制前的形式，两级跨行政区划检察机关人、财、物均归驻在地省级检察院负责。

3. "大跨"：改造原铁检架构，设立中央直属跨省级行政区划专门检察院

这种模式构想是主要以"小跨"为基础，保留该模式的基层院和分院设置，省级跨行政区划检察院（可按正厅级机构配备）跨若干省份设置，形成在最高人民检察院领导下的全国三级跨行政区划检察院。具体机构布局：第一，增设省级跨行政区划检察院。综合考虑我国区域经济划分、省际区域经济关联度、流域和生态功能区分布、综合交通运输体系，尤其是国家有关区域经济发展的战略布局，以及6个国家环保督察中心、7个国家铁路监管局、7个地区航空管理局与水运海上等监管和执法机构设置情况等因素综合考虑布局，以东北、华北、西北、西南、华东、华南划分6个片区（或者再多2~3个），设置省级跨行政区划检察院，隶属高检院领导。同时建议在沿海某个省份增加1个院，专门负责办理海上违法犯罪案件，对海警机关执法工作实施法律监督。第二，保留"小跨"布局。片区院的设置目的在于实现对下跨行政区划检察院的业务指导与管理，并对特殊案件的办理进行统筹，最大化实现中央顶层设计的价值目标。但大量的特殊案件办案任务仍需要下级检察机关承担。因此在片区院之下，即各省在省会城市设立分院，省内则设至多三个跨行政区划基层检察院。

这种模式的管理体制下，我们建议对体系内的跨行政区划检察院实行分级管理。业务上，各级检察机关办案等业务管理均由其上级直接负责，即在

---

① 徐向春：《铁路运输检察体制改革》，《国家检察官学院学报》2015年第2期。

最高检统一领导下，片区院领导分院，分院领导基层院。人员任免等管理工作上，片区院人员的任免由最高检报经全国人大常委会批准；分院和所在基层院的人事权则委托驻在地管理，由驻在地省检察院报经省人大常委会批准。而三级检察院的经费在有条件的情况下，仍应当由中央财政统一保障。

### （二）跨行政区划检察院设立模式的利弊分析

1. "小跨"改革方案的利与弊

"小跨"主要是以北京、上海试点工作为基础，在省级行政区划范围内对原有铁路运输检察院进行改造和调整，具有操作性较强，法律障碍较小、改革成本相对较低等优势。但这种跨行政区划检察机关无论在机构设置、案件管辖还是在人员、财物的管理上仍在省级行政区划范围内，从而显现出一定的弊端，具体表现为：一是司法中央事权性体现不充分。"小跨"模式不仅在案件办理上并未跨越省级行政区划，甚至在业务、行政仍归于地方管理，无从体现司法的中央事权性。二是只能实现地区跨越，无法实现价值目标以及顶层设计最终目的。这种跨行政区划检察院的人员任免、财物管理等事务仍由省政府、检察院统一负责，显然仍然受到地方的制约，无法彻底排除地方行政干预弊端，仍未实现司法管辖与行政区划的分离，未能实现中央顶层设计的最终目的。

2. "中跨"改革方案的利与弊

"中跨"主要是以铁检模式为基础，有铁检与生俱来的跨行政区划的"基因"，具有改革成本最低、体制运行成熟等优势：一是改革最为便捷。"中跨"并不改变原有检察体系的基本架构，只需要对原基层铁检机关进行合理调配，增设一定机构即可，对分院的设置甚至可以基本维持现状。二是业务管理机制相对成熟。在业务管理机制上，铁检二级院的管理模式已经运行了多年，相关机制均较为成熟。三是部分实现跨行政区划管辖目标。"中跨"背景下的分院一级检察机关，由于在特殊案件上的管辖范围延伸至辖区驻在地以外的省级行政区划。因此对部分案件来说，真正意义上实现了跨行政区划管辖的目标，更有利于发挥跨行政区划检察机关的特殊职能作用。

"中跨"改革方案的弊端在于:一是管理体制上的缺陷。铁检体制改革后,现有的铁路检察机关管理体制是人事任免、财政经费归属机关驻在地的省检察院,或者省政府相关部门,而业务上却保持铁路检察机关之间的上下领导关系,即受辖区内分院级检察机关领导,产生人权与事权不统一的问题,管理和协调的难度较大。若在原有铁路案件范围外新增跨地区案件的管辖职能,矛盾只会越发凸显。二是可能出现诉讼"固定主场"局面,案件的公正处理将受到质疑。三是增加诉讼成本。如以上海铁检机关辖区为例,若一旦将三分院管辖范围扩展至原铁检分院所辖三省一市的其他跨地区案件,那么江苏、安徽等外省市所发生的重大危害食品药品安全犯罪等刑事案件,在相关地方公安机关侦查终结后,则需统一将案件向上海三分院进行移送,路途遥远,不仅极大增加诉讼成本,还会影响诉讼的效率。

3. "大跨"改革方案的利与弊

"大跨"方案下,跨行政区划检察院在中央统一领导下自成体系,在财物、人事上均不受地方制约,且设有片区院这一特殊机构,对辖区内的法律适用、办案工作进行管理存在一定优势。其优势表现为:一是实现司法管辖与行政区划适当分离,有利于消除司法地方化。"大跨"方案在层级上增设了片区院,使得在高检院领导之下的三级跨行政区划检察机关自成体系,均可不受行政权制约,能够保证特殊案件在跨行政区划体系内流转,而不回转至地方司法机关,有利于构建长久、稳固的跨行政区划检察体系。二是机构布局符合经济发展格局,有利于实现区域司法统一。在片区院的宏观调节下,政治、经济、文化因素较为相似的辖区更容易实现法律适用的统一。而各级跨行政区划检察院的通力配合,也更有利于服务辖区经济社会的发展需求。三是强化司法的中央事权性,有利于建设统一司法体系。由于片区院以上领导机关的业务管理、人财物等行政管理权限均归属于中央,强化了司法的中央事权性。同时由于人才培养、人员调动均可在同一体系内进行,可以统一对人员进行培训,或根据案件数量适当调整办案力量,能够使体系内的司法资源得到合理的配置,也有利于专业化检察队伍的建设。在全国范围内设立跨行政区划检察机关,尤其是对片区院的设立,也与最高法设立若干巡回法庭相呼应,推动形成全国统一的跨行政区划专门司法体系。

当然,这种模式要对现有体制做出较大变革,改革成本相对较大。特别由于"大跨"模式体系上不同于《人民检察院组织法》所规定的地方各级人民检察院,亦不属于专门服务军队、铁路、林业等特殊行业的专门检察机关。若要设立,则必须要在《人民检察院组织法》中明确跨行政区划检察院的法律定位。除此之外,因为对案件的审理将会跨省域,对诉讼的管辖原则也要有所修改。

### (三)前瞻性思考与建议

相比而言,"小跨"易实现,但改革不彻底;"中跨"运行成熟,但管理体制不通畅;"大跨"能实现目标,但带来一定的改革成本。总体上,按照中央改革本意,着眼于从根本上排除地方、行政对司法的干预,我们认为,设立中央直属的跨省级行政区划专门检察院就成为必然的选择。根据最新精神,高检院拟于2016年提出设立跨行政区划检察院的意见,并推动相关法律修改完善。结合上海、北京的试点工作,我们建议下一步跨行政区划检察改革的深入,应该注意把握以下几个方面。

1. 严格界定管辖范围,聚焦"特殊"案件

跨行政区划检察院设置的主要目的是为在特殊案件的办理过程中,排除地方保护及行政干预,更好地实现公平正义。若将所有跨地区发生的案件无差别纳入管辖,则不仅会导致新设立的跨行政区划检察院不能实现整合资源的目的,反而出现人案矛盾,还会导致与地方检察机关出现管辖交叉情形,模糊了普通案件与特殊案件的界限,使跨行政区划检察院与地方检察院逐步趋向同化,失去了改革的意义。

具体的案件管辖范围上,我们认为可包括:一是职务犯罪案件侦查方面。管辖的"特殊案件"可包括涉案人员职位较高的案件、中央企业及其派驻机构高级管理人员职务犯罪案件,以及特殊案件如涉铁企业、轨交系统以及海关、航空、水运系统、环保领域、食品药品安全监管领域案件。二是普通刑事案件的管辖方面。可界定为具有明显跨地区性质的特殊案件、环境

资源保护刑事案件、食品药品安全刑事案件、海关所属公安机关侦查的刑事案件等。同时由于我国幅员辽阔，各地区经济发展水平不均衡，除上述原则上应当由跨行政区划检察机关管辖的案件外，各地在改革过程中，还可以结合本地实际，根据案件跨地区发生、案件可能受到外部因素干预、案件由跨行政区划检察院集中管辖更为适宜等原则，选择性地将有需要的案件类型纳入到跨行政区划检察机关的管辖范围。如上海三分院在改革试点实践中，将知识产权刑事案件的管辖作为跨行政区划检察改革的探索延伸。三是行政、民事、知识产权案件方面。根据最高人民法院《关于全面深化人民法院改革的意见——人民法院第四个五年改革纲要（2014~2018）》，我们认为跨行政区划检察院的法律监督案件可包括存在地方保护、行政干预隐患的行政案件、重大民商事案件、知识产权案件、海事案件，等等。

2. 强化分院层级职能，逐步向基层延伸

就特殊案件而言，从诉讼规定来看也有级别管辖问题，目前上海三分院明确的刑事案件也有一些定性要求，如危害食品药品安全及破坏环境资源案件等定位在"可能判处无期徒刑以上刑罚"的案件，以及市公安局侦查和"有重大影响"这几类。这些案件一则数量相对较少；二则这部分案件更可能受到各类干预，社会关注度更高；三则这类案件在分院层面办理，办案的力量和能力素质更容易得到保障，能确保办案质量和效果。因此，跨行政区划检察院的探索一定要强化分院层级的职能，再逐步向基层延伸。

3. 改革应该先易后难，力求实现平稳过渡

在未来全国推进跨行政区划检察院的改革中，可先从"小跨"着手，先从下面理顺机制，积累办案经验，打好基础，再选择1~2个区域开始"大跨"探索，面向全国推广。由于"小跨"是"大跨"的组成部分，并且改革阻力小，成本低，从"小跨"逐步向"大跨"过渡，可以减少震荡，平稳过渡。

4. 整合现有司法资源，全面理顺管理体制

中央提出设立跨行政区划法院、检察院是在对现有铁路运输法院、检察院充实改造的基础上实现的，它既考虑原铁路运输法院、检察院的体制特

点，又兼顾了铁路运输法院、检察院当前业务状况变化的现状。顺着这条思路，在整个改革过程中，完全应该把情况类似的林业、农垦、矿区等法院、检察院纳入改革范畴，以便整合力量，优化司法资源的配置。此外，在改革过程中需要进行合理的调配与布局，保证各地区办案力量的相对均衡，同时在此次改革过程中，建议把2012年铁路司法体制改革中遗留的人事分离、双头管理的弊端一并解决，理顺管理体制。

5. 细化顶层设计，协调检法步伐

从改革的角度而言，设立跨行政区划法院、检察院涉及两个系统，而构建普通案件在行政区划法院审理，特殊案件在跨行政区划法院审理也是检、法两家应该遵循的最终目标。在实际司法运行过程中，检、法两家具有密切的关联，如检察机关的指定管辖，法院在审判时予以认可。因此，在跨行政区划法院、检察院探索过程中，要进一步细化中央的顶层设计，协调检察院、法院两家的改革举措和步伐，形成合力，共同推进，以确保中央的改革要求落到实处。

6. 适时修改完善法律，为改革提供法律保障

改革必须在现有法律框架内进行。现有的法律尽管为当前跨行政区划法院、检察院的探索提供了空间和可能，但随着改革的深入，一些深层次的改革都会遇到法律问题。跨行政区划检察院的改革探索，也需要全国人大常委会尽快出台相关规定，为改革提供法律保障。

# B.8
# 上海法学教育发展现状和展望

华东政法大学课题组*

**摘　要：** 改革开放三十余年来，我国法学教育取得了长足的发展。在当前新形势下，上海法学院校面临前所未有的机遇和巨大挑战，在人才培养目标、培养模式、教学方式方法等方面都经历着深刻的变革。

**关键词：** 上海法学院校　法学教育　法律人才　创新模式

改革开放三十余年来，我国法学教育取得了长足的发展。党的十八届四中全会全面而具体地绘制了建设法治中国的宏伟图景，依法治国对法律人才的数量和质量提出了更高的要求。经济全球化、知识经济、现代信息技术等也对我国政治体制、经济体制、科技体制及教育体制产生了巨大的冲击，特别是在上海建设"四个中心"和具有全球影响力的科创中心的进程中，需要更多具有国际竞争力的高素质法律人才。上海法学院校面临前所未有的机遇和巨大挑战，在人才培养目标、培养模式、教学方式方法等方面都经历着深刻的变革。

## 一　上海法学教育概况

自 2011 年教育部和上海市教委开展"卓越法律人才培养计划"、建设

---

\* 华东政法大学课题组组长：唐波，华东政法大学研究生教育院院长、教授；成员：张毅、黄超英、鲁慧、杜东东、于文兴。

卓越法律人才培养基地以来，上海各高校依托基地建设，开展人才培养模式创新，积极与实务部门或国外高校开展合作，注重培养学生的创新意识、实践能力和国际视野，取得了一定的进展。

## （一）基本情况

截至2016年2月，上海法学人才培养院校的数量仍保持在21所，但个别院校名称有所变更，如2016年1月，华东师范大学在原法律系的基础上成立了法学院。目前上海设有法学专业的院校分别为：东华大学、复旦大学、华东理工大学、华东师范大学、华东政法大学、上海财经大学、上海大学、上海对外经贸大学、上海公安高等专科学校、上海海关学院、上海海事大学、上海交通大学、上海金融学院、上海立信会计学院、上海杉达学院、上海商学院、上海师范大学、上海外国语大学、上海外国语大学贤达经济人文学院、上海政法学院、同济大学（按音序排列）。

目前，上海已经建立了由普通高等法学教育、成人法学教育、法律职业教育构成的多渠道、多形式的法学教育体系。除学历教育外，各种非学历教育在培养法律人才方面也起到了积极的作用。在教育层次方面，上海法学教育以本科教育为主，研究生教育发展迅速。各法学院校根据自身的资源和优势条件，开设了各具特色的法学专业方向，不断凝练特色，实行错位竞争，培养高素质的法律人才，以满足上海乃至全国法治建设的需要。

近年来，全国法学学科毕业生人数和在校学生人数均呈现增长趋势。和全国相比，上海法学专业招生人数、毕业生人数和在校生人数规模基本保持稳定，法学学科网络教育学生在校学生人数呈逐年减少的趋势（详见表1、表2）。[①]

---

[①] 表1、表2中上海地区的数据由《上海统计年鉴》（2010~2014）整理获得，http://www.stats-sh.gov.cn/data/release.xhtml；全国数据由《中国统计年鉴》（2010~2014）整理获得，http://www.stats.gov.cn/tjsj/ndsj/。

表1　上海与全国高校法学学科本科学生数

单位：人

| 年份 | 毕业生人数 | | 招生人数 | | 在校学生人数 | |
| --- | --- | --- | --- | --- | --- | --- |
| | 上海 | 全国 | 上海 | 全国 | 上海 | 全国 |
| 2010 | 5288 | 114588 | 5876 | 133630 | 22218 | 486750 |
| 2011 | 5812 | 117923 | 5466 | 129428 | 22304 | 501979 |
| 2012 | 6038 | 121634 | 5464 | 133717 | 22029 | 516789 |
| 2013 | 5633 | 122676 | 5681 | 138050 | 22465 | 535423 |
| 2014 | 5596 | 129800 | 5554 | 137558 | 22521 | 543271 |

表2　上海与全国高校法学学科网络教育学生数

单位：人

| 年份 | 毕业生人数 | | 招生人数 | | 在校学生人数 | |
| --- | --- | --- | --- | --- | --- | --- |
| | 上海 | 全国 | 上海 | 全国 | 上海 | 全国 |
| 2010 | 504 | 58946 | 294 | 62220 | 977 | 206221 |
| 2011 | 407 | 55954 | 237 | 66924 | 689 | 209866 |
| 2012 | 382 | 55439 | 292 | 64387 | 605 | 224980 |
| 2013 | 294 | 58168 | 268 | 72513 | 617 | 225293 |
| 2014 | 304 | 57820 | 236 | 57956 | 614 | 215298 |

上海法学专业生师比一直居高不下，为了缓解这一问题，各高校采取各种措施提升师资队伍建设并取得较大进展。近几年上海法学专任教师队伍建设成果卓著，教师数量有所增长，具有高级职称的教师数量逐年递增，且趋势明显，法学师资水平不断提高（详见表3[①]）。

表3　上海高校法学学科专任教师数一览

单位：人

| 年份 | 专任教师数 | 类别 | | | | |
| --- | --- | --- | --- | --- | --- | --- |
| | | 正高级 | 副高级 | 中级 | 初级 | 无职称 |
| 2010 | 2525 | 337 | 657 | 1077 | 282 | 172 |
| 2011 | 2494 | 347 | 641 | 1068 | 294 | 144 |
| 2012 | 2542 | 377 | 719 | 1125 | 222 | 99 |
| 2013 | 2753 | 421 | 770 | 1221 | 254 | 87 |
| 2014 | 2804 | 455 | 777 | 1146 | 262 | 164 |

---

[①] 表3中的数据由《上海统计年鉴》（2010~2014）整理获得，http://www.stats-sh.gov.cn/data/release.xhtml。

## （二）卓越法律人才培养概况

针对我国高等法学教育出现的"社会主义法治理念教育还不够深入，培养模式相对单一，学生实践能力不强，应用型、复合型法律职业人才培养不足"等问题，2011年底，教育部联合中央政法委启动"卓越法律人才教育培养计划"。该计划成为新中国成立以来教育行政主管部门颁布的第一个关于法学高等教育的专门指导性文件，其目标定位为：以提升法律人才的培养质量为核心，以提高法律人才的实践能力为重点，培养、造就一批适应社会主义法治国家建设需要的卓越法律职业人才。根据此计划，教育部首批批准北京大学等58所高校为应用型、复合型法律职业人才教育培养基地，中国政法大学等22所高校为涉外法律人才教育培养基地，内蒙古大学等12所高校为西部基层法律人才教育培养基地，建设期为5年。上海高校中复旦大学等5所高校入选应用型、复合型法律职业人才教育培养基地，复旦大学等3所高校入选涉外法律人才教育培养基地，华东政法大学入选西部基层法律人才教育培养基地[①]（详见表4）。

表4　上海高校入选"教育部首批卓越法律人才教育培养基地"名单

| 基地名称 | 入选学校 | |
|---|---|---|
| | 序号 | 学校名称 |
| 应用型、复合型法律职业人才教育培养基地 | 1 | 复旦大学 |
| | 2 | 同济大学 |
| | 3 | 上海交通大学 |
| | 4 | 上海财经大学 |
| | 5 | 华东政法大学 |
| 涉外法律人才教育培养基地 | 1 | 复旦大学 |
| | 2 | 上海交通大学 |
| | 3 | 华东政法大学 |
| 西部基层法律人才教育培养基地 | 1 | 华东政法大学 |

---

① 教育部办公厅、中央政法委员会办公室：《关于公布首批卓越法律人才教育培养基地名单的通知》（教高厅函〔2012〕47号）。

上海市教委率先开展了上海市卓越法律人才培养基地建设工作。2012年10月，上海市教委发布《关于公布"上海卓越法律人才培养基地"名单的通知》（沪教委高〔2012〕74号），批准华东政法大学等6所高校为上海"卓越法律人才培养基地"，批准华东政法大学等9所高校为上海"涉外卓越法律人才培养基地"[①]（详见表5）。

表5 上海高校入选"上海卓越法律人才培养基地"名单

| 基地名称 | 序号 | 入选学校 |
| --- | --- | --- |
| 卓越法律人才培养基地 | 1 | 华东政法大学 |
|  | 2 | 复旦大学 |
|  | 3 | 上海财经大学 |
|  | 4 | 上海政法学院 |
|  | 5 | 同济大学 |
|  | 6 | 华东理工大学 |
| 涉外卓越法律人才培养基地 | 1 | 华东政法大学 |
|  | 2 | 上海交通大学 |
|  | 3 | 复旦大学 |
|  | 4 | 上海财经大学 |
|  | 5 | 上海海事大学 |
|  | 6 | 同济大学 |
|  | 7 | 上海政法学院 |
|  | 8 | 上海对外经贸大学（原上海对外贸易学院） |
|  | 9 | 上海外国语大学 |

### （三）上海法学教育的重点工作

**1. 落实依法治国方略，推广"马工程"教材**

党的十八届四中全会审议通过的《中共中央关于全面推进依法治国若干重大问题的决定》（以下简称《决定》）是全面推进依法治国的纲领性文件，它对加强法治教育和理论研究做出了总体部署，对高校法学教学科研工

---

[①] 上海市教育委员会：《关于公布"上海卓越法律人才培养基地"名单的通知》（沪教委高〔2012〕74号）。

作提出了明确要求，要求高校从事法学教育和法学研究的专家、学者和教师深入实施"马克思主义理论研究和建设工程"（以下简称"马工程"），坚持用马克思主义法学思想和中国特色社会主义法治理论统领高校法学类教材建设。2015年底，教育部14本"马工程"法学类重点教材部分已经出版，并被上海法学院校作为教材采用。2015年，教育部办公厅转发教育部高等学校法学类专业教学指导委员会《高等法学教育贯彻十八届四中全会精神的教学指导意见》，对法学院校贯彻党的十八届四中全会精神、创新法治人才培养机制、提高法治人才培养质量提出了若干教学指导意见。

2. 推进协同创新，提升法学教育质量

协同创新是教育部推动学科发展的一个最新动向①，是上海高校加强学科建设、提升教学质量的切入点之一，这要求不同学科之间、不同机构之间形成协同创新的有效机制。推进法学教育协同创新的方式主要有：①校内协同，整合优势资源，创新人才培养模式。如实行学科协同，促进学科交叉融合；实行部门协同，形成人才培养合力。如培养"法学+经济学"、"法学+金融学"、"法学+小语种"与"法学+管理学"的交叉复合型人才。②校际协同，拓展学生获取知识、开阔视野的空间。一般形式有校校协同，联合办学；放眼国际，构建国际化合作网络等。如，上海财经大学、华东政法大学、上海对外经贸大学等高校依托各自学科优势，共同成立中国（上海）自由贸易试验区协同创新中心，以实现协同互补，为自贸区的各项改革提供理论支持。③校地协同，特别是与法律实务部门合作协同，提升学生运用法律知识的实践能力②。如，上海设立自贸区后，各高校纷纷与检察院、法院等建立"校院协同机制"；与律师协会等建立"校会协同机制"；与律师事务所、涉外企业等建立"产学研"合作基地等。如，上海市第一中级人民法院与上海财经大学联合签署合作备忘录，将就自贸区内金融消费

---

① 详见《教育部关于印发〈中国特色新型高校智库建设推进计划〉的通知》教社科〔2014〕1号。

② 何勤华：《推进协同创新，提高法学人才培养质量的几点思考》，《法学教育研究》2013年第3期。

者保护与司法应对、外国企业准入房地产市场的法律问题研究、自贸区诉调诉仲等衔接机制等区内司法问题立项开展系列研究①。这些协同创新机制的建立为法学教育注入了新的活力,有力地推动了法学教育质量的提升。

3. 实施"双千计划",重视师资队伍建设

为加强高校与法律实务部门合作,探索建立高校与法律实务部门人员互聘制度,提高法律人才培养质量,2011年,教育部会同中央政法委等六部委组织实施了高等学校与法律实务部门人员互聘"双千计划"。上海各法学院校积极组织推进"双千计划",选聘法律实务部门专家来校兼职或挂职任教,派出法学专业骨干教师到法律实务部门兼职或挂职,上海高校入选"双千计划"人员情况详见表6。此外,上海法学师资队伍建设成效显著,华东政法大学李秀清、罗培新分别在第六届、第七届全国杰出青年法学家评选活动中荣获"全国十大杰出青年法学家"称号。

表6 上海高校入选教育部"双千计划"人员情况统计

单位:人

| 年份 | 高校派出数量 | | 高校聘用数量 | | "双千计划"总人数 | |
|---|---|---|---|---|---|---|
| | 上海 | 全国 | 上海 | 全国 | 上海 | 全国 |
| 2013 | 10 | 189 | 10 | 180 | 20 | 369 |
| 2014 | 11 | 202 | 11 | 240 | 22 | 442 |
| 2015 | 6 | 232 | 11 | 256 | 17 | 488 |
| 总计 | 27 | 623 | 32 | 676 | 59 | 1299 |

## 二 上海法学教育改革与现状

### (一)上海卓越法律人才培养基地建设成果

1. 形成上海卓越法律人才培养标准

《上海市教育委员会关于实施上海卓越法学教育计划的若干意见》(沪

---

① 《我院与上海财经大学成功举办第二届中国自由贸易区司法论坛》,http://www.a-court.gov.cn/platformData/infoplat/pub/no1court_2802/docs/201401/d_2215794.html。

教委高〔2012〕46号）提出了"上海卓越法律人才培养通用标准"（下文简称"标准"），它包括通用标准和学校标准两个层面。通用标准是上海卓越法律人才培养的基准要求，也是对学校开展卓越法律人才培养的指导性标准。标准的建立有利于上海卓越法律人才培养基地高校开展人才培养工作，保证了培养的法律人才具备基本的专业和职业素养要求，能够适应上海地方经济发展对法律人才的要求。标准指出，卓越法律人才培养应该培养学生的三大素养：基础素养、专业素养和职业素养。基础素养包括：①具有较高的人文、社会科学素养；②具有现代社会信息处理和分析能力；③具有较强的沟通、交流能力和公共关系处理能力；④掌握一门以上（含一门）外语，具备国际视野和国际交流能力。专业素养包括：①具备扎实的法学知识；②具备法律实务工作技能；③具备较强的法律思维能力和法学研究能力；④具备运用法学专业知识解决复杂理论和实际问题的能力。职业素养包括：①具有坚定的社会主义法治信念和社会责任感；②具有经济、管理等相关学科复合知识结构；③具有良好的法律职业道德。

2. 加大实务部门对法学人才培养的参与度

为了培养学生的实践能力，使学生满足社会需要，高校、行业实务部门应共同确定培养目标、共同设计课程体系、共同开发优质教材、共同组织教学团队、共同建设实践基地，探索"学校—实务部门共同培养"模式，加大实务部门对法学人才培养的参与度。

在人才培养的参与过程中，比较常见的是实务部门作为实践基地接受高校学生开展实习实践训练。以推进教育部"双千计划"为契机，高校纷纷聘请实务部门专家到校授课、开设讲座、指导毕业论文、共同编写教材、教辅材料等，选派专业教师到实务部门挂职提高业务水平，并将理论与实际结合的知识引入课堂，提高学生的实践能力。如，同济大学法学院与集佳律师事务所签订合作协议，聘请集佳资深的律师及代理人担任兼职教师、实务导师，开设知识产权实务课程；同时，集佳律师事务所在同济大学法学院设立"集佳研修基地"，在知识产权应用、管理等实战方面与学生们展开交流。此外，双方还在课题研究、个案研究、资源共享、实践教学等多个方面展开合作①。华东政法大学组织教育部"双千计划"专家编写案例教材,专家来源涵盖高校、法院、检察院、律师事务所等单位,他们通过对一些经典案例进行解读,引导学生从不同视角看待法律问题。

3. 多种形式培养学生的国际视野和国际交流能力

立足上海的地域优势,各基地高校将培养学生的国际视野作为基本要求,尤其是涉外卓越法律人才培养基地高校建立了与海外名校的合作机制,借助国际优质教学资源,探索提高学生国际视野和国际业务能力的途径。就目前来看,主要途径有三。

一是联合学位培养,即学生在国内完成学分的基础上到国外攻读学位,并达到要求获得国内和国外高校两个学位。如,上海财经大学与伦敦大学等联合培养;同济大学与德国高校合作,本科四年采取"2+2"模式,硕士两年采取"1+1"模式;上海海事大学与澳大利亚莫道克大学签署了合作协议,就法学专业开展"2+1+1"的合作培养项目;上海对外经贸大学与美国奥尔巴尼法学院(Albany Law School)、佛罗里达州立大学和澳大利亚悉尼大学等建立"4+2"本硕连读和学分互认合作关系,并与美国托罗法学院(Touro Law School)建立"3+3模式"的国内本科和国外JD合作项目;上海交通大学针对全日制法律硕士(法学)研究生,试办"三三制"法科特班,实行本硕贯通培养机制,采取与国外一流高校如威斯康星大学、杜克大学、康奈尔大学联合培养和中外双学位的方式,使学生获得"双语双法"的专业能力。

二是双方学分互认,即学生以交换生或访问生身份到国外高校进行半学期甚至一年的课程学习,国内高校承认国外学分的项目。例如上海政法学院在中国和法国联合办学基础上,与法国高校建立长期合作,实现了学分互相承认。

三是学生短期交流,即学生到国外高校进行短期的课程或其他项目的交

---

① 《集佳与同济大学法学院达成合作,共同探讨卓越法律人才培养工作》,http://www.unitalen.com.cn/html/report/14070116-1.htm。

流，获得一定的国外游学经历。上海财经大学学生赴美国加州大学戴维斯分校与伯克利分校、加拿大蒙特利尔大学产业关系学院进行暑期学习。华东政法大学与英国利兹大学、德国科隆大学、澳大利亚悉尼大学等建立合作关系，学生可以进入这些大学的暑期班进行学习。

4. 开展法学人才培养模式创新与实践

基地高校开始探索"本硕一贯制"的人才培养模式，培养高端法律职业人才。比较典型的有华东政法大学从2012年开始实行的"4+2本硕贯通实验班"；上海交通大学开办的"三三制"法科特班，通过本科和研究生的深度衔接，实现高端法律人才培养的目标。华东政法大学"4+2"本硕贯通实验班实行法学本科硕士六年连贯制培养模式，通过整合本科和研究生阶段的培养方案，实施六年制三段式培养方式，培养具有扎实法学功底和广泛社会科学知识基础、较高人文科学素养、宽广国际视野、良好法律职业道德和法治理念的高端法学人才。上海交通大学"三三制"法科特班实行"3+3"本硕贯通培养机制，它包括两种模式。一种模式是与国外高校实行联合培养，使学生获得中外双学位和"双语双法"的专业能力。其基本定位是：主要面向涉外司法、国际纠纷解决以及跨境法律服务，培养专精型的高端涉外法律人才。另一种模式是选拔本校外国语学院学生，实行三年英语加三年法律的本硕贯通培养模式，推动学科交叉研究，其总体可定位为：培养复合型的高端涉外法律人才。这要求这个类型的学生要掌握两门联合国通用语言和法律学科的专业知识，并掌握一些经济金融贸易、企业管理以及国际关系方面的知识。

5. 开展教学模式和教学方法改革

推进小班教学。新世纪以来，法学教育规模取得了较快的发展。由于法学专业学生数量较大，教师资源尤其是优质教师资源稀缺，大班化教学成为比较经济的选择。在卓越法律人才培养基地建设过程中，各高校根据实际情况设立了小班化实验班，开展人才培养模式改革。如上海对外经贸大学将试点班规模定为20~25人；上海外国语大学实验班规模为25人左右；华东政法大学开设了规模在40人左右的本硕贯通实验班、规模在30人左右的卓越律师班等,以培养不同专业方向的卓越法律人才;上海海事大学法学院选拔25名学生组成第一届卓越法律人才班,选拔32名学生组成第二届卓越法律人才班。小班教学有利于学生与老师更加频繁的互动,有利于开展研讨式教学或诊所法律教育等,能够取得较好的培养效果。

开展案例式、研讨式教学方法改革。为使学生具备探寻法律问题的能力,利用案例开展研讨式教学就成为有效的教学方法。基地高校借助试点班人数较少的优势,利用助教、实务教师共同授课等方式,创设案例式教学、研讨式教学的环境,使学生在课堂上深入了解法律问题,培养其法律思维能力,并通过教师和学生之间的争辩,更加深入掌握问题的实质,了解需要扩充的知识。这些方法为培养高素质、具有创新能力的法律人才提供了可能。

## (二)强化实践教学体系建设,培养学生实践创新能力

### 1. 加强资源优化整合,构建实践教学体系

法学是一个理论性和实践性很强的学科。国际上主流的法学人才培养模式是通识教育(1~4年)加职业教育(1~3年),总时长大约需要5~6年。上海法学本科人才培养单位在不突破四年制学制条件下,积极利用学校现有资源、行业以及其他社会资源,构建各具特色的实践教学体系,致力于培养学生的法律执业能力。虽然各培养单位的实践教学体系不尽相同,但从整体上看,仍具有一定的共通性,主要体现为以下三个依次递进的模块和层次:①通过案例讨论式、法律诊所式等教学方式赋予理论教学以某种程度的实践教学的功能和意义;②开展专项性实践教学活动,如庭审进校园活动、模拟法庭竞赛、辩论赛等;③丰富、深化传统的专门的实践教学环节,邀请法律实务界的专家、骨干开设法学实务类课程,在校内开设实验实训课程或项目,如"痕迹提取"、"现场勘查"、"仿真训练"和"职业实训"等,优化专业见习、毕业实习过程管理,提高新形势下传统实践教学环节的质量等。2015年,"华东政法大学构建实践教学体系,推进法学人才培养改革"成果总结先后在上海市教委网站、教育部网站刊发。上海交通大学凯原法学院法律实验教学训练中心构建了集实践课程、加施德法务讲座、辩论赛、法

律诊所教育、模拟法庭训练、学生法律援助中心于一体的实践教学体系。

2. 与行业部门密切合作，探索多元化联合办学路径

根据法学专业（方向）实践教学需要，加大校外实践教育基地建设力度，使不同层次的校外实践教育基地均有所发展。如，华东政法大学依托上海市律师协会设立的"现代法律服务实习实践平台"成功申报"上海市市属高校校外重点实习基地建设项目"和"国家级大学生校外实践教育基地建设项目"。

聘请实务部门的检察官、法官、律师，企业界的业务骨干担任学校的兼职教授、讲师，为学生开设实践实务类课程，并将其纳入教学计划，计入总学分，让学生在走出校门之前增加对实务部门业务的了解，深化理论知识学习，同时为学生的专业实践打下一定的基础。如华东政法大学依托上海市第一中级人民法院、上海市人民检察院、上海市律师协会等单位开设法学实践与实务类通识课《审判实务》《检察实务》《律师实务》等，为各类法学教育实验班量身定制法学实务类课程，注重实务执业规范与技能训练等。此外，上海部分法学院校设立了模拟法庭，邀请基层人民法院赴校开庭审理各类案件，使学生不出校门即可观摩、旁听真实的庭审过程，增强其对司法实务的感性认知。

3. 以赛促教，以赛促学，培养高端创新型法律人才

以举办或参加国际性、全国性或区域性模拟法庭竞赛等为抓手，广泛动员，积极组织开展校内选拔赛，出台激励措施，强化训练指导，营造法学专业独具特色的课外实践文化氛围，以赛促教，以赛促学，培养高端创新型法律人才。

根据法学专业（方向）职业教育的需要，举办或参加国际知名模拟法庭竞赛等，如"杰赛普国际法模拟法庭竞赛"、"国际刑事法院模拟法庭竞赛"、"国际人道法模拟法庭竞赛"、"WTO模拟法庭竞赛"、"全国大学生模拟法庭竞赛"和"知识产权模拟法庭竞赛"等，提高学生在国际化环境中分析、解决法律问题的能力与水平。2015年，由上海市教委主办、华东政法大学承办的"第一届上海市大学生模拟法庭竞赛"成功举办，这标志着上海本科法学教育区域化办学又一重要载体的形成。该类竞赛具有以下趋势

性特征：①竞赛所用案例均来自司法实践中发生的真实案例，具有基本的证据材料和可辩性，参赛代表队抽签决定担任控方或辩方；②应在题目所确定的事实基础上模拟审判程序；③开庭所需文件，如起诉书、辩护词、证据目录、辩护意见、最后陈述等由参赛队员自行准备。评审专家由法院、检察院、律师事务所和有关地区高校富有实践经验的法学高级职称教师组成。部分高校针对模拟法庭如何更好发挥教学价值进行了有益探索：一是模拟法庭竞赛课程化，即将举办的某一国际性的、全国性的或区域性的模拟法庭竞赛试题作为选修课程内容，由学生自行选修组成小组，聘请指导教师，最终通过层层比赛选拔出代表学校出战的代表队员，这强化了模拟法庭教学的针对性和有效性。二是把模拟法庭作为一门独立的专业必修课，设置学分，编写教材或讲义，组织教师开展教学。

**4. 响应"双创"国家战略，培养学生创新创业能力**

2015年6月11日，国务院印发《关于大力推进大众创业万众创新若干政策措施的意见》（国发〔2015〕32号），提出"推进大众创业、万众创新，是发展的动力之源"①，对"双创"进行了全方位政策布局。在此形势下，各高校主动响应"双创"国家战略，对接区域经济社会发展需求。通过多年的实践探索，很多高校初步形成了校级—市级—国家级的创新创业项目培育孵化机制。为了促进高校间互相交流、学习、借鉴，上海地区专门设立校际交流学习平台——上海大学生创新创业论坛。论坛由各高校轮流承办，每两年举办一次。

**5. 紧密对接司法体制改革，注重法律执业素养养成**

华东政法大学校长叶青在上海"两会"期间接受采访时指出，司法体制改革对法治队伍的要求是专业化、职业化、正规化。如果现在法学高等教育还是走和其他学科一样的素质教育和理论教育的道路，肯定不能满足应用型、职业化司法人才的需求。上海处于国家深化司法体制改革前沿，上海法

---

① 《国务院关于大力推进大众创业万众创新若干政策措施的意见》，国务院官网，http://www.gov.cn/zhengce/content/2015-06/16/content_ 9855.htm。

学教育正在根据司法改革总体部署，研究强化对学生的司法执业伦理、司法执业道德、司法能力的应用性培养。

### （三）法学教育国际化有新的形式

在教育部和上海市"卓越法律人才培养计划"尤其是涉外卓越法律人才基地建设的引领下，上海法学教育的国际化程度更加深入，各高校积极开展多种国际交流与合作项目，推动法学教育与国际法学教育的互动交流，培养学生更加宽广的国际视野。

1. 开展中外合作办学项目

根据教育部中外合作办学监督平台信息，截至2016年3月9日，在更新的教育部审批和复核的机构及项目名单中，上海法学专业领域中经教育部批准的中外合作办学项目（含与港澳台的合作项目）有3个（见表7）。

表7 上海地区经教育部审批和复核的法学中外合作办学项目名单（含港澳台地区）*

| 序号 | 项目名称 | 中方学校 | 外方(含港澳台)学校 | 办学层次 |
|---|---|---|---|---|
| 1 | 华东政法大学与新加坡国立大学合作举办法学硕士学位教育项目 | 华东政法大学 | 新加坡国立大学 | 外国硕士学位教育 |
| 2 | 华东政法大学与香港城市大学合作举办法学专业本科教育项目 | 华东政法大学 | 香港城市大学 | 本科学历教育 |
| 3 | 华东政法大学与美国威斯康星大学麦迪逊分校合作举办高级法律硕士学位教育项目 | 华东政法大学 | 美国威斯康星大学麦迪逊分校 | 外国硕士学位教育 |

＊数据根据教育部中外合作办学监督工作信息平台的项目名单整理而成，http://www.crs.jsj.edu.cn/index.php/default/index/sort/1006。

2. 积极探索与海外高校的合作培养模式

通过政策引导与支持，鼓励高校与国外顶尖院校合作并与之签订校际协议，开展国际合作交流。这样既能发挥国内一流法学院校的办学优势和创新能力，又能借助海外顶尖院校的优质教育资源来培养学生的国际化能力。各高校依托自身品牌，与不同地区、不同类型的高校开展多种形式的合作。如同济大学与德国洪堡大学、康斯坦茨大学、意大利都灵理工大学和自由大学等高校开展双硕士项目，与俄罗斯国家知识产权学院、英国肯特大学法学院等高校开展非学位合作项目。华东政法大学与英国利兹大学、美国凯斯西储大学开展"3+1"高级学生访问学习项目，3年国内、1年国外院校学习，完成学业者将获得华东政法大学学士学位和国外高校硕士学位。上海财经大学法学院与意大利特伦托大学法学院开展联合培养博士学位项目，与加拿大蒙特利尔大学等开展暑期项目，与瑞典斯德哥尔摩大学、台湾东吴大学法学院等开展交换生、访问生计划。

3. 设立海外学习和实习项目，拓展海外学习交流经历

上海市教委2011年发布《上海市高校学生海外学习、实习项目管理办法》，设立学生海外项目专项资金。项目资助类型包括：赴海外（含港澳台地区）高校学习、进修一学期以上且修完课程可获得相应学分的项目；赴海外（含港澳台地区）企业和国际组织见习或实习两个月以上的项目。如2013年，上海大学法学院与澳大利亚拉筹伯大学、新英格兰大学，与韩国庆熙大学、釜山大学等高校开展了访问生项目。[①] 这种针对海外学习、实习项目的专项资助项目为各高校法学院开展国际交流和海外实习提供了经费和政策支持，推动了学生国际化的学习和实习。其他高校也纷纷拓展海外实习途径，组织学生到国际机构实习。如上海对外经贸大学设有美国谢尔曼和斯特赫（Shearman &. Sterling）律师事务所和英国年利达（Linklaters）律师事务所等海外实习基地。华东政法大学与新加坡国际仲裁中心、日本大江桥律师事务所等7家海外实习单位签订合作协议，为学生提供8周左右的专业实习。

---

① 《法学院四项学生国际交流项目获上海市教委资助》，上海大学法学院官网，访问日期：2016年3月10日。

4. 与国际组织建立合作交流机制

法学院校积极利用自身优势,建立与国际组织合作的新机制。2014年5月20日,中国—上海合作组织国际司法交流合作培训基地正式在上海政法学院奠基揭牌。该基地主要服务于上合组织成员国的司法、执法部门官员以及律师、反恐维稳界人士的业务交流。此外,该基地还担负国际合作研究,汇集上海乃至整个中国、世界外交领域的资深专家,形成多元化、开放式的研究队伍,建设欧亚安全研究、上合组织研究以及"一带一路"研究等方面的理论和外交智库的重任[①]。这是新中国成立以来上海首个地方高校直接服务国家整体外交战略的案例,也是法学院校参与法学国际交流的新形式,为今后的国际合作提供了新的范本。

华东政法大学与世界知识产权组织(WIPO)开展多项合作。世界知识产权组织暑期学校旨在为全球优秀学生与青年执业人士提供一次集中学习、分享、交流知识产权专业知识的机会,为来自不同背景的参与者提供一个国际化的互动平台。2015年5月4日,首届世界知识产权组织中国暑期学校(WSSCN)在华东政法大学长宁校区开班。这是世界知识产权组织暑期学校首次落户中国,标志着中国知识产权国际化程度显著提高。2015年底,世界知识产权组织总干事弗朗西斯·高锐受聘成为华东政法大学荣誉教授。以此为契机,双方进一步深化合作,在"促进中国知识产权保护水平提高"、"加强知识产权人才培养"和"鼓励社会创新氛围形成"等方面达成共识。

5. 教师的国际交流日益频繁

上海法学教师国际交流程度不断提高。优秀的国外教授被聘为兼职教授定期来上海法学院校开设课程、举办讲座;部分国家的教师参加我国举办的国际会议并进行交流;上海法学教师也积极利用教育部、上海市或各高校的政策资助到国外高校进行交流和访学活动,回国后开设全英文课程等国际化课程。此外,中外双方教授合作共同开设一门课程,这加深了双方的互动交

---

① 中国—上海合作组织国际司法交流合作培训基地网站,http://cisco.shupl.edu.cn/html/dwgk/jdjj/1.html,访问日期:2016年2月。

流,如华东政法大学的"涉老法律制度"课程,该课程通过远程同步录播系统,使美国约翰·马歇尔法学院的科扎克(Kozak)教授和华东政法大学的孙颖老师可以同时为学生上课,这样学生既可了解中国涉老法律的相关知识,也可知晓大洋彼岸对此问题的研究,通过比较,学生加深与提高了对涉老法律问题的研究兴趣与研究能力。同济大学还聘请了一批国外著名学者担任兼职教授,如国际知识产权法学家德国马普所所长斯特劳斯(Straus)教授、美国联邦巡回上诉法院首席法官雷德(Rader)教授等。

### (四)形成各具特色、错位竞争的发展格局

上海高校法学教育经过多年发展,已经建立了多样化的人才培养模式,形成了特色发展、错位竞争的发展格局。

多科性大学利用学校综合优势,培养基础扎实、知识广博、能力突出的高端法律人才,比如复旦大学借助学校文史哲、经济、外语等多学科优势和学校的通识教育,采取"非法学本科+法律硕士"的复合培养模式,培养医事与卫生法务、金融法务、知识产权法务、传媒法务(新闻法务)、环境法务、海关法务等行业法务人才。上海交通大学针对联合本校外国语学院试办的涉外法律事务本硕贯通试点班,实行三年英语加三年法律的本硕贯通培养模式,推动学科交叉研究,其培养目标总体可定位为:培养复合型的高端涉外法律人才。

以政法专业为特色的华东政法大学和上海政法学院则依托法学学科门类齐全、学科力量雄厚的特点,在多个专业方向方面重点培养,形成了多种培养方向各具特色的、较为全面的法律人才培养体系。华东政法大学借助法学学科优势,打造多样化、多类型的法律人才培养,包括民商法、经济法、国际法、国际金融法等,在应用型人才、复合型人才、涉外型人才和西部基层法律人才培养等方面的工作均见成效。上海政法学院的法学本科专业分为民商法、知识产权法、行政法、人民调解法、经济法、环境法、国际经济法、金融法等多个方向,既培养从事某一领域法律工作的高级专门人才,也培养经济管理领域的应用型法律人才和具备国际视野的高素质涉外法律人才。

财经院校、外语院校和理工院校依托各自的学科优势,开展与法学专业

的复合式培养，形成了各自的培养特色。上海财经大学充分利用经济、管理类专业的优势资源，开设经济学、金融学等课程，鼓励学生在学好法学专业的同时辅修经管类专业，获取法学与经济学双学位和法学与管理学双学位，培养具有经管复合知识结构的高素质法律人才。法学院毕业生广泛活跃在外经、外贸、外资管理机关、金融机构、其他经济行政管理机关、司法机关、企事业单位、律师事务所及各类中介服务机构。上海对外经贸大学培养具有国际视野和跨文化沟通能力，既通晓国际贸易、国际投资和国际金融等领域的基本业务，又能熟练运用国际经贸法律规则，具备良好法律职业素养的涉外卓越法律人才。学生主修法学专业，从二年级开始辅修金融专业或国际经济与贸易专业，可取得"法学学士学位＋经济学学士学位（辅修专业学士学位）"。上海商学院培养掌握现行流通法律、法规，了解商贸、物流、连锁等流通经济与管理基本理论，实践能力强，能胜任我国流通行政管理机关、执法机关、流通企业事业单位、社会团体、法律中介服务机构以及政法机关法律工作，具有复合知识结构特点的应用型法律专业人才，在流通法方面形成了特色化的学生培养模式。

同济大学依托学校的理工优势学科，形成了以欧盟法、知识产权法、建筑规划法与环境法等为特色的教学与研究，培养具有国际视野的综合性、复合型的高层次法律职业人才。在学科交叉上，同济大学结合学校土木、建筑、环境等优势学科，形成了建筑与房地产法律等交叉性研究方向，培养综合性复合型的高层次法律职业人才。华东理工大学探索法学与工学的跨学科培养机制，确立"六年贯通，本硕连读，主辅修并重，国内外打通"的基本培养路径，本科授予工学与法学双学位，逐步探索法学与工学、学校与实务部门、国内与国外的"三结合"培养机制。

## 三 展望

如果说党的十八届四中全会开辟了中国法治建设的新纪元，那么2016年作为"十三五"规划开局之年，则更加全面而具体地绘制了建设法治中国的宏伟图景，使法治建设被提升到前所未有的高度。法治中国的建设即将展开新的蓝图，迈向更高的境界，由此法治建设的任务将更加艰巨，法治对经济社会发展的引领和保障作用将更加凸显。上海法学高等教育与中国法治事业始终同呼吸、共命运，上海法学院校在人才培养、科学研究、社会服务、文化传承与创新方面责无旁贷、任重道远。

## （一）培养社会主义法治人才

国家使命、社会责任和道德担当是社会主义法治国家培养法律人才的首要考虑因素。对于上海法学高等教育来说，其培养的法律人才绝不能仅仅成为"法律工匠"，而应该成为社会主义法治理念的传播者，公平正义、自由平等的践行者，国家利益和人民权益的维护者。法学院校应为建设社会主义法治国家做好人才资源的储备，引导学生把个人追求融入国家战略和社会进步的伟大事业中，成为有理想、有思想、有担当的社会主义法治事业的建设者，为全面实施依法治国提供高水平的智力支持和优质服务。社会主义法治人才应具有以下特点。

1. 具有过硬的思想政治素质

建设高素质的法治工作队伍，要求把思想政治建设放在首位，能否忠于党、忠于国家、忠于人民，将社会主义核心价值观内化于心、外化于行，是衡量法治人才素质高低的基本前提。

2. 具有良好的职业道德和法律信仰

在我国社会转型期和复杂国际环境下，社会主义法治人才应拥有坚定的法律信仰和良好的职业道德，保持高度的政治敏感度和正确的意识形态，遇到压力不受干扰，同时坚持职业操守，成为社会主义法治坚定的维护者和履职者。上海法学院校可将"社会主义法治理念教育"和"法律职业道德和素养教育"以课堂教学形式呈现，开设相关课程，经过长期的伦理教育和训练，使法律职业信念、伦理标准等内化为法科学生的伦理自觉。

3. 具有雄厚的法学知识以及相关的人文社会科学及自然科学知识储备

高素质的法治人才不仅需要广博的通识教育知识，还需要从事一线法律行业所需要的专业知识,同时还需要法律和其他学科交叉的复合型学科知识背景和结构。随着上海未来法律服务内容和种类的多元化、高端化,国内业务和国际业务的边界进一步模糊,法律服务产品链也将进一步延伸,并衍生了法律与其他领域的交叉增值服务,这就需要更多具备法律专业以外的多学科知识背景、跨专业执业能力、深厚人文素质底蕴,能够面对未知挑战,具备思考和处理能力的跨界法治人才。

4. 具有较强的法治实践能力

法律的生命力在于实施,法治人才必须具备将理论运用到实践中的能力,这其中包括对社会生活的敏锐观察力、逻辑思维能力、口头表达能力和文字写作能力。可邀请司法部门的法官、检察官、职业律师和高校教师共同授课,赋予法科学生学习者、研究者、讨论者、演说者等多重角色,以产生实在的课程效果。

## (二)创新法治人才培养模式

2016年1月21日,法律职业改革与法学教育未来研讨会在北京举行。与会代表围绕法学教育的定位、法学教育的人才培养目标和培养方式、法学教育与司法考试改革等问题进行了深入的研究和探讨。这些问题也是未来上海法学院校需要积极思考和探索的问题。

1. 培养宽口径、厚基础、高素质的法治人才

当今世界,人才、资本、技术、信息等在全球范围快速流动,信息革命给高等教育带来新的机遇和挑战,科学技术与人文文化呈现深度渗透与融合的趋势,这对21世纪的高等教育和人才培养提出了更高的要求。21世纪的法律人才必须是知识、能力、素质三位一体,全面发展的宽口径、厚基础、高素质法治人才。

2. 配备高素质的法学师资队伍

党的十八届四中全会通过的《决定》强调要"重点打造一支政治立场坚定、理论功底深厚、熟悉中国国情的高水平法学家和专家团队,建设高素质学术带头人、骨干教师、专兼职教师队伍"。师资队伍是培养人才的关键

环节,其政治立场、理论功底、职业情操等直接影响甚至会决定学生的一生。因此,必须强化教师的专业素养、教学科研,提高教师的实践经验和职业品德,通过分类培训、集中研修、教师互聘、远程合作教学、跨专业交流、扎实推进与实务部门的互聘计划等提高师资的多样性、多元化和开放度。

3. 加强法学课程体系建设

第一,法学课程体系要与中国特色社会主义法学理论体系、学科体系相衔接,充分反映中国特色社会主义法学理论的前沿研究成果,并让其进教材、进课堂、进头脑。第二,遵循并根据教育教学的基本规律,在压缩必修课程的同时,形成精练的核心必修课程教学体系,保证法学专业知识结构的完整性。第三,加大实验实训课程的比例,在合理减少必修课比重的基础上扩大选修课的比重,着重开发建设一批与社会有密切关联的实务技能选修课程(课程组)供学生修读。第四,适当引入通识教育,增设理工、经济、政治、哲学、人文等方面的跨学科交叉课程,引进国外优质在线课程,注重法学与其他学科的交叉融合,拓宽法科学生的知识面,为法治人才的成长成才创造自主学习与个性发展的空间。

4. 优化法学教育教学方法

第一,要有新的教育教学观念,要注重落实学生主体地位,要重视学生的学习,更要注重教学的服务目的。第二,综合运用案例教学法、课堂讨论教学法、问题教学法、诊所式法学教育与模拟教学法等"对话式教学法"(也有学者称之为"参与式教学法"),如德国的"习明纳尔"(seminar)模式、美国的"诊所式教育",更好地实现理论和实践的对接。第三,要充分利用现代信息技术,探索并推广利用信息技术的多样化教学模式和教学方法。第四,推动小班教学,鼓励教师采用参与式、讨论式、交互式教学方法,尤其重视推广案例教学法。

### (三)培养具有创新实践能力和法治批判思维的法治人才

继党的十七大提出"提高自主创新能力,建设创新型国家"和"促进以创业带动就业"的发展战略之后,教育部就高等学校创新创业教育、创业基地建设和促进大学生自主创业工作提出了若干重要意见。党的十八大指出："要全面实施素质教育，深化教育领域综合改革，着力提高教育质量，培养学生创新精神，""要提升劳动者就业创业能力，促进创业带动就业，推动实现高质量的就业，并要求积极推进高校毕业生的就业问题。"由此来看，以创新创业教育引领教育教学改革，培养适应经济社会发展、新兴产业需求、具有法治批判思维的高素质创新型人才正是上海法学院校应该努力的方向。

1. 将创新创业教育纳入课程体系

要培养法学学生的创新实践能力及法治批判思维，当务之急是结合创新创业大环境实现法学教育理念的转变，大力推进创新创业教育与法学专业教育的深度融合，将创新创业教育纳入课程体系，设置创新创业学分；突出实践教学的地位，创设以法学理论课为基础的、与法学理论课程内容相配套的实践课程，要求逐步增加实践课程在教学计划中的比重，着重培养法学学生的创新思维和批判精神。

2. 加强创新创业教育的全过程管理

第二课堂作为第一课堂实践（课程实践）的延伸，将成为创新创业实践教育的重要载体。通过增加案例课和实习调研课，以及大学生科研项目、大学生创新创业训练计划项目与竞赛、实践调研、短期课程、科研活动、学术研讨会、夏令营等多种创新项目，体验创新氛围，构建理论与实践并举、课堂与课外联动的完整的创新创业教育体系。

## （四）寻找法学教育与法律职业资格制度之间的契合点

法律具有较强的专业性和严密的逻辑体系，这决定了法治人才队伍的基本特点，即必须具有法律专业精神和专业素养，形成法律职业共同体。在全面推进依法治国，建设社会主义法治国家的过程中，形成法律职业共同体成为我国法治社会生活的内在要求。从这个角度来看，国家统一法律职业资格制度无疑会成为连接法治人才队伍和法律职业共同体的重要纽带，会对法学高等教育产生积极的推动作用。

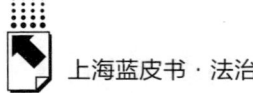

2015年12月20日，为贯彻落实党的十八大和十八届三中、四中全会精神，中共中央办公厅、国务院办公厅印发了《关于完善国家统一法律职业资格制度的意见》（以下简称《意见》），提出了完善国家统一法律职业资格制度的目标任务和重要举措，这对于推进法治工作队伍正规化、专业化、职业化，为建设社会主义法治国家提供人才保障具有重要意义。如何在推进我国法治进程中发挥更好作用，培养好社会主义法律职业人，是法学教育界必须面对并亟待解决的问题。

1. 国家统一法律职业资格制度对人才培养提出新的要求

《意见》规定，建立健全国家统一法律职业资格考试制度，将现行司法考试制度调整为国家统一法律职业资格考试制度，改革法律职业资格考试内容，加强法律职业资格考试科学化、标准化、信息化建设。《意见》还分别从思想政治、专业学历条件和取得法律职业资格三个方面明确了法律职业的准入条件。① 在2016年1月22日召开的中央政法工作会议上，中共中央政法委书记孟建柱在报告中明确提出："要以完善国家统一法律职业资格制度为契机，改革法学教育，创新职前培训、在职培训体系，加强对新任领导干部、新进干警的教育培训，加强职业伦理操守教育，提高政治素质和专业水平。要坚持培养和引进并举，加强反恐处突、网络安全、知识产权、涉外法律等专门人才队伍建设，为做好新形势下政法工作提供人才保证。"在将现有司法考试制度调整为国家统一法律职业资格制度的变革中，法律职业对法学教育的内容、人才培养体系都提出了新的要求。

2. 建立法律职业资格制度和法学教育之间的良性互动关系

法学院校是法治人才供给的主渠道，是培养法治人才的孵化器，是政法工作队伍建设的重要一环。为顺应法律职业改革的趋势和需求，法学教育进行深化改革势在必行。面对新一轮的司法考试改革，既要顺应国家统一法律职业资格制度改革趋势又要超越改革的要求开展人才培养，建立二者之间良

---

① 中共中央办公厅、国务院办公厅：《关于完善国家统一法律职业资格制度的意见》，http://www.gov.cn/xinwen/2015-12/20/content_5025966.htm。

性的互动关系是政法类院校的职责。法学院校不应该回避司法考试的改革动向，应思考如何以一种适当的姿态适应我国本轮司法考试改革；也不可一味迎合司法考试要求，过于功利化地追求考试通过率，从而使本科教育沦为应试教育，偏离法学本科教育的目标和定位。

### （五）培养具有国际视野的高端涉外法律人才

法学教育国际化是上海法学院校建设的重要内容。党的十八届四中全会通过的《决定》就新形势下加强涉外法律工作做出了重要部署，即"建设通晓国际法律规则、善于处理涉外法律事务的涉外法治人才队伍"。随着社会的发展，对涉外法学人才的需求越来越大。

1. 定制高端法律服务人才

"十三五"期间，上海将如期基本建成"四个中心"和社会主义现代化国际大都市，并且到 2020 年将形成具有全球影响力的科技创新中心基本框架，这在给法律人才带来无限机遇的同时也带来了挑战。目前上海地区法律人才资源还存在一些问题，主要表现为数量结构不合理，不能熟练运用外语和法律知识与国外客户洽谈业务、签订合同，熟知国际法、国际贸易法的高端涉外律师奇缺。中国律师在大型复杂的跨国交易和高新技术产业方面的专业知识和服务经验不足，缺乏国际谈判的经验和从事国际律师业务的能力，在国际法律服务方面竞争力较弱。[①] 因此，作为法律人才的培养部门，培养一大批通晓国际法律、了解和熟悉国际经济惯例、贸易与投资规则的复合型涉外卓越法律人才将是各法学院校和相关教育主管部门必须挑起的担子和回应的挑战。

2. 培养复合型涉外法律人才

上海在推进中国（上海）自由贸易试验区建设过程中，需要大量为上海自贸区服务的高端国际化复合型法律人才，这些人才要精通国内外法律规

---

① 盛雷鸣、彭辉、史建三：《中国（上海）自由贸易试验区建立对法律服务业的影响》，《法学》2013 年第 11 期。

则，要有深厚的法学知识储备。高等院校法学学科建设应当适时跟进，建立多样化的涉外法治人才培养机制。

### （六）提升为区域建设和国家战略发展服务的能力

服务社会是高等教育的职能之一，从世界高等教育的发展历程来看，高等学校与区域社会经济发展会逐渐形成一种共生关系，如美国"硅谷"与斯坦福大学模式，上海杨浦区大学校区、科技园区和公共社区的"三区联动"模式等。这些案例告诉我们：区域经济社会发展和高等学校发展的良性互动不仅能更好地推动区域经济社会发展，还能反过来促进高校成为知识创新、技术创新和服务创新的集聚地。目前上海正处于重要的历史发展转型期，"四个中心"和科创中心建设为上海法治建设带来了新的机遇和挑战。作为法治建设的中坚力量，上海法学院校类型多样、层次丰富、法律知识密集、法律人才荟萃，理应成为新型智库，为社会主义法治建设提供独特的创新理论和人才优势。

1. 加强法制研究，推进理论创新

上海法学院校应围绕社会主义法治建设重大理论和实践问题，推进法治理论创新，发展符合中国实际、具有中国特色、体现社会发展规律的社会主义法治理论，为依法治国提供理论指导和学理支撑，在注重引进国外先进法律理念、制度和学术成果的同时，总结、归纳我国社会主义法治建设的经验教训并给出理论依据，指引立法、执法、司法和守法活动并使之不断进步和完善。

2. 充分运用上海法治资源，创新法律人才培养模式

与科研院所、行业企业共同制定培养目标、共同设计课程体系、共同开发优质教材、共同组织教学团队、共同建设实践平台，探索建立跨院系、跨学科、跨专业交叉培养创新创业人才的新机制，主动服务区域经济社会发展。

3. 为地方政府规范性文件的制定和重大事项的决策提供法律咨询

上海法学院校拥有丰富、优质的法学资源。地方政府在制定规范性文件

时可以通过听取法学专家的意见或建议,或者通过直接委托法学专家起草相关文件等方式提高规范性文件制定的质量。如,在上海自贸区建设进程中,上海法学院校研究人员可通过承担课题研究、撰写与发表论文、提供咨询建议、成果专报等方式,积极推动上海法治建设,为上海建设"四个中心"、自贸区和全球科创中心的法治建设提供了强大的智力支持。

4. 不断丰富法律服务形式,服务地方法治建设

上海法学院校应不断加大服务社会的力度,如为地方政府工作人员提供法律培训;扩大师生参与法律援助的范围,维护公平公正,促进社会和谐;参与普法进程,开展法制宣传教育活动,提高全民的法治意识和法治观念等。

5. 建立法律智库,为法治建设和改革提供支持

习近平在主持召开中央全面深化改革领导小组第六次会议时强调,"要统筹推进党政部门、社科院、党校行政学院、高校、军队、科技和企业、社会智库协调发展,形成定位明晰、特色鲜明、规模适度、布局合理的中国特色新型智库体系,重点建设一批具有较大影响和国际影响力的高端智库,重视专业化智库建设"。① 因此,应以建设上海地方法律智库为目标,积极参与国家依法治国和法治改革进程,积极推动中国特色新型智库建设,打造法治建设领域国家级核心智库乃至全球有影响的高端智库,充分发挥智库在咨政建言、理论创新、舆论引导、社会服务、公共外交等方面的重要功能。

---

① 《习近平主持召开中央全面深化改革领导小组第六次会议》,http://www.chinanews.com/gn/2014/10-27/6721856.shtml。

# B.9
## 以风险为中心的公共安全管理机制探索

汤啸天 程 维*

**摘 要：** 上海市法学会为提升上海城市公共安全的法治保障水平和能力，在2015年组织理论界和实务界的专家学者，共同聚焦"突发公共事件中的公民权利义务""突发公共卫生事件中的政府责任""公共安全管理中的公众参与、社会协同""食品安全全程管控的法律问题""大数据在公共安全管理中的应用""防控恐怖活动的法律问题研究"6个专题，共同商讨对策措施，取得了喜人的成果。

**关键词：** 公共安全 以风险为中心 大数据应用 法治保障

2015年，上海市法学会在回顾总结以往系列专题研讨会经验的基础上，聚焦"城市公共安全法治保障"，秉持多方合作、多种形式、求真务实、成果转化的基本原则，进一步加强了与院校、研究机构和政府相关职能部门合作，开展系列专题研讨。系列研讨聚焦"突发公共事件中的公民权利义务""突发公共卫生事件中的政府责任""公共安全管理中的公众参与、社会协同""食品安全全程管控的法律问题""大数据在公共安全管理中的应用""防控恐怖活动的法律问题研究"6个专题，先后举办了6次专题研讨会，

---

\* 汤啸天，上海市法学会副秘书长，编审；程维，上海市法学会研究部主任科员。

旨在通过研讨交流，形成有价值、可参考、可操作的破解实际问题的法律对策建议。

## 一 "城市公共安全法治保障"系列专题研讨活动概况

2015年5月28日下午，由上海市法学会和上海社会科学院法学研究所共同主办，上海开放大学公共管理学院协办的以"突发公共事件中的公民权利义务"为主题的"城市公共安全法治保障"系列研讨第一期专题会在上海社会科学院召开。会议由上海市法学会研究部副主任张志军主持。上海市法学会专职副会长施基雄，上海社会科学院副院长、法学研究所所长叶青教授出席会议并讲话。上海交通大学法学院叶必丰教授，上海市法学会副秘书长、上海政法学院汤啸天教授做会议点评。上海市法学会学术委员会副主任、行政法学研究会名誉会长顾长浩做会议总结。会议邀请了上海市人大、市政协、市法制办、市综治办、公安、法院、检察院、法律院校、科研机构、法律服务机构等方面30余位专家学者参会。

6月25日下午，由上海市法学会主办，上海开放大学公共管理学院和上海市法学会卫生法学研究会协办的以"突发公共卫生事件中的政府责任"为主题的"城市公共安全法治保障"系列研讨第二期专题会在上海市法学会召开。会议由上海市法学会专职副会长施基雄主持。上海市法学会学术委员会副主任、行政法学研究会名誉会长顾长浩做会议总结。会议邀请了上海市政府法制办、市综治办、市疾病预防控制中心、上海市部分三甲医院、法律院校、科研机构、法律服务机构等方面20余位专家学者参会。

7月27日下午，由上海市法学会主办，市法学会社会治安综合治理研究会承办，上海音速青年志愿服务中心协办的以"公共安全管理中的公众参与、社会协同"为主题的"城市公共安全法治保障"系列研讨第三期专题会在市委政法委召开。会议由上海市法学会社会治安综合治理研究会会长乐伟中主持。上海市法学会专职副会长施基雄出席会议并讲话。上海市法学会学术委员会副主任、行政法学研究会名誉会长顾长浩做会议总结。会议邀请了上海市（区）综治办、市民政局、市应急管理处、市精神文明办、法律院校、科研机构、志愿者服务机构等方面近40位专家学者参会。

为宣传、贯彻2015年10月1日实施的新《食品安全法》，10月9日下午，上海市法学会与市食品药品监督管理局、市行政法制研究所、上海交通大学国际与公共事务学院共同主办的，以"食品安全全程管控的法律问题"为主题的"城市公共安全法治保障"系列研讨第四期专题会在上海市法学会召开。会议由上海市法学会专职副会长施基雄主持。上海市食药监局副局长许瑾做主旨报告。上海市政府法制办副主任、市行政法制研究所所长刘平做总结讲话。会议邀请了上海市人大、市法制办、市食药监局、法院、检察院、法律院校、科研机构等方面30余位专家学者参会。

10月30日上午，上海市社会科学界联合会、市法学会和上海开放大学共同主办的以"大数据在公共安全管理中的应用"为主题的市社会科学界第十三届学术年会·法律实务专场暨"城市公共安全法治保障"系列研讨第五期专题会在上海开放大学召开。上海市法学会专职副会长施基雄，上海开放大学副校长顾晓敏，上海市社联党组书记、专职副主席沈国明分别主持、致辞、讲话。国务院应急管理专家组组长、国家减灾委专家委员会副主任、上海开放大学公共管理学院名誉院长闪淳昌教授做"让城市更加安全和谐美好"主题报告。会议还邀请了上海市社联、市政府法制办、市应急办、市人力资源和社会保障局、上海市公检法司各单位、市公安局轨道交通分局、法律院校及社科院法学所学者、实务部门专家、律师及新闻媒体代表等方面80余位专家学者参会。

12月16日下午，上海市法学会与上海政法学院共同主办的以"防控恐怖活动的法律问题研究"为主题的"城市公共安全法治保障"系列研讨第六期专题会在上海政法学院召开。上海市法学会常务副会长林国平、上海政法学院校长周仲飞出席会议并致辞。会议由上海市法学会专职副会长施基雄主持。市委政法委研究室施伟东主任做会议点评。会议邀请了上海市公安、法院、检察院、法律院校、科研机构、法律服务机构等方面40余位专家学者参会。

## 二 "城市公共安全法治保障"系列专题研讨的主要成果

### （一）维护公共安全需要对公民权利实施特别保护

**1. 国家在突发公共事件紧急状态下可采取公民权利克减的特别措施保护公民根本利益**

随着社会的发展和新技术的广泛应用，公共安全正面临前所未有的挑战。因此，必须以对人民的极端负责、对生命的高度尊重为原则，令行禁止、高效运行，确立政府在公共安全管理中的权威地位。行政机关在行使职权过程中，特别是在突发公共安全事件发生时，必须当机立断充分行使公权力，同时，也要考虑公民权利的享受与义务履行之间的界限以及两者之间的衔接、协调。基于此，在突发公共事件的紧急状态下，公民权利的克减是国家对公民实施特别保护所采取的特别措施。其"特别"之处：一是用适度的限制性措施实现对公民根本利益的保护；二是要求公民暂时牺牲部分权利，实现与政府的合作。从现象上说，公民权利的克减会导致个人"自由"的减少，但是，在本质意义上，公民权利一时、局部的克减是国家出于全局和长远利益考虑，对公民权利做出的特殊保护。公民应当认识到，法律规定范围内的权利克减，是国家出于保护公民根本利益的需要，不得已而又必须采取的临时特别措施，公民具有接受权利合法克减的义务。

**2. 有效维护公共安全必须明确和细化公民权利克减的尺度**

首先，应当通过立法明确规定公民的哪些权利不能克减、哪些权利可以克减；其次，立法上对公民权利克减的尺度应当力求细化；最后，应当在公共利益与公民个人利益的平衡方面，做出具体化的规定并落实到位。突发公共安全事件紧急状态下公民权利的克减只有尺度明确具体，平时才能"记牢"，关键时刻才能条件反射般地做出正确反应。如果在立法技术上以条款方式做细化规定有困难的话，可以采取列举表达的方式，明示诸如此类的情况不能那样做,诸如彼类的情况可以这样做,等等。人们在接受比较抽象的否定性指令时往往认知不足,越是具体、明确、生动或类似实例的信息越能够使人记忆深刻。

3.提升维护公共安全的有效性必须实现公民知情权、表达权、参与权、监督权

提高公共安全管理实效的根本办法,应当从实现公民的知情权、表达权、参与权、监督权做起。应急指挥中心、逃生通道、避难场所等硬件建设比较容易抓,有的硬件设施甚至是可以花钱买的。但是,人们心中的公共安全意识和对权利克减的合作是软件建设,是管理问题。公共安全是需要各级领导、全体公民切实负起责任和各方面全力合作的系统工程,必须最大限度地动员公众参与、支持公众参与、接受公众监督。如果在突发公共安全事件中,公众所知晓的只是反映"领导动态"的信息,就难以培育公民"公共安全,公众有责"的意识。安全的城市在国际上,通常被认为是有"弹性"的城市。从某种意义上说,"弹性"就是有韧性、有张力、有恢复力。当发生灾难的时候,该城市的"弹性"具有化解灾难、恢复自身功能的能力。就政府而言,对突发公共安全事件中的公民权利应该予以更充分的保障,让公众更多地了解信息、提升素养、掌握技能、参与决策。这不仅有利于调动全社会的力量共同应对灾害,还可以视作政府对公民权利克减的一种预支补偿。

## (二)建立"以风险为中心"的公共安全管理

1.构建"以风险为中心"的公共安全管理的必要性

公共安全管理的目的是保障人的安全。从威胁人的安全源头来看,一是风险源;二是重特大的突发事件。风险源是隐藏、潜在的危险,而重特大的突发事件是已经发生的危险。因此,重特大的突发事件是现在的危险,风险源是未来的威胁。"以风险为中心"的公共安全管理是通过管控现存的危险源,从而实现管理未来重特大突发事件的前瞻性举措。"以事件为中心"开展公共安全管理耗费巨额社会成本,至多只是"亡羊补牢";而"以风险为

中心"的公共安全管理则可以减少相当多的社会成本,能在真正意义上取得主动。因此,从操作层面来说,"以风险为中心"的公共安全管理具有查找风险、评估风险、消除风险、控制风险等防患于未然的功能,可以有效地将公共安全危机和社会风险消灭在萌芽状态或者尽量使公共安全危机损失减少到最小。

2. "以风险为中心"的公共安全管理应配套相关制度

"以风险为中心"的公共安全管理是一个复杂的管理过程,有相当多的环节,需要配套相关管理制度。

(1) 风险评估制度。对隐藏的风险源及其发生的概率进行等级评定。第一,做好危险源的全面普查工作,勘查、评估和监控重大危险源和重大事故的隐患,定期更新灾害安全记录、标识危险等级,及时告知相关部门并向社会公布。第二,做好薄弱评估与监控工作,针对危险源设计出监控的办法。第三,增加项目审批过程中的安全评估环节,强化政府对高度危险行业的管制能力,使安全评估成为项目审批、合格验收的硬性约束。

(2) 回溯追踪机制。这是风险管理系统中最具有约束力和实效性的机制,该机制将所有参与者聚集起来,明确相关责任人的具体责任,促使利益相关方主动承担自己的责任。建立风险回溯追踪机制需要两个前提条件:一是风险检测技术发展,这是全球化的科技成果应用;二是保险体系成熟。目前,上海市涉及公共安全的保险体系还有很大提升空间。

(3) 风险沟通制度。也就是在个人、团体和研究机构之间进行信息和意见交流的交互过程。公共风险沟通的目的是风险管理和民主化决策。在大数据时代,完整的数据链,能成为预测与管理事态发展走势的重要工具。逐步形成"信息公开发布—大数据运用—风险沟通"的新流程,真正做到将平时与战时信息连通起来,共享其成。

3. "以风险为中心"实施公共安全管理的具体举措

第一,明确政府各职能部门的应急管理责任。解决政府部门之间的职能交叉问题并落实主管单位和主要责任单位,落实政府风险管理与评估工作的问责制。第二,培养社会力量参与公共安全管理事务。搭建政府内外部相互协作运行的平台,发挥企业、行业协会等社会组织对公共安全危机和社会风险群防群治优势。第三,健全"发现、定义、防范、抗击、转移、缓冲"等环节的风险管理的配套制度和操作规范,同时,建立普查风险源、风险评估和风险沟通等相关制度。第四,打破分割式、碎片化"各管一摊"的格局,实现政府职能整合,建立更为有效的全面整合的风险管控体系,提高全社会风险管理整体水平。

4. "以风险为中心"的公共安全管理的着力点

一是公共安全必须实行属地化管理。最能发现风险隐患、最能找到管理漏洞、最能知晓薄弱环节的就是基层和一线部门。因此,基层和一线部门管理公共安全的重点不在处置而在管控、消除风险,应将主要精力放在此处,并迅速将相关信息报送上级政府。二是管理公共安全的重点是引导公民参与。公民参与既是民主管理的需要,也是公民教育的必备。公众广泛参与公共安全风险预防,将会促进全民投入资源、人才和设备开展预防工作。在公共安全突发事件处置环节,公众参与则能够鼓励公众利用自己逃生技能和相关安全知识开展自救和互助。在公共安全突发事件事后,公众参与则有助于重建新秩序。

5. "以风险为中心"的公共安全管理呼唤制定"公共安全法"

长期以来,我国的立法有"法律工具论"倾向。例如,《传染病防治法》的某些规定不符合"以风险为中心"防控的要求。2006年出台的《突发事件应对法》也缺乏对可能风险的前瞻性管理举措。我国现有的法律法规难以为"以风险为中心"的公共安全管理提供充分的法律依据。随着《国家安全法》颁布实施,"公共安全法"的立法研究应当列入国家立法规划,通过国家立法,为构建"以风险为中心"的公共安全管理模式提供法律依据。

### (三)呼吁加强公共安全管理中的公众参与、社会协同法治保障

1. 加快社会力量参与公共安全管理的立法工作

我国的《突发事件应对法》中虽有"公民、法人和其他组织有义务参

与突发事件应对工作"的规定,但明显缺失公众参与、社会协同的内容,由于缺少上位法的依托,地方条例也难以实施。因此,呼吁国家层面上加快立法工作,为公共安全管理中的公众参与、社会协同提供法治保障。

2. 社会力量参与公共安全管理的地方立法探索

首先,应当赋予经济发达地区特别立法权。因为社会发展是不平衡的,当前立法权力的配置却过于呆板。以上海市为例,上海市因经济发展较快而率先显露某些问题,应该允许搞地方立法的"试验田",以适应社会管理的需要。其次,适时将地方实践中积累的成功经验上升为法规。如上海市在"群防群治""实有人口管理""社会组织监督""特殊人群管理"等方面有经验,上海市应通过地方人大立法或向全国人大提出立法提案。

3. 强化社会力量参与公共安全管理的法律保障

目前,社会力量参与公共安全管理存在公众参与力度不够和经验不足的问题。动员群众主动参与公共安全管理,必须为参与者提供法律保障。首先,构建参与主体的法律保障体系,明确参与公共安全管理的权利义务,包括保护和奖励见义勇为的法律。其次,保障参与主体平等地行使权利,防止权利不平等、利益不均衡。再次,把维稳和维权结合起来,通过细化的立法,保障公民权利,维护社会稳定。最后,加强公共安全法律方面的宣传和普及,引导社会力量积极参与公共安全管理。

4. 及时修正原有立法中的不完备因素

我国关于奖励和保护见义勇为的制度虽已初具形态,但是从总体上看,目前,对见义勇为的行为是奖励多于保护。无论从学理或是实践的角度,对见义勇为者应当把保护放到奖励前面,实现保护重于、优于、先于奖励的全方位保护。为了使见义勇为者能够"过平常人日子",就要把来自政府和社会各方面的温暖体现在保护上。如果仅有奖励,而保护不力的话,见义勇为者走下领奖台之后,就会出现"英雄流血又流泪"的窘境。

5. 风险化解中的技术应用也需要法律的引领

目前,上海市已经基本形成了"政府部门统筹协调、高校专家专业指导、社会组织具体实施、社区居民广泛参与"的"多元参与的社区风险评估实践模式"。但是，社区风险评估在探索的过程中也遇到了一些难题和困惑。如评估的结果存在误读和误用的可能性，参与式社区风险评估并不能替代专项风险评估，评估工作本身也存在评估风险，社区风险认识具有一定主观性等。社会风险化解中的具体技术应用，也亟须法律的支撑和引领。

### （四）加强食品安全全程法律管控

1. "互联网＋时代"的食品安全监管创新手段

随着互联网信息化时代的迅猛发展，大数据在各行各业得到广泛应用。在食品安全监管领域，加强对食品安全的全程管控，从田头到餐桌，贯穿整个农产品的种植环节、生产环节、流通环节以及销售的全过程，每个过程每个环节，如果监管不到位或者有一些管理漏洞，都会导致食品安全问题。由此，通过大数据的方式，把所有节点的有关信息记录在平台系统里面，农产品和食品通过获取二维码，就能形成大家熟知的溯源系统。包括整个生产环节、流通环节、销售环节都能一目了然。实际上，全程溯源信息库的建立主要不是技术问题，而是面临大量的沟通和协调问题，包括需要当地政府出面来做协调。因此，通过立法的形式建立长效机制非常必要。

2. 社会共治在食品安全监管中的作用

食品安全监管适用社会共治。在食品安全信息方面，消费者和经营者存在严重的信息不对称，消费者处于劣势，因此必须要政府来监管，政府必须承担起这个重任。但是，政府因为编制、经费有限，有限的资源面对无限的监管对象，决定了政府的监管也不可能到位，由此决定了社会共治。根据利益相关论，食品生产经营企业、政府监管部门、消费者、新闻媒体、行业协会是目前社会共治的五个主体。其中，与消费者利益有关的就是佣金举报制度，建议从行政处罚中提取一定比例用来奖励消费者的举报，以此减轻政府的监管成本。此外是新闻媒体的监管，新闻媒体的监管本身更具人性的特点。新《食品安全法》的修订也体现了预防原则和社会共治原则。

3. 贯彻、落实新《食品安全法》的难题

首先是2016年修订的地方性法规面临着管什么、谁来管和怎么管三大难题。其次，在实践中还有五个难度较高的配套制度的改革：一是行政管理体制改革。二是行政许可。准入以后，谁来全程监管，核心的问题不是许可制度，而是事中事后的监管到位。三是社会共治。媒体、消费者、行业协会包括第三方机构、政府、企业这五个主体如何形成合力，就是共治机制。四是应急管理。执法者在应对突发事情时有《食品安全法》，但在法理上并没有强制权力。在常态情况下要限制滥用权，但在突发事件的紧急情况下，应当赋予执法者特别的强制权。五是食品摊贩。食品摊贩是当前城市管理的四大顽症之一。最后，对食品安全监管的延伸问题：一是行刑衔接的处理。二是信用制度与黑名单制度的定位。三是大数据信息平台的建设。

### （五）以大数据的应用助推公共安全网的优化

当前，我国城市公共安全呈现自然和人为致灾因素相互联系，传统和非传统安全因素相互作用，新旧社会矛盾相互交织等特点。在法律法规尚未明文规定的问题出现时，不能因为法律的不健全而推诿。必须按照法治原则，提高领导干部的应急处突的本领，提升干部勇于负责、敢于担当、科学决策、快速处置的能力。

人是公共安全管理中最主要、最活跃的因素，以人为本理应成为公共安全管理的核心。从大数据的角度观察，无数个个体的活动构成了群体聚合的状态。大数据的归集与分析技术也已经使我们在物质空间之上，更加深刻地认识"人"的作用。大数据既是互联网技术的应用，更是方法论的创新。应当加强以风险治理为核心的应急管理基础能力建设，包括监测预警、现场指挥、应急救援、物资保障、紧急运输、通信保障、恢复重建等各方面的能力。

应当注意廓清政府数据与政府信息的关系、开放政府数据与公开政府信息的关系、利用政府数据与获知政府信息的关系，进一步推动政府数据的开放与深度开放利用。应抓紧研究如何在公共安全管理中有效采集、整合、分析、共享大数据，厘清公权与私权的合理界限，推进管理部门与民众之间的良性互动，真正形成政府主导、公众参与、多元协同治理的新格局。

## （六）防控恐怖活动，加强公共安全管理

### 1. 中国反恐模式的选择

防控暴恐活动最重要环节是预防，中国反恐模式应定位为综合治理模式。这样既吸收了治理模式的一些有益思想，又避免了与司法模式、战争模式的对立，还可以将战争模式和司法模式的优点包容进来，采用多元手段，包括军事的、法律的、政治的及财政的手段打击恐怖主义。

### 2. 反恐群众路线

反恐综合治理的一个重要方面，是如何引导公众参与，也就是如何实现全民反恐或在反恐斗争中走群众路线。反恐走群众路线的必要性体现在三个方面：一是群众是恐怖活动的对象和直接受害者；二是反恐斗争的复杂性和长期性需要走群众路线；三是反恐斗争的广泛性和专业队伍的有限性，需要走群众路线。实践证明，反恐斗争走群众路线是切实可行的。在反恐斗争中如何走群众路线，关键是以下几条：一是各级领导干部要有问题意识，高度重视反恐预防；二是善于识别恐怖组织的图谋；三是提高群众反恐意识和加强群众业务技能教育培训。

### 3. 反恐舆情引导

反恐斗争的舆情引导分为内宣和外宣。任何国家内宣和外宣都有明显差别，相对于欧美发达国家，我们的国际传播能力较弱。而内宣问题更突出。在涉恐报道中，不管是常态化报道还是危机事件报道，首先要识别利益攸关方，暴恐分子、受伤害群众、围观者、政府、主管部门还有媒体等；其次是目标群体细化。在常态化报道中，要选择合适的报道方式，危机报道要注意第一时间面对公众，确认并收集所需信息，做出迅速的危机回应。官方发言人要用一个声音说话。危机回应内容既要包括指示性信息，告诉公众应该怎样在危机中保护自己，避免伤害；也要包括调整性信息，帮助公众进行心理调适，并告知公众目前采取了怎样的措施来避免类似的事情发生，以便公众重建信心，恢复正常生活秩序。

## 三 "城市公共安全法治保障"系列专题研讨的成果转化

综上所述,可以看到,2015年度以上海市法学会为主组织开展的"城市公共安全法治保障"系列专题研讨活动,在主办各方的共同努力下,在各领域专家学者的广泛参与下,各场次专题研讨都非常深入,专家学者积极奉献智慧,取得了丰硕的成果,收到了良好的成效。同时,对于上述在研讨过程中所形成的真知灼见,上海市法学会积极推进成果转化的相关工作。其中,上海市法学会共编发4期《上海法学专报》,报送上海市主要领导及中国法学会、上海市委政法委等上级单位,供决策参考;在《上海法学研究》开设1期专题文章,并发表5篇学术综述,使研讨成果得到广泛传播。尤其是,2015年7月7日,汤啸天同志根据系列专题研讨的主要成果,通过上海市信访办向上海市委书记韩正提出建立"以风险为中心"的公共安全管理机制的建议,并得到韩正书记的肯定性批示。该项建议的主要内容是,公共安全管理应当摆脱"以事件为中心"的陈旧模式,探索"以风险为中心"的新模式,从根本上防止突发事件风险的形成、爆发。上海市政府有关部门现已根据上海市委、市政府领导同志的要求,认真调查研究,起草相关文件,吸收了以上海市法学会为主举办的系列专题研讨研究成果。2015年11月18日,沪府发〔2015〕63号文件《上海市人民政府关于进一步加强公共安全风险管理和隐患排查工作的意见》发布。

# B.10
# 地方人大在立法中的主导作用：
# 法治意义与上海实践

邓少岭*

**摘　要：** 发挥地方人大在立法中的主导作用，加强立法工作组织协调，是坚持和完善人民代表大会制度的客观要求，是新形势下加强和改进立法工作、提高立法质量的重要着力点。上海市第十四届人大及其常委会坚持党的领导，积极实践，努力发挥地方人大在立法工作中的主导作用，加强对立法工作的组织协调；加强制度建设，构建常委会对立法的主导机制，倡导创新，在新形势下保障立法质量有新的提高。

**关键词：** 地方人大　立法　主导　组织协调

## 一　人大在立法中主导作用的重要意义

### （一）什么是人大在立法中的主导，为什么明确提出人大主导

人大在立法中的主导，是我国国体和政体的要求，是宪法关于立法问题规定的主要精神维度。这本来就是我国立法思想和立法体制的题中应有之

---

\* 邓少岭，上海社会科学院法学研究所副研究员。本文系在上海市人大法制委员会、常委会法制工作委员会提供稿件基础上整理加工而成，法工委一处给予了大力帮助。本文部分内容曾提交给第二十一次全国地方立法研讨会，谨此声明。

义。在法治发展的新阶段，针对立法领域的一些现实问题，着眼立法发展的未来方向，现在对此加以强调有其重要意义。

人大主导立法，主要是相对于行政机关在立法中某些方面、某种程度上的过度影响而言的。一段时期里，我国面临着繁重的立法任务，有法可依的任务很重，无法可依的压力很大，此时，人大立法在数量和速度上都不能适应现实的需要。行政机关由于具有专业和信息的优势，反应灵活、快捷，这时，由其起草法律法规就是一个现实的选择。应该说，这在一定时期内是合理的。但是人们发现，立法部门化、部门利益合法化的现象出现了，这样，立法的公共性质和公正品格就受到了不应有的污染，人民的主体地位受到了损害。所以有必要正本清源，提出和强调人大在立法中的主导作用问题。

人大主导立法，就是要求其在各种社会力量和利益面前有意志也有能力保持定力，保持超越地位，坚持公正立场，努力使各种利益得到协调和均衡，努力保障人民的最大利益。为此，应该坚持党的领导，使全心全意为人民服务的立党宗旨和社会主义民主更加紧密地结合起来，在二者的紧密关系中设计立法程序，完善立法制度。党带领人民依法治国，其重要环节之一就是通过人大主导作用的发挥，立良法，建善制。为此，不仅要防止片面、偏私的利益影响和扭曲立法过程，还要在社会的众说不一中坚持冷思考，有时又要在一片沉寂中一鸣惊人；既要防止立法中的部门化和偏私，也要防止做了"群众的尾巴"，既要防止立法上的不作为，也要防止立法上的"法律万能论"。

立法是一个信息收集和处理过程。立法者永远会面临着立法所要求的信息完整、全面与所能得到的信息的分散、不全面之间的鸿沟。立法就是一个克服信息有限性的过程。人大为居于超越地位，发挥主导作用，就必须发挥自身优势，收集尽可能丰富全面的信息，注重信息内容的均衡性和来源的多样性，这样才不会被片面性和表面性所迷惑，才能保证立法的科学性。这就要求立法者不仅要"多谋"，而且要"善断"，这就要求作为立法主体的人大要善于组织协调，善于发现问题的关键，并在关键问题上做出权威性决策。

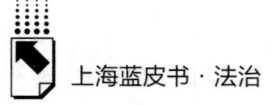

## （二）人大在立法中主导作用的重要意义

坚持和发挥人大在立法中的主导作用，是保证立法质量的根本措施。只有坚持人大主导，才能防止法律的偏私，防止部门利益甚至少数人利益左右立法，保证人民利益。只有坚持人大主导，才能通过人大代表的力量和智慧，反映人民意志，通过"依靠人民"立法，实现"为了人民"立法。保证所立法律法规的人民性，是立法质量的根本标准。同时，人大代表和常委会委员来自各行各业，具有各方面的经验，是立法中信息和知识的仓库，信息和知识的充分和均衡，是立法科学性的重要保证。

人大在立法中的主导地位和作用，是社会主义法治国家的力量所在。依法治国，首先是依宪治国；人大在立法中的主导作用，是宪法对立法的实质性要求，尊重和发挥人大在立法中的主导作用，就是实施宪法、保障宪法权威的最重要内容之一。法治不仅意味着法律法规得到普遍遵守，还意味着法律法规是良法，是善法。保障人大主导地位，保证立法的人民性，是法律法规品质的重要要求，有此人民性的善法，才有人民性的善治。人大主导作用的发挥，也是法律法规公平性的保证。只有保障人大的主导作用，才能防止立法方面的偏私和扭曲。同时，人大作为代议机关，作为间接民主的实施者，有利于遏制和过滤社会中的一些不理性声音，在保护多数人利益的同时，也能以理性的力量和权威为少数人的合理利益和权利构筑坚固的防火墙。

保持和发挥地方人大在立法中的主导作用，是坚持和完善人民代表大会制度的必然要求。对我国根本政治制度的自信，要求发挥人大在立法中的主导作用，要求加强立法组织协调工作，改进其体制机制。地方人大及其常委会是地方立法机关，依照宪法和法律享有地方立法权。地方人大作为国家权力机关的地位和作用，决定了地方人大在立法中的主导作用。地方人大应该牢固树立地方立法的主体意识、责任意识、创新意识，进行富有成效的立法工作，使立法真正体现和尊重人民的主体地位，反映最广大人民意志，与我国社会发展规律相符合，与立法工作规律相一致，能够立良善之法、管用之法，充分发挥立法的引领和推动作用。

在立法中保证和发挥地方人大的主导作用，对于加强和改进立法工作、提高立法质量，意义重大。党的十八大，十八届三中、四中全会和全国人大都对此提出明确要求。上海市人大努力发挥在地方立法中的主导作用，加强对立法工作的组织协调，不断探索建立相关工作机制，推动立法工作进入新阶段。

## 二 上海市人大正确认识人大在立法中的主导作用

对于人大在立法中的主导作用，上海市人大高度重视，不断加深理解，正确认识。

### （一）不断完善科学立法、民主立法的各项工作制度，是发挥地方人大在立法中的主导作用，加强立法工作组织协调的直接要求

在中国特色社会主义法律体系已经形成的情势下，对立法的要求，已经不是数量，更多是质量上的要求。因此，发挥地方人大在立法中的主导作用，加强立法工作组织协调，提高立法质量，要求地方人大在立法过程中健全和完善科学立法、民主立法的各项工作制度，把人大及其常委会的组织、引导、协调和推动作用体现在从立法规划与计划的编制、立项论证、法规案起草，到法规草案提出、审议、修改、表决、宣传、实施等涵盖立法工作的全过程和各环节中。要处理好立法与改革决策相适应、重点领域立法、提升立法效率与完善立法技术、克服部门利益法制化或地方保护主义倾向等实际问题。解决这些问题，需要在党的领导下，发挥地方人大在立法中的主导作用，加强立法工作组织协调，合理配置立法资源、完善立法程序、加强制度建设、规范立法活动。

### （二）正确把握人大在立法工作中的角色定位，是发挥地方人大在立法中的主导作用，加强立法工作组织协调的重要前提

地方人大及其常委会在立法中的主导作用，主要体现在立法工作中的组织与协调，而不是对立法中种种事务的包办代替。在地方立法这个大系统

中，各个层面是相辅相成、相得益彰的关系。地方人大及其常委会需要在党委领导下，有所为有所不为，积极进行统筹协调，调动各方面的积极性。第一，要处理好人大主导与党的领导的关系。党的有力领导是人大在立法中发挥主导作用的坚强保障，必须自觉接受党对立法工作的领导，必须牢固树立党的观念、政治观念、大局观念。应确保地方立法围绕中心、服务大局，及时使党委的决策通过法定程序转化为国家意志。立法规划、立法计划及立法中的重大事项向党委请示报告的制度必须坚持。第二，人大在立法中的主导作用与人大代表、常委会组成人员的主体地位的关系，也需要认真、郑重地加以处理。二者中，人大代表和常委会组成人员无疑处于主体地位，人大及其常委会则扮演着"组织者"的角色，应当在立法过程的相关环节为前者依法履职、发挥主体作用提供有力的保障。第三，要处理好人大主导与政府部门的关系。不能因为防止部门主义的干扰就把政府摒弃在立法过程之外，这显然是不科学的。事实上，政府部门依法有权提出法规案，并且承担了大多数法规案的起草工作。人大常委会既要起到组织把关的作用，同时又要把政府情况熟悉、专业精通、信息丰富的优势发挥出来，确保地方立法既公正客观，同时又符合实际，有特色，可操作。

## 三 上海市人大常委会积极发挥立法主导作用、加强立法工作组织协调的实践与探索

上海市第十四届人大及其常委会，在中共上海市委的领导下，认真学习贯彻十八大以来党中央和全国人大关于提高地方立法质量要求的精神，认真总结历届人大及其常委会立法工作的经验，积极实践和探索，加强立法工作组织协调，努力发挥人大在地方立法中的主导作用。

### （一）从立法的首要环节下手，立法决策紧紧围绕国家和全市工作大局进行

加强对立法决策的主导，是发挥人大在立法工作中主导作用的首要环

节。随着全面深化改革和依法治国工作的推进，改革已进入了攻坚克难的深水区，相应地，立法工作进入了加强重点领域立法的关键期。这一时期，立法中的部门利益倾向不再是以往明显的对行政审批、行政强制权力的争夺，而是演化为通过立法来圈占部门利益的地盘，将部门利益进行固化。对于有的关系本地区经济社会发展、人民生活改善的重要立法项目，相关部门往往不甚关注。这就要求，享有立法权的地方人大及其常委会必须加强立法工作组织协调，积极发挥立法主导作用，确保及时立出本地经济社会发展所需要的法规。

1. 立法规划编制和立法计划制订与实施是立法的源头工作，必须加强人大在这一环节的主导

本届市人大常委会在履职之初，按照市委提出的把上海建设成为法治完善的社会主义现代化国际大都市的目标，在对本市现行有效地方性法规梳理分析的基础上，根据各方面申报的立法建议项目，通过组织第三方评估、专家论证等方式，在深化重点领域改革创新、改善民生、文化发展、生态环境、城市建设等方面提出了近50件立法规划项目。

与此同时，对于年度立法计划的制订，市人大常委会也加强在其中的主导作用。首先，加强顶层设计，确定立项标准和遴选原则。进一步完善立项论证、联合论证制度，通过发放立项通知书明示起草法规草案时应当解决的立法难点。其次，加强中端监管。探索通过法规案起草过程中的立法前评估环节，保障立法的科学性，及时消除法规草案中存在的问题。再次，加强末端监管。为保障法规的有效实施，强化对法规配套规范性文件制定工作的督促检查，适时开展立法后评估。

2015年，市人大常委会还探索滚动推进立法的工作。由分管工作的常委会领导牵头进行有关立法项目的调研工作，通过"调研或预备转正式"的论证机制，适时提请常委会审议，成熟一项立一项。市人大常委会还正在开展本市"十三五"及更长时期重点领域立法需求的调研工作，期望通过形成调研成果，进一步把握地方立法的主导性，依法规范立法过程，提升整体立法水平，并为下一届五年立法规划编制提供参考。

**2. 加强重点领域立法优先位置,保障重大改革措施的推进**

市人大常委会在对立法主导的把握上,将推动国家战略在本市的落实和本市改革创新转型发展的战略放在优先的位置。比如,在先期通过《在中国(上海)自由贸易试验区暂时调整实施本市有关地方性法规的决定》的基础上,着手制定了《中国(上海)自由贸易试验区条例》,保证立法决策与改革决策协调同步,注重制度创新,确立了以负面清单管理为核心的投资管理制度、"先入区、后报关"等贸易管理制度、监管信息共享等事中事后监管制度,为培育国际化、市场化、法治化的营商环境提供了法制保障。

**3. 加强对城市生态环境治理、保护群众合法权益、城市管理顽症治理的立法**

围绕大气污染防治工作,市人大常委会及时修订《大气污染防治条例》,着力将上海打造成为违法成本最高、法律责任最严的城市,积极推动长三角苏、浙、皖、沪治理雾霾区域立法协作,法规条款数量从原来实施办法的53条增加为108条,增幅达到104%,其中法律责任新增35条,占新增条文数的63.6%。积极应对人口老龄化的趋势,制定《养老机构条例》,明确政府制定养老设施布局专项规划、配套建设养老机构等职责。修改《老年人权益保障条例》,明确各方职责,提升老年人社会优待水平。围绕城市安全运行,修改了《建筑市场管理条例》,保障建筑工程质量与安全;修改《防汛条例》,提高城市抵御内涝能力,保障市民生命财产安全。及时制定《查处车辆非法客运若干规定》,赋予政府职能部门对再次被查获的"黑车"、克隆出租车依法予以没收的处罚权力,维护城市客运秩序。

**4. 推动政府职能转变,及时进行法规"一揽子"清理工作**

行政审批制度改革是促进政府职能转变的重要措施。市人大常委会在2014年开展深化行政审批制度改革专项监督,发现一些需要进行修改的法规,并将之全部列入了2015年的修改计划,同时于6月、7月分两批完成了对《建设工程材料管理条例》等20件地方性法规的"一揽子"修改工作,为政府行政审批制度改革、转变职能提供了法治依据。

## （二）改进法规起草机制

法规起草是立法的基础阶段工作。因此，把握法规起草环节的主导，找准立法切入点、做好制度设计，有利于提高法规的质量。按照党的十八届四中全会《中共中央关于全面推进依法治国若干重大问题的决定》（以下简称《决定》）和新修改的《立法法》的要求，市人大根据立法计划预排，积极与起草单位联系沟通，保证起草进度。同时，市人大相关专门委员会和常委会法工委提前介入法规起草，及时了解和掌握法规起草过程中的制度设计或重大法律问题，提出相关处理意见；对于重要的法规项目或是重大的制度设计，建议并要求起草单位召开由起草单位、市政府法制工作机构、市人大有关专门委员会和常委会法制工作机构参加的"四方会议"，进行专题研究和论证。同时，市人大根据法规性质和内容的不同，探索多元化起草机制，对于综合性、全局性、基础性较强，或者关系到人民群众切身利益的法规案，市人大有关专门委员会或常委会工作机构就承担起牵头起草的任务，比如关于预防职务犯罪的地方立法、修改本市制定地方性法规条例等；还有，对于专业性较强的法规案，委托有关专家起草，比如关于航运中心建设的立法，委托上海海事大学和华东政法大学两家高校的专家进行起草。此外，结合健全区县人大常委会参与立法工作的机制建设，在听取意见的基础上，人大常委会打算邀请有关的区县人大常委会对与当地经济社会发展关系密切、组成人员和人民群众关注度高的法规项目，提出部分内容或相关条款的修改意见。这样，市人大通过对法规起草的主导，督促和推动起草单位做到任务、进度、组织、协调"四落实"，保证法规案按时提交常委会审议。

## （三）加强对审议环节的主导

在整个立法过程中，审议关乎立法质量，是关键环节。市人大常委会积极作为、勇于担当，努力在审议阶段发挥主导作用。以社会广为关注的《中国（上海）自由贸易试验区条例》审议过程为例，常委会广泛听取各方意见，仅在初审阶段，就对草案做出57条修改，修改条数占总条数60条的

95%。市人大常委会还把握立法导向,坚持"负面清单"和"法无禁止皆可为"的立法思维,坚持"立意高一点、条文少一点"的立法思路。实践证明,这有利于增强立法的适应性、稳定性、前瞻性,充分释放创新的制度空间。在审议环节,常委会还及时改进相关制度。比如,常委会改进了法规草案解读,改"会前解读"为"会中解读",进一步提高了法规草案解读的制度化程序,有效保障了组成人员的知情权,对提高法规草案审议质量有积极作用。最近探索尝试的《城市管理行政执法条例修正案》和《绿化条例修正案》两个法规草案的"会中解读",得到组成人员的较好肯定。又如,其完善了法规草案审次的安排,改变了原来法规草案一审、二审和表决时间安排基本固定、相关立法工作进度疲于"赶场子"的状况。法规草案是否提请常委会一审,根据法规草案起草及有关问题协调的成熟情况,由专门委员会向主任会议提出;法规草案是否进入二审,由法制委、法工委与有关专门委员会商量后向主任会议提出,从而保证了法规草案审次安排及审议进度服从立法质量的要求。

### (四)采取措施,积极发挥人大代表主体作用

代表参与地方立法,发挥在立法领域的主体性,是民主立法和科学立法的要求。市人大及其常委会采取各种措施,保证人大代表参与地方立法。一是在立法规划编制和立法计划制订的源头环节,把代表提出的立法议案作为立法选项的重要来源,并邀请代表参加立项论证会。比如,在制订2015年立法计划的工作过程中,常委会法工委共组织召开了7次立项联合论证会,分别对内务司法领域、财经领域、教科文卫领域、城建环保领域、侨民宗/外事领域、农业与农村领域以及人事代表领域等申报的正式项目进行了立项联合论证,有19人次市人大代表参加了论证会。二是畅通代表参与立法的渠道,在从法规起草到审议的各个环节,广泛听取代表意见。市人大常委会将每一件法规草案通过代表电子邮箱征求代表的意见和建议;在每年年初,向全体市人大代表征询参与立法项目的意向,根据选择意见,有针对性地安排代表参与相关立法活动;根据代表的专业领域,成立代表立法专业小组,

有一些代表全程参与了有关法规的制定。2015年,在《实施〈代表法〉办法》和《关于代表议案的规定》、《关于代表建议、批评和意见的规定》的修改工作中,在从法规草案起草经常委会审议到大会通过的过程中,法规修改草案经过了四轮征求全体市人大代表的意见,12位代表全程参加了这些法规的修改工作。三是依靠代表,使立法进一步贴近基层、贴近实际、贴近群众。市人大常委会在修改老年人权益保障条例的工作过程中,组织代表首次"带主题"进社区,通过问卷调查、登门专访、集中座谈等多种形式,听取群众对老年人权益保障的呼声。代表们带着法规草案拜访了370位80岁以上的老年人,与3800多位60岁以上老年人座谈交流,回收调查问卷5700多份,对法规的修改起到了重要的参与作用。

## 四 上海市人大常委会在"发挥立法主导作用、加强立法工作组织协调"方面的制度建设

党的十八大以来,市人大常委会以落实本市民主法治领域的改革任务为重点,健全常委会立法主导机制、加强立法工作组织协调,着手加强制度建设,倡导创新,推动人大工作与时俱进。主要制度建设工作有以下方面。

### (一)制定《关于加强立法工作组织协调的规定》

党的十八大提出,要善于使党的主张通过法定程序成为国家意志,支持人大及其常委会充分发挥国家权力机关作用,加强立法工作组织协调。2013年5月,新一届市人大常委会履职不久,即启动了"坚持科学立法,加强立法工作组织协调若干问题研究"的专题调研课题,历时一年半,形成《关于加强立法工作组织协调的规定》,于2014年10月31日印发执行,并在2015年又做出完善。与此同时,常委会还制定了《关于进一步加强民主立法工作的规定》,对在立法过程中进一步做好公开征集意见、立法座谈会、论证会和听证会等工作提出了更高的要求。

## （二）修改《实施〈代表法〉办法》和《关于代表议案的规定》、《关于代表建议、批评和意见的规定》（以下简称"一办法两规定"）

人大代表是人大工作的主体。市人大常委会高度重视代表工作，把发挥代表主体作用、尊重代表主体地位，支持、规范和保障代表履职作为地方人大工作的重要方面。在历届市人大常委会代表工作积累的好经验、好做法的基础上，根据党的十八大，十八届三中、四中全会精神和全国人大新修改的代表法的精神，常委会将修改"一办法两规定"作为发挥本市各级人大代表作用、发挥人大在服务全市工作大局中政治优势的一项重要工作。新修改的"一办法两规定"，明确规范了大会闭会期间代表小组活动、代表视察和评议等活动；加强了代表与群众的联系，使代表进社区联系群众成为法定要求；在代表执行职务的保障方面，完善了常委会联系代表、专门委员会和工作委员会联系代表、代表联系原选区选民或者原选举单位和人民群众的"三联系"制度；明确街道、乡镇统一设立代表联络机构；改进代表议案和意见的办理；对专门委员会和常委会工作机构邀请代表参与立法活动的有关事项做了明确规定等。

## （三）着手修改《上海市制定地方性法规条例》及相关规定

为了深入贯彻落实党的十八届四中全会《决定》和上海市委《贯彻落实党的十八届四中全会〈决定〉建设法治上海重要举措实施方案》等有关立法改革事项的要求，保障新修改的《立法法》在本市的贯彻实施，2015年，常委会将《上海市制定地方性法规条例》的修改列为正式立法项目。条例修改已经完成，《上海市人民代表大会常务委员会关于修改〈上海市制定地方性法规条例〉的决定》已由上海市第十四届人民代表大会常务委员会第二十四次会议于2015年11月19日通过，修正案自2016年3月1日起施行。

《上海市制定地方性法规条例》，是本市地方立法的一部"基本法"。常委会认真贯彻党中央和市委的指示精神，对照四中全会《决定》和新修改的《立法法》，把握发挥人大在立法中主导作用、加强立法工作组织协调的要求，结合本市实际，在对条例的修改中落实相关制度。新修改的《上海市制定地方性法规条例》总结近年来本市的立法实践，对相关内容做了补充和完善。第一，要求市人民代表大会及其常务委员会加强对立法工作的组织协调，发挥在立法工作中的主导作用（《条例》第五条）。第二，市人大常委会通过立法规划、年度立法计划等形式，加强对立法工作的统筹安排。立法规划和年度立法计划由主任会议通过并向社会公布。明确规定常委会法制工作机构负责编制立法规划和拟订年度立法计划，并按照市人民代表大会常务委员会的要求，督促立法规划和年度立法计划的落实（《条例》第五十条）。第三，加强和改进地方性法规起草机制，规定地方性法规案由有关方面起草的，应当邀请市人民代表大会有关的专门委员会、常务委员会工作机构提前参与法规草案起草工作；涉及综合性、全局性、基础性的以及其他重要地方性法规草案，可以由有关的专门委员会或者常务委员会工作机构组织起草（修正案草案第五十一条）。需要说明的是，这一规定旨在进一步强调人大相关部门和机构应当加强对重要法规草案组织起草的工作力度，实践中有关专门委员会、常委会工作机构起草法规的范围不受此限。

## 五　坚持党对人大工作的领导，努力开创新时期人大工作的新局面

坚持党的领导，是坚持和完善人民代表大会制度的内在要求，是做好人大工作的根本保证。人大在立法中的主导作用是在党领导和支持下的主导作用。在历届人大常委会工作的基础上，本届人大常委会坚持市委对上海人大工作的领导，坚持人大常委会党组向市委请示报告的相关制度，包括立法规划、立法计划以及立法过程中重大事项向市委报告的制度等。2015 年 7 月，中共上海市委召开了上海人大工作会议，会后印发《中共上海市委关于推动人大工作与时俱进充分发挥人大作用的若干意见》，对新形势下坚持和完

善人民代表大会制度、改进和加强党委对人大工作的领导、加强和改进立法工作、切实加强监督工作、充分发挥人大代表的主体作用、着力推进人大及其常委会自身建设等方面提出了新要求，做出了新安排。

目前，上海市人大正按照市委意见的要求，抓紧完成各项工作，认真贯彻落实市委意见中的各项措施。从加强上海市地方立法工作来说，市人大常委会进一步完善向市委请示报告的制度，对于向市委请示报告的立法事项，在原来立法规划、立法计划等事项的基础上，研究增加有关立法事项的调整、立法过程中重大制度设计的协调情况等。

## 六 人大立法主导作用中的主体问题

人大在立法中的主导作用，关系到人民当家做主权利的实现，关系到国家治理能力的现代化，也从根本上关系法治的品质和水平，所以是一个不能丝毫加以轻视的问题。同时，人大在立法中主导作用的发挥，又必然是一个逐步提高的不间断过程。现在，不管是国家层面还是地方层面，在发挥人大及其常委会在立法中的主导作用这一问题上，理论上比以前更加充分了，实践上各方面也都做出了很大努力，方法手段也不断丰富，但是，我们还不能懈怠，而是要继续深化相关理论，丰富相应的方法和手段，不断增强协调和主导的本领。

人大主导立法，立法要发挥人大及其常委会的主导作用，虽然体制机制和程序问题相当重要，但立法主体和主体性问题可能更是根本。首先，人民是立法的终极意义的主体。其次，人民是通过人民代表大会来行使其立法权的，人大及其常委会在立法方面的权威性高于行政机关。立法主导作用，说到底就是要保证人民的共同意志得到保证和体现，就是要保障人大及其常委会的主体性得到充分发挥。现实中，人大及其常委会不能直接等同于其所有代表和委员的简单相加，但是，人大及其常委会功能的发挥和地位的实现确实是与代表和委员的结构和素质密切相关的。在这个层面上，发挥人大主导作用，其实就是发挥代表和委员的主体性，保障他们的主体地位。委员代表主体性的发挥，与其良好的法律素养密不可分。应该说，他们的进步是非常明显的，素质是比较高的，但是与依法治国的要求相比，与人民代表大会制度的地位相比，不能不说还有很大的提高余地。关于主体性的另一个方面，是立法人才队伍建设问题。立法是一项理论性、政治性、专业性都很强的工作，对相关工作者素质的要求是很高的。我们已经有了一支立法工作者队伍，这支队伍贡献很大，但同时，这支队伍在数量上、在结构上、在培养机制上也是需要与时俱进的。这些对于人大在立法中主导作用的发挥具有重要性，必须加以重视。

# B.11
# 上海市人大常委会修改《上海市制定地方性法规条例》的过程与内容

姚 魏*

**摘 要:** 2015年11月19日,上海市人大常委会经审议对《上海市制定地方性法规条例》做出了第三次修改,其目的是为了适应立法工作新形势、新任务的需要,贯彻落实中央和新修改的《立法法》对地方立法工作的新要求和新部署,对近年来上海市在民主立法与科学立法方面的实践经验做出全面总结。这次修改虽不全面,但修改的地方还是有30处,涉及立法和改革决策相衔接、发挥人大的立法主导作用、发挥人大代表在相关工作中的作用、推进科学立法、推进民主立法、健全审议和表决的制度等六个方面。其中有关人大对立法工作的组织协调、立法规(计)划、立法评估、单独表决、"打包"修改等内容对上海市今后的科学立法与民主立法工作具有重要意义。

**关键词:** 上海市人大常委会 地方性法规 科学立法 民主立法

2001年,上海市第十一届人大第四次会议根据2000年全国人大制定的

---

\* 姚魏,上海社会科学院法学研究所助理研究员。本文的文献资料由上海市人大常委会法制工作委员会立法二处提供,写作重点参考了《〈上海市制定地方性法规条例修正案(草案)〉说明解读稿》,特作说明并致谢。

《立法法》的要求，专门制定了《上海市制定地方性法规条例》（以下简称《条例》），以取代1992年颁布施行的《上海市人民代表大会常务委员会制定地方性法规程序的规定》。《条例》于2004年和2005年，分别被市人大常委会两次修正，它们皆属于局部的个别条款的修改，并非全面修订。该条例至今已实施十余年，对规范上海市的地方立法活动，提高地方立法质量，发挥了重要的作用。为适应立法工作的新形势与新任务，同时贯彻落实中央和新修改的《立法法》对地方立法工作的新要求和新部署，对近年来上海市在科学立法与民主立法方面的实践经验做出全面总结，上海市第十四届人民代表大会常务委员会第二十四次会议于2015年11月19日做出了第三次修改《条例》的决定，对《条例》做出进一步的完善。

## 一　条例修改的经过

2014年，全国人大根据党中央的部署开始着手修改《立法法》，全国人大常委会于2014年的8月和12月，对《立法法》修正案草案先后做出两次审议，并于次年3月提交全国人大再次审议通过。在修法期间，全国人大法律委员会、全国人大常委会法律工作委员会征求了全国各地方与有关方面的意见，包括上海有关部门的意见，并全文公布修正案草案，对社会公众的意见做出回应。2015年3月15日，十二届全国人大三次会议以高票通过了《关于修改〈中华人民共和国立法法〉的决定》，这是《立法法》颁行15年来的首次修改。上海市人大常委会全程跟踪了国家修改《立法法》的过程，对相关制度的修改背景与含义有了充分的理解和研究，以便在《立法法》修改以后立即安排对《上海市制定地方性法规条例》这一实施性地方性法规做出适应性修订。也就是说，上海的地方立法工作力图和中央立法进度保持同步，以保证国家法律制度能够尽快在地方获得落实。从《立法法》修改完成到《条例》实现参照修改，仅经过短短的八个月时间，这比兄弟省市的立法进度要快得多，反映了上海在法规基础研究和立法准备工作方面具有预见性和超前性。

2015年初，在市人大常委会的统一部署下，常委会法工委很早就开展开了对《条例》修改的研究工作。市人大常委会领导对修改工作高度重视，多次听取法工委相关工作推进情况的汇报。在认真学习全国人大新修改的《立法法》和党的十八届三中、四中全会决定以及市委相关文件精神，深入开展立法调研的基础上，法工委研究提出了条例修正案草案征求意见稿，并广泛征求了全市人大代表、市人大各专门委员会、常委会各工作委员会和办公厅、研究室，以及各区县人大常委会、市政府法制办、市总工会、团市委、市妇联、市律协、市法学会等各方面的意见。8月25日，常委会党组听取了法工委关于立法改革事项推进情况的汇报，对"一条例两规定"（即《上海市制定地方性法规条例》、《关于进一步加强民主立法的规定》和《关于进一步加强立法工作组织协调的规定》，后两者拟由上海市人大常委会主任会议通过）修改情况进行了研究。会后，根据市人大党组会议精神，法工委对条例修正案草案作了进一步修改，并再次征求了市人大各专门委员会、常委会各工作委员会和办公厅、研究室以及市政府法制办等方面的意见。在此基础上，形成了准备提交常委会审议的条例修正案草案。

2015年9月21日，上海市第十四届人大常委会举行了第二十三次会议，会上首次审议了由主任会议提请审议的《上海市制定地方性法规条例修正案（草案）》，修改《条例》的关键立法程序得以启动。在此次会议上，上海市人大常委会法制工作委员会主任丁伟受主任会议委托，向常委会组成人员做出了关于条例修正案草案的说明，解释了修改《条例》的必要性和指导思想，并阐释了拟修改的主要内容。其后，常委会对条例修正案草案进行了审议。常委会组成人员认为，对《条例》进行修改是必要的，修正案草案的内容是基本可行的，同时，他们对修正案草案提出了一些修改意见和建议，会后该草案将向社会公开征求意见。法工委会还将修正案草案印发部分市人大代表、各区县人大常委会及有关方面来征求意见，并召开座谈会听取上海人大工作研究会部分老同志的意见和建议。11月3日，人大法制委员会根据常委会制定法规的程序要求召开会议，根据市大常委会组成人员的审议意见以及其他各方面提出的意见,对条例修正案草案进行了统一审议。11 月 16 日,市人大常委会第二十四次会议听取了法制委员会关于修正案草案审议结果的报告,该报告回应了委员们的初次审议意见并提出对修正案草案的修改建议,之后常委会对法制委员会提出的《关于修改〈上海市制定地方性法规条例〉的决定(草案)》(即草案修改稿)进行了再次审议。11 月 19 日,法制委员会按照委员们的审议意见提出了条例修改决定草案表决稿,由常委会全体会议投票通过,自此《条例》修改程序全部完成,该决定自 2016 年 3 月 1 日起施行。

值得注意的是,此次修改《上海市制定地方性法规条例》就是按照该条例所规定的程序进行的,只不过它所依据的是尚未经过修改的原条例,但也充分体现了立法的科学性与民主性,保证了地方权力机关制定地方性法规的活动与《立法法》的规定相一致。与《立法法》修改方式不同的是,《条例》的制定主体与修改主体并非同一个,它的制定主体是上海市人大,而修改主体却是市人大常委会。这种做法是否违背《立法法》和《条例》的规定呢?或者说,上海市对《条例》的修改显得不够慎重或缺乏民主性呢?产生此疑问在于《条例》规定:"规定本市特别重大事项的地方性法规,应当由人民代表大会通过。"这里的"通过"理论上包含有关条例修正案的通过。尽管"特别重大事项"是什么并不明确,但《条例》当初就是由市十一届人大制定的,而到目前为止由人大制定的地方性法规数量极少,由此可间接证明有关地方立法程序的事项确属"特别重大事项",而且《条例》不仅规范常委会的立法行为,还规范人民代表大会的立法程序,由人大常委会通过的立法文件来约束人大的立法活动似乎有所不妥。然而,《条例》也规定,市人大常委会在人大闭会期间,可以对后者制定的地方性法规做出部分补充和修改,但不得与这部法规的基本原则相抵触。这项规定和《立法法》所明确的全国人大常委会对全国人大制定的法律进行补充修改的原则是一致的,因此只要不是对《条例》进行全面修订和原则性修改,市人大常委会有权对部分条款做出补充与完善。虽然适当增加由人大直接制定和修改地方性法规的数量是立法民主性的体现,也是今后上海市人大立法工作重点改革的方向，但是毕竟人大的会期较短且议事内容较多，无法承担过重的立法任务，由市人大常委会修改《条例》是合法且务实的。

## 二 条例修改的指导思想

本次修改《条例》的指导思想非常明确，即在贯彻落实党的十八大及历次全会精神和上海市委的相关部署的基础上，认真贯彻实施新修改的《立法法》，以提高立法质量为重心，致力于发挥地方立法对上海各项改革工作的引领和推动作用，并着力提升市人大及其常委会在立法工作中的主导作用。在修改《条例》的工作中，有关部门重点把握了以下几个工作原则。

第一，认真对照梳理新修改的《立法法》的各项条文，结合近年来本市地方立法中出现的新情况、新问题，对制定地方性法规的原则、程序、总体要求等进行符合本市地方立法情况的探索和实践，通过修改《条例》，细化、落实上位法的相关规定。《立法法》第77条规定："地方性法规案的提出、审议和表决程序，根据中华人民共和国地方各级人民代表大会和地方各级人民政府组织法，参照本法第二章第二节、第三节、第五节的规定，由本级人民代表大会规定。"可见，制定《条例》的上位法依据主要是《地方组织法》和《立法法》。不过，《条例》制定后，《地方组织法》虽经多次修改，但基本未涉及地方立法权的问题，最近的一次修改，也只是配合《立法法》的修正对设区的市的立法权做了规定，并不影响原先就有地方立法权的直辖市的立法工作，因而上海市对《条例》的修改主要就是参照《立法法》的修改内容做实施性的修正。也就是说，凡是《立法法》中关于法律案提出、审议和表决的条款做出修改，上海市就有必要考察自身的地方立法工作在这些方面是否需要对照修改。

第二，严格贯彻落实党中央和市委的决策部署，根据党的十八大和历次全会决定的精神，以及市委《关于推动人大工作与时俱进充分发挥人大作用的若干意见》、《关于贯彻落实党的十八届四中全会〈决定〉建设法治上海重要举措实施方案》的部署，凡属于对立法工作提出的新要求，应当作为《条例》规范内容的，应该积极通过修改《条例》予以落实。也就是说，本次《条例》的修改要反映出党对立法工作的指导意见，以及符合地方立法制度改革的方向，可改可不改的不改，但体现改革精神的内容就必须改，这也符合"凡属重大改革都要于法有据"的精神。对《立法法》和《条例》做出修改，说明立法制度本身就是改革的内容，改革的成果需要以立法的形式加以固化，对不适应改革要求的法律法规，应及时做出修改或废止，以此实现法律制定与改革决策相衔接，促进立法与改革、社会经济发展的需要相适应。

第三，紧密结合本市立法工作的实际情况，完整地总结近期本市人大及其常委会在推进科学立法与民主立法方面的实践经验，将一些成熟先进的做法通过修改《条例》的形式固定下来。对《条例》中某些条款的修改表面上看是地方立法对《立法法》修改的回应，但从另一个角度看，其实是对本市以往立法工作经验的总结。这是因为国家层面的《立法法》对法律制定程序所做的规定，其中有不少创新性的制度发轫于地方实践，比如立法后评估制度，就率先在上海等地方人大的立法工作中加以实施，尽管它未在地方性法规中做出规定，即进行先行性立法，但实践证明它对保障立法的科学性与民主性是行之有效的，因此该做法被吸纳进新《立法法》，如今《条例》对其加以参照，其本质就是对本市以往的立法经验予以固定化。当然，本市在立法工作方面的某些制度创新虽未写进《立法法》，但对地方立法是有实际促进作用的，只要不与《立法法》相抵触，仍然可以甚至应当写进《条例》，也可为下一轮的《立法法》修改提供地方经验。

第四，突出重点，积极稳妥，分步推进。此次《条例》修改的重点是提高立法质量和完善相关制度。对认识比较一致、条件成熟的建议，予以补充完善；对属于法规实施和改进工作机制层面的问题，可以通过完善和加强相关工作的机制加以解决。例如，《条例》修改后规定："地方性法规规定的内容，应当明确、具体，具有针对性和可执行性，对上位法已经明确规定的内容一般不作重复性规定。"其实这在以往的立法实践中已达成共识，也就是立法"需要几条就立几条"，不再追求地方立法的"大而全"和"景观立法",将此写进《条例》是合适的。然而,在条例修正案起草过程中,有意见提出,《立法法》第76条关于"规定本行政区域特别重大事项的地方性法规,应当由人民代表大会通过"的规定应当在《条例》中细化落实。鉴于何为特别重大事项,实践中还没有达成统一认识,因而此次修正便没有涉及。

第五,在修改《条例》同时,同步启动修改完善主任会议于2014年通过的《关于进一步加强民主立法的规定》和《关于进一步加强立法工作组织协调的规定》(以下简称"两规定")的研究工作。也就是说,《条例》并非能够规范制定地方性法规的所有内容,它需要其他配套的规范性文件加以补充,即将某些具体的工作机制和地方性法规不便于规定的内容纳入其中,同时将一些尚属试验性质的举措与《条例》进行分离,以确保《条例》的稳定性。目前,"两规定"修改稿在广泛征求意见和常委会党组研究讨论的基础上,已经形成了修改建议稿,近期准备由常委会主任会议讨论通过,"两规定"在市人大常委会审议《条例》时已作为参阅资料印发常委会组成人员,也已听取广泛的意见。此外,考虑到本次修改《条例》将保持既有的基本制度和框架结构,修改的主要目的是对接和适应新修改的《立法法》,因而对《条例》的主要制度规范不做大的变动。为此,上海市人大常委会参照全国人大修改《立法法》的做法,对《条例》的修改采用修正案的方式。

## 三 条例修改的主要内容

本次《条例》修改的条款非常多,修改的地方有30处,而修改前原《条例》一共才58条,条文修改比例达到一半以上。尽管如此,本次修改依然属于局部修改,而不是全面修订,它并未对该法规的基本原则做出根本性变更,所以它的修改主体可为市人大常委会,条例的生效日期也没有变化。然而,此次修改的规模远远大于前两次,制度所具有的创新性是明显的,且主要体现在以下六个方面。

## （一）关于立法和改革决策相衔接

党的十八届四中全会《中共中央关于全面推进依法治国若干重大问题的决定》（以下简称《决定》）提出："实现立法和改革决策相衔接，做到重大改革于法有据、立法主动适应改革和经济社会发展需要。实践条件还不成熟、需要先行先试的，要按照法定程序做出授权。"新修改的《立法法》从立法功能、暂时调整或者暂时停止法律部分适用等方面做了相应规定。《条例》对相关内容作了相应的补充。一是在《条例》总则部分的首条中增加"发挥立法的引领和推动作用"的表述。立法活动作为法治国家建设的首要和重要环节，不仅是分配与调节社会利益的重要手段，还是深化改革与推动发展的有效途径。当前，上海正处于全面深化改革的重要时期，地方立法一方面要总结和提炼实践经验，将有利于社会经济发展的成熟做法固化下来，另一方面也应重视立法的引领和推动作用，增强法律的预测与指导功能，通过立法凝聚社会共识、推动制度创新、引领改革发展。二是遵照全国人大常委会授权国务院调整实施有关法律以适应改革发展需要的经验，并总结近年来本市的相关立法实践，增加规定市人大及其常委会可以根据改革发展的需要，决定就行政管理等领域的特定事项在部分区域暂时调整或者暂时停止适用地方性法规的部分规定。例如，为了配合、推动中国（上海）自由贸易试验区建设这一国家战略，2013 年，市十四届人大常委会第八次会议审议通过了《上海市人民代表大会常务委员会关于在中国（上海）自由贸易试验区暂时调整实施本市有关地方性法规规定的决定》，暂时调整实施《上海市外商投资企业审批条例》等地方性法规。

## （二）关于发挥人大在立法工作中的主导作用

党的十八届四中全会《决定》提出，健全有立法权的人大主导立法工作的体制和机制。新修改的《立法法》从立法规划、年度立法计划以及法规草案起草、审议机制上，对发挥人大在立法工作中的主导作用做了相应规定。《条例》总结了近年来本市的立法实践，对相关内容作了补充和完善。

一是要求市人民代表大会及其常务委员会加强对立法工作的组织协调，发挥其在立法工作中的主导作用。二是市人大常委会通过立法规划、年度立法计划等形式，加强对立法工作的统筹安排。立法规划和年度立法计划由主任会议通过并向社会公布。明确了由常委会法制工作机构负责编制立法规划和拟订年度立法计划，并按照市人民代表大会常务委员会的要求，督促立法规划和年度立法计划的落实。三是完善和改进地方性法规起草机制，规定地方性法规案由有关方面起草的，应当邀请市人民代表大会有关的专门委员会、常务委员会工作机构提前参与法规草案起草工作；涉及综合性、全局性、基础性的以及其他重要地方性法规草案，可以由有关的专门委员会或者常务委员会工作机构组织起草。这一规定旨在进一步强调人大相关部门和机构应当加强对重要法规草案组织起草的工作力度，实践中，有关专门委员会、常委会工作机构起草法规的范围不受此限。《条例》中所称"其他重要地方性法规草案"也包括重要民生等方面的法规草案，可以由相关委员会组织起草。

### （三）关于发挥人大代表在立法中的作用

党的十八届四中全会《决定》提出，健全法律法规规章起草征求人大代表意见制度……更多发挥人大代表参与起草和修改法律作用。新修改的《立法法》健全了人大代表全程参与立法机制。《条例》对相关内容做了对应性的补充和完善。一是对完善人大代表参与立法提出总体要求，即要健全代表全程参与立法机制。二是市人大常委会审议有关地方性法规案，应当通过多种形式征求市人大代表的意见，并将有关情况予以反馈；专门委员会和常务委员会工作机构进行的立法调研，可以邀请有关的市人民代表大会代表参加。三是市人大常委会会议审议地方性法规案，应当邀请有关的市人大代表列席。此外，根据"健全代表全程参与立法机制"这一总体要求，《关于进一步加强民主立法的规定》和《关于进一步加强立法工作组织协调的规定》做出了进一步的细化规定，例如，市人大专门委员会和常委会工作机构进行立法调研、召开听证会和论证会等立法活动时，可以邀请有关的代表参加；编制立法规划和年度立法计划，应当认真研究代表议案和建议，广泛征求代表意见。

### （四）关于推进民主立法

党的十八届四中全会《决定》提出："拓宽公民有序参与立法途径，健全法律法规规章草案公开征求意见和公众意见采纳情况反馈机制，广泛凝聚社会共识。"新修改的《立法法》从立法论证、听证、专家参与起草法律草案和法律草案公开征求意见等方面做了完善。《条例》对相关内容做了相应的补充和完善。一是对公民参与立法提出总体要求，即制定地方性法规应当体现人民的意志，发扬社会主义民主，坚持立法公开，保障人民可以通过多种途径参与立法活动。二是完善了立法座谈会、论证会、听证会以及第三方评估制度，对召开座谈会、论证会、听证会以及引入第三方评估的情形等做了细化，并规定立法论证会、听证会以及第三方评估情况应当向常委会报告。三是健全向下级人大征询意见的机制，规定常务委员会法制工作机构应当将地方性法规草案印发区县人民代表大会常务委员会并征求意见。四是总结近年来本市的立法实践，完善地方性法规草案公开征求意见制度，将本届以来施行的地方性法规草案及其立法背景、核心制度等事项的说明一并向社会公布的有益探索，上升为立法规定，并规定公开征求意见的情况应当向社会通报。五是完善专家参与法规起草制度，规定专业性较强的地方性法规草案，可以吸收相关领域的专家参与起草工作，或者委托有关专家、教学科研单位、社会组织起草。

### （五）关于健全审议和表决机制

党的十八届三中、四中全会对健全法律法规审议和表决程序提出了新要求。新修改的《立法法》从法律案审次制度、"打包"修改、重要条款单独表决制度等方面做了完善。《条例》对相关内容做了补充和完善。一是总结了近年来本市的立法实践，完善了地方性法规案列入会议议程的程序。对一些综合性的地方性法规案，难以交由某一专门委员会做出审议并提出意见的，也可以由主任会议委托常委会法制工作机构研究、提出意见。例如，2013 年，本届市人大常委会第三次会议审议市人民政府提出的《关于促进改革创新的决定（草案）》，考虑到促进改革创新涉及多个领域，无法对口某一专门委员会，即由主任会议委托法工委对草案开展研究、提出意见，并在常委会全体会议上做了《关于对上海市人民政府关于提请审议〈关于促进改革创新的决定（草案）〉的议案研究意见的报告》。同时，根据本市立法的实际情况，对代表大会上专门委员会的审议做了完善。在实践中，由于向代表大会提出的地方性法规案一般是先向常委会提出，在常委会审议期间，相关的专门委员会已进行过审议，提出了审议意见，在此情况下，相关的专门委员会在代表大会上可以不再提出修改意见。为此，《条例》做了相应规定，而直接进入人大会议议程的地方性法规案，由相关的专门委员会进行审议，向主席团提出审议意见，并印发会议。二是针对本市地方性法规案审议的实际情况，完善了地方性法规案审次制度。确定地方性法规案一般实行"二审三表决"，即"经两次常务委员会会议审议后交付下次常务委员会会议表决"。同时，对各方面意见比较一致以及调整事项较为单一或者部分修改的地方性法规案审议表决做了特别规定。即各方面意见比较一致的，由主任会议决定，可以经一次常务委员会会议审议后，交付下次常务委员会会议表决；调整事项较为单一或者部分修改的地方性法规案，各方面意见比较一致的，由主任会议决定，也可以交付该次会议表决。此外，对于社会广泛关注的地方性法规案，规定可以增加常务委员会会议的审议次数。三是增加了重要条款单独表决制度，即地方性法规草案表决稿交付常务委员会会议表决前，主任会议根据常务委员会会议审议的情况，可以决定将个别意见分歧较大的重要条款提请常务委员会会议单独表决。单独表决的条款经常务委员会会议表决后，主任会议根据单独表决的情况，可以决定将地方性法规草案表决稿交付表决，也可以决定暂不付表决，交法制委员会和有关的专门委员会进一步审议。四是增加了"打包"修改规定，即对多部地方性法规中涉及同类事项的个别条款进行修改，一并提出地方性法规案的,经主任会议决定,可以合并表决,也可以分别表决。

## (六)关于推进科学立法

党的十八届三中、四中全会对深入推进科学立法提出了新要求。新修改的《立法法》规定了法律评估、法律清理、制定配套规定等一系列推进科学立法的措施。《条例》对相关内容做了补充和完善。一是从总体上对推进科学立法提出了要求,即制定地方性法规应当从实际出发,适应经济社会发展和全面深化改革的要求,科学合理地规定公民、法人和其他组织的权利与义务,以及国家机关的权力与责任。地方性法规规定的内容应当明确、具体,具有针对性和可执行性,对上位法已经明确规定的内容一般不做重复性规定。二是增加了法规通过前评估制度(性质上属于立法中评估)。即对拟提请审议通过的地方性法规案,在法制委员会提出审议结果报告前,常务委员会工作机构可以对地方性法规草案中主要制度规范的可行性、地方性法规的出台时机、地方性法规实施的社会效果和可能出现的问题等进行评估。三是增加了制定配套规范性文件的规定。即对相关地方性法规明确要求有关国家机关对专门事项做出配套的具体规定的,有关国家机关应当自法规施行之日起一年内做出规定,法规对配套的具体规定制定期限另有规定的,从其规定。未能在期限内做出配套的具体规定的,有关机关应当说明情况。四是增加了立法后评估制度,明确市人大有关专门委员会、常务委员会工作机构可以组织对有关地方性法规或者法规中的有关规定进行立法后评估。五是总结近年来本市地方立法实践,完善了地方性法规动态清理机制,规定市人民代表大会各专门委员会和常务委员会各工作机构,应当根据各自的职责范围,采取即时清理与全面清理、专项清理相结合的方法,适时对有关地方性法规进行清理,提出意见,由常务委员会法制工作机构进行汇总,向主任会议提出清理情况的报告。六是增加了地方性法规草案与其他地方性法规相关规定不一致时应如何处理的规定。明确要求地方性法规草案与其他地方性法规相关规定不一致的,提案人应当予以说明并提出处理意见,必要时应当同时提出修改或者废止其他地方性法规相关规定的议案。法制委员会和有关的专门委员会审议地方性法规案时，认为需要修改或者废止其他地方性法规相关规定的，应当提出处理意见。《条例》增加这一规定，要求制定或者修改地方性法规要充分考虑它们与其他法规之间的统筹协调问题，做到联动修改，有利于保障地方性法规之间的和谐统一。七是结合近年来本市在推进科学立法方面的实践经验，修改完善了地方性法规案应提交的相关文件资料、地方性法规公布等规定，增加了地方性法规标题题注的规范表述等要求。

## 四 对几项重要修改内容的评价

上海市人大常委会此次对《条例》的修改有30处，为上海市今后的科学立法与民主立法奠定了良好的制度基础，因为《条例》为上海市的地方立法设置了详细的程序规则，而立法程序的科学合理是保障立法成果达到完满与有效实施的前提条件。从立法主体上讲，它既规定了市人大制定地方性法规的程序，也规定了市人大常委会制定地方性法规的程序；从立法的广义类型看，它囊括了地方性法规的制定、修改、废止、解释等具体立法行为；从立法过程来说，它包含了立法论证、法规案提出、说明解读、征求意见、搁置与重启、审议和表决、通过与公布、备案与清理等环节。然而，立法机关对某项法规做大面积的修改时往往会突出一些重要条款的创新与功能，以区别于针对其他条款所做的一般技术性修缮，主要表现为起草部门对其进行重点解读与说明，代表或委员们对其加以重点讨论与审议，社会公众对其发表各种评价议论，以及新闻媒体对其做出详细报道。这些重要条款的补充与修改可以使得法规更加符合社会生活和民主法治的需要，并使有限的立法资源获得充分的利用。经过了解与观察，我们认为《条例》的以下几项修改是比较能够反映现实需求和解决立法难题的。

第一，《条例》第5条规定："市人民代表大会及其常务委员会应当加强对立法工作的组织协调，发挥在立法工作中的主导作用。"本条款位于《条例》的总则部分，具有提纲挈领和指导其他规定制定与实施的作用，直接反映了党的十八届四中全会的相关决定对完善立法体制的要求。因此除了上文所述《条例》中与之配套的几项规定外，上海市人大常委会主任会议拟修改2014年制定的《关于加强立法工作组织协调的规定》，对工作机制与法规实施层面的问题做出具体规定。这些举措和规定都是坚持和完善人民代表大会制度的客观要求，有利于发挥立法工作的民主性和人民代表大会制度的优越性，有利于克服以往立法工作的部门利益倾向。在该条款的指引下，今后的立法工作将坚持党的领导、人大主导、政府协同、社会参与、制度保障相结合的原则，从法规的立项、起草、提出、审议、实施等所有环节贯彻人大的组织协调职能，因而特别强调人大常委会、人大的专门委员会以及常委会的工作机构的各项职责担当。特别是在法规的草拟阶段，人大有关委员会可以提前介入到法规起草工作中去，而重要的地方性法规草案可以由相关的委员会直接组织起草。为了确保自身立法的科学性，对专业性较强的立法项目，既可以邀请专家参与起草，也可以委托第三方起草法规草案。当然，人大主导立法工作最终还是要发挥人大代表和常委会组成人员的主体作用，不过分依赖政府的有关部门和法制机构，《条例》在这个方面也设计了不少制度，健全了代表全程参与立法工作的机制，这与2015年修改"一办法两规定"的指导思想完全一致。例如，在2015年修改《上海市老年人权益保障条例》的过程中，首次组织代表"带主题"进社区，通过问卷调查、登门专访、集中座谈等多种形式，听取群众对老年人权益保障的呼声。此外，《条例》和相关规定还确立了基层立法联系点制度，即人大有关委员会可以根据需要，通过基层立法联系点收集基层单位和群众对法规草案及相关立法工作的意见建议，或者赴基层立法联系点开展立法调研等活动，而这项制度已被全国人大有效实施，长宁区虹桥街道就是全国人大法工委确立的四个基层立法联系点之一，上海在此方面有成功经验可复制。不仅如此，上海市人大还充分调动区、县人大的资源与力量，例如，市人大常委会在立法过程中，由人大有关委员会采取书面征求意见、委托调研等方式听取区、县人大常委会的意见，同时可委托区、县人大常委会听取区、县人大代表的意见。所有举措都有助于人大利用自身的组织系统和资源优势主导立法工作，克服"公共权力部门化"、"部门权力利益化"以及"部门利益法律化"的弊病。

第二,《条例》第50条规定,市人大常委会实现对立法工作的统筹安排的方式是编制立法规划和立法计划,它们由常委会主任会议通过并向社会公布;法制工作委员会负责编制立法规划和拟订年度立法计划,并按照市人大常委会的要求,督促立法规(计)划的落实。这一条规定与《立法法》针对国家法律制定立法规划和立法计划的要求相一致,进一步明确了立法规(计)划的制定主体并非常委会本身,这与全国人大常委会以及绝大多数省级人大常委会的过往实践相同,是比较符合实际和法理的做法。但也有个别省份如黑龙江省,在《立法法》修改之前曾规定,立法规划草案由法制工作委员会报主任会议提请常务委员会审议通过,海南与重庆在立法实践中也曾如此操作过,这实际上是将立法规划的制定主体确定为人大常委会。虽然制定立法规(计)划是体现人大对立法工作组织协调并发挥主导作用的重要形式之一,但是立法规(计)划由常委会审议通过并加以执行有违宪制原理与立法规律之嫌,因为立法规(计)划不仅包含常委会的立法任务,还包括了人大的立法项目,由常委会来给人大设置立法任务便破坏了它们之间正常的法律关系。最为关键的是,由常委会审议通过立法规(计)划使得它们过于刚性,如果立法机关不能完全实现规(计)划便有追究法律责任的可能,这不符合规(计)划只具有指导性而没有指令性的定位。事实上,历届全国人大与地方人大仅能实现立法规划任务的五成左右,上海市人大的情况稍好一些,最低实现率为52%,最高一次为77%。不能全部完成的原因有很多,比如上位法未如期制定和修改,有些操作性问题有待进一步实践和积累经验,立法调研中发现立法和修改法规的条件不成熟,各方对立法的紧迫性认识不尽一致等。鉴于此,立法规(计)划不宜过于强调其完成率,否则就陷入只顾计划不顾变化的僵化思维。更为严重的是,如果只按照立法规(计)划去开展立法工作,则会忽视甚至否定法定立法提案主体的权利,对地方来说,主要是同级政府、人大专门委员会、一定数量的人大代表与常委会组成人员,以立法规(计)划来约束他们的提案权是不妥当的。《立法法》一锤定音地规定立法规（计）划由法工委拟定并由委员长会议通过，《条例》对此做出参照性的规定是比较合适的。总体而言，为了实现人大对立法工作的统筹安排，编制立法规（计）划是确有必要的，但只能将其作为立法工作的柔性指导。换个角度而言，尽管它们不需要人大常委会审议通过，但基于其对立法工作的重大指导意义，必须由主任会议加以通过并公布，一般情况下还要常委会组成人员讨论认可。同时，为了加强党对立法工作的领导，立法规划草案应经常委会党组会议讨论通过后报市委批准，立法计划草案应经常委会党组会议讨论通过后向市委报告。只有这样，法工委才有足够的权威去督促立法规（计）划的落实，以充分体现人大对立法工作的主导作用。

第三，《条例》规定了立法工作各阶段的评估制度。例如，《条例》第32条第4款规定："地方性法规案有关问题部门间争议较大的，可以引入第三方开展评估，充分听取各方意见。评估情况应当向常务委员会报告。"第34条规定："常务委员会工作机构可以对法规草案中主要制度规范的可行性、法规出台时机、法规实施的社会效果和可能出现的问题等进行评估。评估情况由法制委员会在修改情况报告中予以说明。"第62条规定："市人民代表大会有关的专门委员会、常务委员会工作机构可以组织对有关地方性法规或者法规中有关规定进行立法后评估。评估情况应当向常务委员会报告。"前两个条款指向的评估制度属于立法中评估，后一个条款规定的是立法后评估。与《立法法》不同的是，《条例》并未明确提及立法前评估制度，即在制定立法规（计）划时"应当认真研究代表议案和建议，广泛征集意见，科学论证评估，根据经济社会发展和民主法治建设的需要，确定立法项目，提高立法的及时性、针对性和系统性"。《条例》作为具体实施《立法法》的地方性法规，虽然未规定立法前评估制度，但是地方上仍必须按照《立法法》的精神与规定加以执行，而且《关于进一步加强民主立法的规定》、《关于进一步加强立法工作组织协调的规定》作为规范立法工作机制的文件，对前评估制度已有补充规定。从实践看，本届市人大特别重视立法前评估工作，2013年曾专门委托上海社会科学院和市法治研究会对立

法规划建议项目做初步筛选,究其本质就是委托独立第三方对立法规划项目做必要性和可行性评估,以保证有限的立法资源用在经济社会发展最急需的立法项目上。立法前评估对立法资源的优化配置、增强法规立项的科学性,以及保障立法质量具有重要作用。立法中评估是针对已经进入立法程序的法规草案进行评估,《条例》在此方面的规定比《立法法》更加具体和详细,一方面它规定地方性法规案在提出并列入常委会议程时,可以对部门间争议较大的问题开展评估,另一方面它规定在法制委员会提出修改情况报告前,可由常委会工作机构对法规中的主要制度做出评估并纳入报告。在立法过程中,经常会遇到对某个问题、某项条款存在重大意见分歧的难点问题,对此,立法机关应当充分听取有关专家、教学科研单位、社会组织等的意见,在注重定性分析的同时,还要注重定量分析,进行客观、翔实的现状调查和数据测算,开展实证考察,为立法决策提供科学依据。关于立法后评估,《条例》根据《立法法》的规定做了明确规范,即确定立法后评估的主体是人大的专门委员会或常委会工作机构,从而否定了人大常委会、第三方机构和混合主体进行后评估的模式,但是并不排除人大有关委员会委托第三方进行立法后评估,因为评估名义和评估成果依然归属于委托方,而且委托方有修改评估结论的权力。立法后评估既可以针对某一部法规,也可以针对某一类法规,还可以针对全部现行有效的法规,上海在三种情况下都曾有过实践,评估效果和社会反响都很好。立法后评估具有描述与评价、检验与改进、批判与反思三大功能,对立法质量的提高大有裨益,而且立法后评估的结果可能就是下一次立法前的预测与引导,可视为下一次立法前评估。《条例》还规定,后评估情况要向常委会报告,但并不要求做出审议,更不要求常委会做出表决或决议,这是与评估主体的设置原则相一致的,评估报告若由常委会审议通过,则评估主体就转变为常委会了,那将过分提升立法后评估的意义和制度刚性。

第四,《条例》进一步完善了法规草案的表决制度。《条例》第41条规定:"地方性法规草案表决稿交付常务委员会会议表决前,主任会议根据常务委员会会议审议的情况,可以决定将个别意见分歧较大的重要条款提请常务委员会会议单独表决。单独表决的条款经常务委员会会议表决后，主任会议根据单独表决的情况，可以决定将地方性法规草案表决稿交付表决，也可以决定暂不付表决，交法制委员会和有关的专门委员会进一步审议。"这就是人们常说的"重要条款单独表决制度"，这项制度有利于立法表决程序的完善，对提高立法质量和缓解立法争议，推进科学与民主立法都具有重要的意义。严格说来，单独表决制度还包括立法修正案制度。它与《条例》此次新增的单独表决制度的区别在于，前者必须在法案表决前提出书面修正案，一般要经过修正案提出者在全体会议上做出说明，并经全体会议审议讨论后，再对立法修正案进行单独表决，而后者则是针对争议条款直接在全体会议上进行表决。立法修正案制度在《立法法》中未做出规定，而修改前的《条例》已有规定。实践中，上海市在制定《上海市出版物发行管理条例》和《上海市住房公积金管理若干规定》时曾两度运用立法修正案制度。综合看来，单独表决制度比修正案制度成本更低、效率更高，执行起来也更加灵活，而修正案制度则更能突出代表与委员在立法中的主体作用，因此两种形式的单独表决制度都不可或缺。有学者认为，对重要条款单独表决，应先由法工委对代表或委员们的争论意见进行观点概括，形成两种最具有代表性的条文草案，然后交付表决，由立法机关组成人员在两个方案之中选择一种。这其实杂糅了立法修正案制度和新增的单独表决制度，所谓表决就是做判断题，只有赞成、反对与弃权三种情形，而提供选项则是做选择题，会增加立法工作的复杂性、不利于单独表决制度优势的发挥。还有一些地方人大规定，个别条款单独表决未获通过时，既可以暂不交付表决，也可以删除该条款后继续交付表决，这其实是回避立法决断的不良做法。因为既然是重要条款必然涉及重大利益调整，立法不做规定就是未履行立法义务，所以该做法不值得提倡。《条例》第42条规定："对多部地方性法规中涉及同类事项的个别条款进行修改，一并提出地方性法规案的，经主任会议决定，可以合并表决，也可以分别表决。"这是一种"打包"修改技术，也被称为"包裹立法"，它只对法律文本做小幅度的技术性修改，能够有效地解决法律稳定性与变动性之间的矛盾，是今后一段时期内可以经常使用的法律修改手段，它有利于节约立法资源和快速应对改革需求。然而，小幅度修改只是说修改法条的数目比较少，但不等于修改的内容不重要，因此《立法法》和《条例》都规定此种修改既可以合并表决也可以分别表决，决定权在委员长会议或主任会议，这是相当务实的做法。2015年4月，国务院提请全国人大常委会审议了26部法律修正案，内容包含行政审批项目、工商登记前置审批项目、价格改革等三大类事项，条文涉及26部法律的70多个条款。很多委员反映，尽管常委会过去也"打包"审议过一揽子法律修正案，但从来没有像这次这么多，他们纷纷表示审不过来，且相关事项又紧贴民生，十分重要，一次性审议通过既不严肃，也不慎重，建议分类"打包"审议，充分论证后再付表决。这就说明"包裹立法"具有很强的技术性，是否"打包"与如何"打包"都需要经过慎重决策，绝不能图方便而合并表决，违背立法的科学性。事实上，上海市人大常委会于2015年也将本拟"一揽子"打包修改的20件地方性法规修正案草案，分拆为两批审议通过，体现了立法者的慎重态度和科学立法精神。

## 结　语

综上所述，《上海市制定地方性法规条例》的修改工作是顺利且成功的，修改的过程是具备科学与民主精神的，修改的内容是符合上位法规定和中央文件内容的，修改的成果也体现了地方立法工作的需求和人民对立法工作改革的期盼。我们有理由相信，在"一条例两规定"的保障之下，上海市制定地方性法规的程序将更加规范，更加体现了地方立法的科学性与民主性，更加突出了人大在立法工作中的主导作用。由此，我国的社会主义法律体系将不断完善，上海的改革发展与"四个中心"的建设必将获得周全的法治保障，人民代表大会制度也必将得到巩固与发展。

# B.12
# 上海市创新推进房屋编码管理的实践与思考

彭 辉*

**摘　要：** 通过开展房屋编码管理工作，上海已经建立起了全市统一的房屋编码制度，对全市居住房屋进行逐一定位和编码登记，首次对全市居住房屋的"合法性"进行认定，并实现房屋编码信息在政府部门间的共享共用。上述工作，不仅是加强"合法居住"管理的创新举措，而且是掌握工作底数和基础信息、严格控制人口规模的工作基础。

**关键词：** 上海市　房屋编码　人口服务

## 引　言

改革开放以来，人口服务与管理是上海公共政策关注的重点内容，本市各级政府为了提升人口服务管理水平，保障上海社会经济稳定发展，有针对性地采取了各种措施，开展了大量基础性和创新性工作，积累了一定的经验。但由于本市人口服务与管理工作跟不上人口膨胀增长速度，资源匮乏、环境恶化、交通拥堵等"大城市病"也接踵而至，尤其是在城乡接合部，外来人口聚集地的居住环境、社会治安、子女教育等问题日益凸显。在新时

---

\* 彭辉，上海社会科学院法学研究所副研究员。本文在写作过程中得到上海市公安局人口办的大力支持，感谢其所提供的相关数据材料。

期、新形势下，上海如何实现人口发展与经济社会、资源环境的协调一致是一个无法回避的、重大而现实的问题，这也是本市创新社会治理的一项核心任务，事关上海城市安全和长远发展。因此，实现上海人口与经济社会的协调发展，实现上海的可持续发展，提升上海常住人口的生活品质，就成为上海创新社会治理的目标。

目前，我国人口流动的大趋势是人口从西北部地区流向中东部地区，并且这个趋势越来越明显。上海作为人口流入的集中地区，在经济社会平稳有序发展方面也遭遇到了极大压力。至 2015 年年末，上海市户籍常住人口 1433.62 万，外来常住人口 981.65 万。① 房屋编码管理正是人口服务管理的重要组成内容。根据 2014 年市委、市政府在《进一步加强人口服务管理政策意见分工表》中，明确的"在 2014 年底建立全市统一的房屋编码制度，对合法房屋设定唯一的房屋编码，制定电子地图"任务要求，市公安局人口办会同市建管委、市规土局、市住房局、市城管执法局，主动探索、不断攻坚，创新建立全市统一的房屋编码制度，对全市居住房屋进行逐一定位和编码登记，并对居住房屋的合法性进行全面认定，有力夯实了本市房屋管理基础。

## 一 房屋编码概述

现有法律为房屋编码提供了制度支撑，《房屋登记办法》第 10 条规定，房屋应当按照基本单元进行登记。所谓房屋基本单元是指有固定界线、可以独立使用并且有明确、唯一的编号（幢号、室号等）的房屋或者特定空间。为满足立法要求，建立"以图表管房，以房建簿，依簿发证"的管理模式、登记体系，保证登记的唯一性、准确性，就必须通过测绘基础数据，形成以房屋基本单元编号为基础的测绘图、楼盘表关联，在此基础上将房屋登记属性要素逐步添加，进而形成房屋登记簿的记载形

---

① 数据源自上海市统计局。

式。《房屋登记簿管理试行办法》第5条规定，房屋登记簿应按照房屋基本单元建立。房屋基本单元应有唯一的编号。房屋分割、合并时应重新编号。根据该规定，房屋权属登记应建立在房屋登记簿上，一套房屋基本单元形成一份登记簿，以保证登记客体的唯一性，使每个基本单元对应唯一的房屋编号。

为了有效地组织数据，在房产测量、房地产登记中有必要进行房屋编码，为了利用大数据实施精细化管理，现实中房屋编码的结构相对复杂、编码也相对较长。房屋编码由本体码和校验码构成，本体码由六大部分组成，依次分别为：市/地区/州行政区划代码、区/县/旗行政区划代码、街道/乡/镇行政区划代码、横坐标编码、纵坐标编码和户编码，校验码是以本体码为依据生成，是用于自动计算校验的数字/字符代码。具体参见图1。

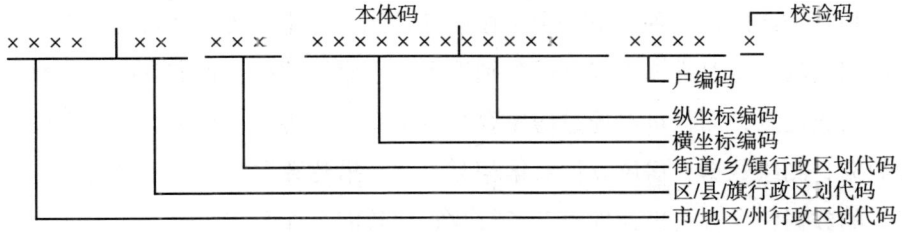

图1　房屋编码法结构示例

房屋编码的实质就是通过信息技术手段，查验房屋状态是否在法定范围内、是否在常规值域内。由于房屋代码替代房屋坐落成为房屋唯一的身份标识，通过房屋编码建立的系统可以精确定位某幢房屋的相关信息，如监测房屋权属信息的动态变化、房产交易市场的动态变化和房地产市场中从业主体行为的动态变化。监测精度能够提升至幢级甚至户级，这将大大提升统计信息的空间价值，实现社会经济数据与空间数据深度融合，为人口服务管理提供可靠而翔实的数据支撑体系。在理论上，房屋编码所包含的数据可参见图2。

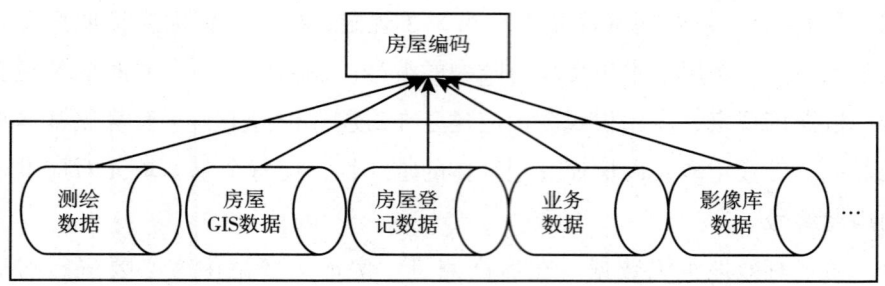

图 2　房屋编码所含数据示意

## 二　房屋编码意义

### 1. 优化整合数据模式

在原先房屋数字化管理模块中，房屋物理数据和房屋权属登记的属性数据是相互分离的，这种状况不利于在信息时代的优化行政管理需要，而通过房屋编码的制度改进，不仅可以分别管理两地模块数据，查询房屋权属登记时的权属信息，而且可以通过房屋登记数据系统，将土地登记数据、房屋物理数据、测绘数据、房屋登记数据相互关联，搭建数据共用共享平台，这种模式的数据整合方式极大地提升了行政管理效能。如图 3 所示。

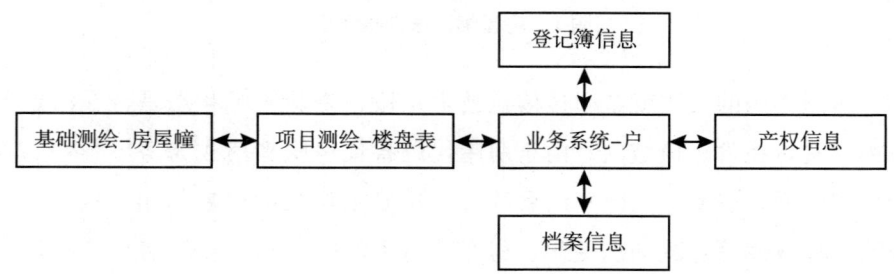

图 3　幢、楼盘表、户关联关系示意

### 2. 有利于进行各类数据关联

通过房屋编码这一方式可以实现房屋物理数据、权属数据的数据关联，在业务系统中，不仅可以查询基础测绘 GIS 数据，而且可以将关系表与各自的房屋编码相对应，有效实现数据系统的整合，从而使信息利用效率大大提升。如图 4 所示。

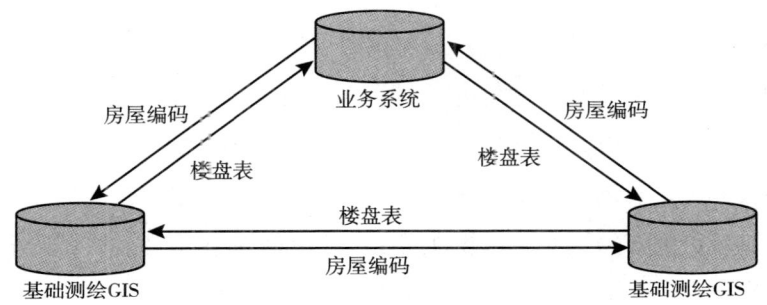

图 4　房屋物理数据、权属数据的数据关联

3. 有利于降低风险、提高效率

通过房屋编码系统构建基础测绘 GIS，能够精准锁定房屋所在位置，链接楼盘表，知悉房屋权属等衍生数据，使得房屋信息查询的方式得以简化、缩短了查询时间，提升了查询工作效率，更为重要的是，可以使房屋坐标描述模糊或者相关信息变更导致的无法查询、重复查封、遗漏查封、重复抵押、重复交易的现象被有效遏制，这将在很大程度上规避房屋登记机构在业务办理时的风险，提升人口服务与管理效能。

## 三　上海市创新推进房屋编码管理的基本做法

1. 抓紧先期试点

市局人口办与相关 4 家职能部门多次就创新完善本市房屋编码管理模式进行专题研讨，并明确在嘉定区、奉贤区开展先期试点。在此过程中，各职能部门和试点单位按照"边试点、边总结、边完善"的总体要求，及时总结试点工作中形成的成功经验做法，探索研究房屋编码管理措施，着力提升此项工作的系统性和可操作性，为形成面向全市的指导性意见奠定基础。

**2. 全面启动实施**

（1）制订有针对性的工作方案。在充分听取基层一线意见、建议的基础上，市局人口办、市建管委、市规土局、市住房局、市城管执法局联合下发了实施方案。各区（县）人口办结合地区实际逐一细化方案，明确时间节点和任务要求，并报区（县）政府审议后组织实施。

（2）组建强有力的推进小组。成立了由市局人口办、市建管委、市规土局、市住房局、市城管执法局5家单位组成的工作领导小组，由各单位分管领导具体负责。同时落实各区（县）人口办向地方党委、政府汇报，争取党委、政府的有力支持，并各自成立了相应领导小组，强力推进房屋编码管理工作。

（3）落实人、财、物等前期保障。为确保房屋编码管理工作的有力推进，各区（县）党委、政府主要领导过问，听取工作汇报，在人、财、物等方面给予充分保障，投入专项工作经费和表彰奖励经费，并在街道层面不同程度投入了专项信息采集奖励经费。

**3. 全力有序推进**

（1）形成工作标准。市局人口办会同市职能部门，明确了采集房屋基础信息、采集房屋面积、居住房屋"合法性"认定等房屋编码管理工作重点项目，并汇集各职能部门对居住房屋合法性认定的标准，形成了全市统计、认定标准及工作流程。各区（县）也结合区域需求，制定落实符合地区实际的工作方法和措施。同时，部分区（县）还对居住房屋是否涉及"群租""非改居""居改非""消防隐患"等情况进行采集认定。

（2）全面培训动员。市局人口办先后组织召开房屋编码管理工作现场推进会、培训会等，统一讲解认定标准、工作流程、对外口径和系统操作，并对工作中发现的疑难问题进行解答。各区（县）组织街（镇）相关职能部门、居（村）委干部、社区综合协管队员等开展业务培训，明确采集房屋信息的各项要求和标准，为推行房屋编码管理工作做好准备。

（3）加强协调配合。市局人口办、市建管委、市规土局、市住房局、市城管执法局建立联络员和会商制度，召开例会互通情况，及时解决推进过程中出现的问题。同时,督促区(县)人口办主动与属地职能部门联系,明确了由人口办负责采集核对房屋基础信息,由建交、规土和房管等部门负责认定居住房屋的"合法性",通过协同配合,进一步落实了房屋编码管理职责。

4. 创新推进房屋编码信息的嵌入式应用

(1)将信息纳入系统。将房屋编码管理工作中采集的房屋权证信息与"上海市居住证信息管理系统"实现了对接,将居住房屋合法性认定数据作为办理居住证"合法稳定居住"的参照依据。故来沪人员在申请办理居住证件时,如无法提供居住房屋"合法证明材料",系统将提示工作人员不予受理,仅作人员信息的采集登记。

(2)规避信息孤岛。依托上海市实有人口信息管理系统(二期),整合各类房屋属性信息,形成数据规模,以此实现房屋编码信息在政府部门间的共享共用,形成各类房屋信息的碰撞比对,为加强本市人口调控和管理服务工作提供支撑保障。

(3)建立健全工作机制。会同市、区相关职能部门,共同探索研究常态长效的信息维护和应用机制,对于新增和变更的房屋编码信息,确定日常采集信息的标准和流程,通过建立长效的工作机制来确保编码管理成果。

## 四 上海市创新推进房屋编码管理的成效分析

1. 完成对全市居住房屋的核对清理,采集更新了一批房屋基础信息

通过此次编码管理,各区(县)人口办组织街(镇)人口办、公安派出所对"上海市房屋(人口)基础信息采集系统"中登记的1300余万间居住房屋开展了全面核对,逐一采集居住房屋面积,逐一更新居住类型、房主等房屋基础信息。

2. 完成对全市居住房屋的"合法性"认定,设定唯一的房屋编码,制定电子地图

在采集更新房屋信息的基础上,对全市1300余万间居住房屋的"合法性"予以认定,并统一录入"上海市房屋(人口)基础信息采集系统"

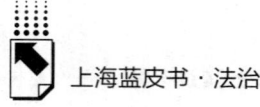

相应模块，实现了房屋的唯一编码和地图准确定位，完成了"合法性"认定。

**3. 完成对全市居住房屋内实有人口的核对，采集更新了一批实有人口信息**

以房屋编码管理工作为契机，在逐户采集核对房屋基础信息的同时，对居住房屋内的实有人口信息一并开展全面采集核对。发现居住人员变动时，及时采集信息并录入实有人口系统，保证了本市实有人口信息的准确鲜活。房屋编码管理工作开展期间，共采集更新实有人口信息1100余万条。

## 结　语

只有当人口保持在一定数量时，才能充分发挥公共服务设施的效率，反过来说，当过多的人口涌入城市，超出其承受范围，则会给城市公共服务设施带来巨大的挑战。房屋编码管理工作的有效开展，与本市居住证制度紧密结合，为全市加强"合法居住"管理、进一步严格居住证管理、不断提升人口调控和管理服务的针对性与有效性提供了坚实保障。当然，任何一项制度的实施总会遭遇一定的阻力，这里有思想认识不统一的原因，也有政策本身的问题，政策实施的环境不利于政策实施，等等。对于房屋编码在实施过程中遇到的问题，我们也要从多个视角分析原因，从而提出有针对性的举措，进一步完善好房屋编码政策，实现人口服务管理精细化、高效化、便民化。

# 热 点 篇

Report on Hot Issues

## B.13
## 《负面清单（2015年）》的新发展及完善建议

王海峰*

**摘　要：** 作为第一个在全国四个自贸区统一适用的负面清单，《负面清单（2015年)》的开放度和透明度比前两部在上海自贸区实施的负面清单有了进一步的提高，格式与内容也进一步衔接国际通行规则，但《负面清单（2015年）》仍然存在有待进一步完善之处。

**关键词：** 自贸区　负面清单　特别管理措施　完善

自2013年9月18日国务院公开批准《中国（上海）自由贸易试验区

---

* 王海峰，上海社会科学院法学研究所研究员。

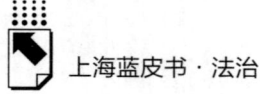

总体方案》以来,上海市积极推动中国(上海)自由贸易试验区的建设,陆续出台了《中国(上海)自由贸易试验区条例》《中国(上海)自由贸易试验区管理办法》等一系列地方性法律法规和政府规章。

## 一 前两个版本负面清单的基本介绍

自2013年8月国务院正式批准建立中国(上海)自由贸易试验区(以下简称上海自贸区)以来,有关外商投资准入特别管理措施(以下简称负面清单)经过适时调整,已经相继出台了三个版本。前两个版本的负面清单分别是上海市政府于2013年10月1日、2014年6月30日颁布实施的《中国(上海)自由贸易试验区外商投资准入特别管理措施(负面清单)(2013年)》及《中国(上海)自由贸易试验区外商投资准入特别管理措施(负面清单)(2014年修订)》。

自实施负面清单管理制度以来,上海自贸区取得的成效斐然。上海自贸区两个版本负面清单的出台及实施,是上海自贸区最具有突破性的亮点,也是上海"先行先试"总结出的制度经验。全国各地争相学习效仿,将负面清单管理模式应用于本地的外商投资准入实践。上海自贸区负面清单的成功经验得到国务院及各相关部门的肯定。2015年3月13日,国家发改委公布了《外商投资产业指导目录(2015年修订)》,此次修订内容在一定程度上借鉴了上海自贸区的负面清单。

## 二 《负面清单(2015年)》的出台背景

第三部版本的负面清单是国务院于2015年4月20日发布的《自由贸易试验区外商投资准入特别管理措施(负面清单)》(以下简称《负面清单(2015年)》)。这部负面清单统一适用于上海、广东、天津、福建四个自贸区,自印发之日起30日后实施,并适时调整。

## （一）天津等三个新设自贸区相继成立

2015年4月20日，国务院批准并印发了广东、天津、福建三个自贸区的总体方案，第二天，广东、天津、福建三地自贸区同步挂牌正式成立。与此同时，国务院扩展了上海自贸区的地域范围，覆盖了陆家嘴金融片区、金桥开发区片区及张江高科技片区等新增区域。自此，我国开始进入南北方共同建设自贸试验区的新阶段。

四大自贸区各有特色，战略定位各有侧重，同时又相互联系、相互补充，有共同的核心任务，即探索政府职能转变的新机制，建立和完善负面清单管理制度。四个自贸区统一适用负面清单，扩大了负面清单的实施范围，增加了负面清单的实施力度，有助于我们发现负面清单在实施过程中存在的问题，并有利于形成在全国范围内可复制、可推广的制度经验。

## （二）《中华人民共和国外国投资法（草案征求意见稿）》公布

2015年1月19日，国务院公布了《中华人民共和国外国投资法（草案征求意见稿）》（以下简称《外国投资法（草案征求意见稿）》）。这是我国涉外投资领域立法工作的重大发展，具有里程碑意义。《外国投资法》一经正式颁布实施，《中外合资经营企业法》、《外资企业法》及《中外合作经营企业法》（以下简称"外资三法"）的法律效力即告终止。

虽然《外国投资法（草案征求意见稿）》通篇并未出现"负面清单"这个名称，但"负面清单"这个概念的理念与精神贯穿于这部即将生效的法律的始终。《外国投资法（草案征求意见稿）》改革了现行的外商投资管理体制，构建了"有限许可加全面报告"的外资准入管理制度，取消了"外资三法"确立的逐案审批制的管理模式，对外商投资企业合同及章程取消了行政审批环节等。

《外国投资法》一经颁布实施，将使负面清单管理制度从四个自贸区向全国全面铺开，这是中国在外国投资领域方面的重大法治发展与变革，具有里程碑意义。

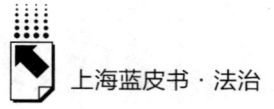

## 三 《负面清单（2015年）》的亮点与新发展

《负面清单（2015年）》是首个全国自贸区统一适用的负面清单，从原来28.78平方公里的上海自贸区，到现在总面积超过460平方公里的上海、广东、福建、天津四大自贸区，《负面清单（2015年）》的适用范围大幅拓展。除了实施空间范围的拓展外，《负面清单（2015年）》在内容上的发展与演进尤为值得关注，归纳起来，至少表现在如下几个方面。

### （一）开放度不断提高

与前两部负面清单相比，国务院发布的《负面清单（2015年）》调整幅度进一步加大。《负面清单（2015年）》进一步减少特别管理措施的数量，现有122项特别管理措施，涉及限制性措施85条、禁止性措施37条。从领域分类上看，《负面清单（2015年）》体现了我国产业升级的战略方向，制造业尤其是一般制造业在清单中的比例大幅减少，其中，农副产品加工业等一般制造业领域完全开放；汽车制造等高端制造业领域的特别管理措施大为缩减；航空、通信设备等关系国计民生的重要制造业领域还保留了对外资的部分限制。

以美国对外签署的BIT为比较对象，《负面清单（2015年）》的开放度已经接近于美国在BIT中的负面清单开放度标准，尤其是更接近于美国早期BIT（2004年之前签署）的开放度标准。《负面清单（2015年）》共列出15个行业、50个子行业和122项特别管理措施。在这15个行业中，在美国BIT中美方负面清单在该领域不存在对应项目的行业有6个，包括"制造业"、"批发和零售业"、"科学研究和技术服务业"、"水利、环境和公共设施管理业"、"教育"和"卫生和社会工作"；美方负面清单在该领域存在对应项目的行业有9个，包括"农、林、牧、渔业"、"采矿业"、"电力、热力、燃气及水生产和供应业"、"交通运输、仓储和邮政业"、"信息传输、软件和信息技术服务业"、"金融业"、"租赁和商务服务业"、"文化、体育和娱乐业"和"所有行业"。如果与美国早期 BIT 的负面清单比较,《负面清单（2015 年）》有 25 个子行业与美国负面清单项目存在对应关系；如果以美国最新 BIT（2004 年之后签署）为标准,《负面清单（2015 年）》的 15 个行业和 50 个子行业中,仅有 9 个行业中的 22 个子行业与美国负面清单存在对应关系。①

### （二）透明度不断增强

首先,《负面清单（2015 年）》无具体限制条件的管理措施缩减为 8 条,主要集中在"金属矿及非金属矿采选""矿产冶炼和压延加工""通信设备制造"等关系国计民生的行业领域,例如,"贵金属（金、银、铂族）勘查、开采,属于限制类""锂矿开采、选矿,属于限制类"等。此类无具体限制条件的管理措施在前两版负面清单中数量相对较多,在《负面清单（2013 年）》中为 55 条,在《负面清单（2014 年）》中为 25 条。

其次,透明度的增加还体现在对金融等领域限制性措施的进一步具体化,清单条目透明度提高了。从数量上看,金融领域,文化、体育和娱乐领域的特别管理措施增加了,如在金融领域,《负面清单（2014 年）》的特别管理措施为 4 条,《负面清单（2015 年）》增加到 14 条；在文化、体育和娱乐业领域,《负面清单（2014 年）》的特别管理措施为 8 条,《负面清单（2015 年）》则增加到 24 条。在这里,特别管理措施的数量增加并不意味着限制范围的扩大及开放度的降低,而是更加细化了对特别管理措施的描述,进一步列明原来没有列出的条件,代表着透明度的增加。诚如有专家指出的："这就好比原来管的是'大门',现在是把它打开,逐条解释。条目具体展开说明,透明度、操作性无疑更高了"②。

---

① 陆建明、杨宇娇、于丹：《中国自由贸易试验区统一负面清单与美国 BIT 签约双方负面清单的比较研究》,《上海经济研究》2015 年第 10 期。
② 《2015 版负面清单三大看点》,http://finance.huanqiu.com/,访问日期：2015 年 4 月 27 日。

## （三）格式上进一步衔接国际通行规则

与前两版负面清单相比较而言，《负面清单（2015年）》在格式和表述方式上进一步与国际通行规则相衔接。主要表现在以下几个方面。

（1）表述方式不断完善。《负面清单（2015年）》虽然继续采用《国民经济行业分类》作为分类标准，但是不再区分门类、大类和种类，而是直接表述为"领域"，更加清晰直观。

（2）特别管理措施内容扩展。前两版负面清单的特别管理措施针对的内容基本上是国民待遇，仅包含1项高管和董事会要求；《负面清单（2015年）》的特别管理措施针对的内容仍以国民待遇为主，但是增加了业绩要求、高管和董事会要求。

（3）描述更加细化明确。如前所述，《负面清单（2015年）》虽然增加了金融业，文化、体育和娱乐业领域的特别管理措施的条目，但这种增加并不是扩大了限制的范围，而是更加细化了对特别管理措施的描述，进一步列明原来没有列出的条件。①

（4）完整性增加，增加了水平措施。《负面清单（2015年）》新增了一种适用于所有行业的水平措施②，共计3个条目（第120条、第121条、第122条），主要集中在股权投资、并购领域，例如，"《外商投资产业指导目录》中的禁止性以及标注有'限于合资'、'限于合作'、'限于合资、合作'、'中方控股'、'中方相对控股'和有外资比例要求的项目，不得设立外商投资合伙企业"，将适用于所有行业的水平措施直接在负面清单的表格部分列明，而非在清单前加以说明，这种方式在格式上更接近国际通行规则，要求也更为明确。

---

① 参见李墨丝、沈玉良《从中美BIT谈判看自由贸易试验区负面清单管理制度的完善》，《国际贸易问题》2015年第11期。
② "所有行业"，这是负面清单里的一种特定称谓，联合国贸发会的报告中称之为"水平型限制"，是指负面清单中某一项目的限制是针对所有行业的，而非特定行业。这类项目大多涉及政府补贴或补助，规定外国企业不享受与本国企业相同的待遇。

## 四 对《负面清单（2015年）》的几点建议

### （一）进一步减少投资限制

虽然《负面清单（2015年）》的开放度已经有了较大的提升，但是《负面清单（2015年）》在某些领域尤其是服务业领域的投资措施的限制还较为严格，例如，对"法律服务"的限制较严。我们认为，法律服务业的规范与竞争，有利于推动法治国家的进程，我国应在坚持司法主权原则的基础上，进一步开放法律服务市场。

我们建议，负面清单的特别管理措施只限定在涉及国家安全的核心行业领域，对此，应明确界定关键行业、敏感行业和一般行业，在选取关键行业和敏感行业时，主要考虑国家安全因素，包括政治安全和经济安全，把产业保护因素放在次要的地位。对于不论外资还是内资都需要经过行政审批才能市场准入的某些行业，且在行政审批过程中，对内资和外资不存在差别待遇的，则无须列入负面清单。

### （二）进一步扩充负面清单的架构

《负面清单（2015年）》只有一个附件，且架构比较简单。鉴于金融服务业对于国民经济健康发展的重要性以及金融服务业开放度的日益提高，为进一步有效规范金融服务业的开放进程及提高金融业外资准入负面清单的透明度，我们建议，试点金融领域的负面清单管理制度，制定专门规范金融部门的负面清单附件。建议全面梳理金融领域涉及外资准入的限制措施，区分对我国利益有重大影响的关键领域和可以考虑开放的领域，在此基础上设计更加细化的金融领域负面清单的框架；进一步建议借鉴美韩FTA附件三的模式，分A、B两章，A章列明整个金融部门的现有特别管理措施，B章列明对金融领域特定部门、分部门或特定活动采取新的或更多限制性的特别管

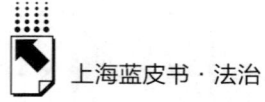

理措施，这有利于针对金融领域内特别敏感或竞争力弱的子部门，保留采取新的不符措施的权利，降低特定金融子行业开放的风险。①

## （三）进一步规范特别管理措施的表述

《负面清单（2015年）》的格式及表述内容仍有待进一步提高。如前所述，尽管相比于前两版负面清单，《负面清单（2015年）》中无具体限制条件的特别管理措施的数量已经大幅减少，但清单中仍然保留有8项。这些特别管理措施的限制条件是什么、如何实施限制措施，都无从知晓，实践中无法实施这些条款。

此外，按照国际通行规则的要求，不符措施（特别管理措施）的规则包括7项要点②加4项保留③，《负面清单（2015年）》的格式表述仍旧缺乏法律依据等基本要素，而对于保留的运用也过于单一，缺乏灵活性和行业针对性，导致清单中的特别管理措施仍采取以股权限制为主的保留方式，高管、禁止业绩要求等保留方式则较少采取。

为此，我们建议，对仍然保留的8项无具体限制条件的特别管理措施应明确并细化具体限制措施的内容以及限制的方法等；此外，借鉴国际通行规则，进一步细化及规范对特别管理措施的表述，例如，有关"保留方式"的内容，除国民待遇限制外，根据不同行业的特点，可增加对最惠国待遇的保留，对敏感行业应当采取高管和董事会限制等。需要特别指出的是，法律依据应明确列入负面清单的表格之中，用以指示该特别管理措施援引自哪些法律规范，否则外国投资者无从了解哪些法律法规的哪些规定属于特别管理措施。我国的法律体系十分复杂，除了法律、法规和政府规章之外，还有大量的规范性文件，负面清单的制定及实施，必须在全面梳理全国乃至地方性

---

① 参见李墨丝、沈玉良《从中美BIT谈判看自由贸易试验区负面清单管理制度的完善》，《国际贸易问题》2015年第11期。
② 7项要点包括：部门（sector）或事项（sub-sector）、国内或国际产业分类编码（industry classification code）、保留方式（type of reservation）、政府级别（level of government）、法律依据（measures）、措施的简要描述（description）。
③ 4项保留包括：国民待遇保留、最惠国待遇保留、高管国籍要求、禁止业绩要求。

法律制度的基础上,才能有效进行,这不仅是提高负面清单透明度的需要,而且也是法治国家的应有之意。

### (四)进一步提高负面清单的透明度

特别管理措施的细化是清单透明度提高的一个重要标准。在知识经济和科技创新时代,新业务、新业态不断涌现,尤其是服务业领域的新业务、新业态层出不穷,为了保护及促进幼稚领域的业务发展,并使分类具有可操作性,负面清单的某些产业分类方法可以细化到具体业务。《负面清单(2015年)》都是按照《国民经济行业分类及代码》(2011年版)分类编制的,主要采用的是分类目录中的中类标准,因此,有些特别管理措施选择中类标准则显得行业范围过大,尤其是新业态不断涌现的服务业领域。我们建议,特别管理措施不能千篇一律地采用中类标准作为唯一的分类方法,特别管理措施的分类可以细化到具体业务。

## 结　语

国务院于2015年10月19日发布了《关于实行市场准入负面清单制度的意见》。这是一份与外资准入负面清单并行的市场准入负面清单。这份市场准入负面清单适用于所有的市场主体,市场准入负面清单以外的行业、领域、业务等,各类市场主体皆可依法平等进入。

自2015年12月1日起至2017年12月31日,这份市场准入负面清单在上海、广东、天津、福建四个自贸区所在的省市进行试点工作。此后,全国将实行统一的市场准入负面清单制度。

从国际法的角度出发,市场准入负面清单在一定程度上比外资准入负面清单更符合国民待遇原则的精神,体现了我国进一步深化社会主义市场经济体制改革的信心与决心。负面清单管理制度已经成为中国当前激发市场活力、改善政府与市场关系、进一步推进改革进程及扩大开放的重要着力点。

# B.14
## 《上海市烟花爆竹安全管理条例》修订评析

李雪红*

**摘　要：** 2015年上海市人大的一项重点工作就是修订了《上海市烟花爆竹安全管理条例》（以下简称《条例》），新修订的《条例》从2016年1月1日起开始实施，更加严格管控了烟花爆竹的燃放，引起了社会广泛关注。本文分析了《条例》修订的必要性，并尝试从该《条例》的修订过程入手，通过展现立法调研、民意调查以及草案审议等立法程序，来反映上海市人大科学立法、民主立法的过程，同时也体现了市政府对社会重大关切的积极回应。最后，本文分析了《条例》修订的主要内容，并谈到《条例》修订的主要意义和立法启示。

**关键词：** 烟花爆竹　安全管理　人大立法　上海

2015年12月30日，上海市人大常委会第二十六次会议表决通过了《上海市烟花爆竹安全管理条例》，新修订的《条例》已于2016年1月1日起开始实施。春节期间燃放烟花爆竹，寓意辞旧迎新，是中华民族的一项传统民俗。然而，人们在鞭炮声中感受节日喜庆氛围的同时，也觉察到了燃放

---

\* 李雪红，上海社会科学院研究生院硕士研究生。本文部分材料由上海市人民政府法制办公室提供。

烟花爆竹所带来的一系列安全隐患、环境污染等现实问题。因此，该《条例》的修订，一开始就引起了社会的广泛关注，其中从严管控、扩大禁放区域的条款，引发了人们广泛的争议。

## 一 《条例》修订的必要性分析

《上海市烟花爆竹安全管理条例》是上海市地方性法规，其于1994年10月20日在上海市第十届人民代表大会常务委员会第十三次会议上审议通过，1997年其又经过一次修订，到2015年实施已近20年，对于维护城市的公共安全、保障人民群众的生命财产安全起到了重要作用。

2006年1月21日，国务院颁布了《烟花爆竹安全管理条例》（以下简称"国务院条例"），"国务院条例"对烟花爆竹的生产、经营、运输和燃放活动以及相应的监督管理做出了全面规范。

上海原有《条例》中的一些条款与"国务院条例"不一致。同时，随着上海经济社会的发展，城市规模、人口密度都有了很大的变化。因此，对原有《条例》进行修订有着法律上的必要性和现实中的紧迫性。

1. 与上位法相衔接的需要

"国务院条例"以行政法规的形式，对烟花爆竹的生产、经营、运输和燃放活动以及相应的监督管理做出了全面规范。上海市原有《条例》中有关烟花爆竹经营许可管理部门、管理体制以及处罚幅度等条款与"国务院条例"的规定不一致。而众所周知，行政法规作为上位法，其效力是优于地方性法规的。根据上位法优先原则，需要对原有《条例》进行修改。同时我国新修订的《立法法》第七十三条也明确规定，"……其他事项国家尚未制定法律或者行政法规的，省、自治区、直辖市和设区的市、自治州根据本地方的具体情况和实际需要，可以先制定地方性法规。在国家制定的法律或者行政法规生效后，地方性法规同法律或者行政机关相抵触的规定无效，制定机关应当及时予以修改或者废止"。因此，无论从法理依据还是法律依据来讲，对原有《条例》的修订都势在必行。

**2. 维护公共安全的需要**

公共安全是一个城市发展的最基本保障。而上海市作为一座具有2400万人口的超大型城市，近年来随着经济的飞速发展，高楼大厦鳞次栉比，城市的人口密度越来越大。而烟花爆竹具有隐蔽性、不可控制性、强破坏性的特点，因此给城市带来了很大的安全隐患。据不完全统计，上海市已经多次发生楼下放的烟花窜入楼上室内引起的火灾。即使在2015年春节，上海市政府大力加强烟花爆竹安全管理的情况下，仍然发生了24起燃放烟花爆竹引起的火灾，给祥和的节日带来一抹阴影。燃放烟花爆竹的行为已经给他人的生命财产安全带来了严重的负面影响，因此，修订原有《条例》加强烟花爆竹的管控成为广大民众的强烈愿望。

**3. 减少环境污染的需要**

生态环境，是人们赖以生存的基本要素。而燃放烟花爆竹的实质是，通过一系列物理和化学反应，产生大量污染气体和噪声的过程。燃放烟花爆竹极易造成大气污染、噪声污染等环境污染，加大了生态环境的负担，甚至对人们的身体健康造成损害。而且，据对比监测显示，城市$PM_{2.5}$在燃放烟花爆竹前后会有显著不同的变化，同时也会加重城市雾霾。因此，通过立法严格管控烟花爆竹的燃放，减少环境污染成为人们的心声。

**4. 提升城市文明的需要**

城市，是社会文明进步的窗口。上海作为一座国际化的与时俱进的大都市，其文明程度更是位居全国前列。而燃放烟花爆竹所带来的一系列负面效应，从某种程度上催生了一些不文明现象，如燃放烟花爆竹会产生满地垃圾、污染气体，燃放爆竹带来的震耳噪声惊扰百姓等。上海在与国际接轨的同时，也应该同时改进一些不合时宜的风俗，用更文明更环保的方式来承继中华民族的文化瑰宝。

基于上述原因，为与国家法律法规相衔接，同时应对上海市发展的新形势和新情况，确有必要对原有《条例》进行全面修订。通过理顺烟花爆竹安全管理体制，规范烟花爆竹经营、运输、储存、燃放等各个环节，推动社会形成不燃放、少燃放的氛围。

## 二 《条例》修订过程的立法特色

市政府高度重视烟花爆竹安全管理立法工作。市公安局从2014年3月便展开相关立法调研，经过一年多调研，起草了草案，先提交到市政府法制办，再由政府正式提交给市人大常委会，并经过人大常委会的三次审议，最终表决通过。新修订的《条例》从立法调研，到正式实施历时一年多，审议时几易其稿，最终得以出台。在法规修订过程中展现了上海地方立法的特色。

1. 立法启动 发挥人大立法主导作用

"人大主导立法"是立法工作的一个重要导向。在《条例》的修订过程中，上海市人大充分发挥其主导作用，在立项、调研、起草、审议等各个立法环节都发挥统筹协调作用，充分保障了修订工作的科学、有序进行。

2014年3月，市人大常委会副主任薛潮同志在市公安局专题调研公安立法工作时，由副市长、市公安局党委书记、局长白少康同志提出了尽早启动《条例》修订工作的建议。会后，市政府副秘书长陈靖两次就贯彻落实市领导指示精神召开专题会议，启动了《条例》修订准备工作。市公安局组织成立了《条例》修订专班。

2. 民意调查 提议减少燃放烟花爆竹

立法为民是立法工作的一项基本原则。为此，相关部门做了大量的民意调查。首先，2015年2月上海市公安局消防部门委托市统计局社情民意调查中心就烟花爆竹禁放范围等关键问题进行了调查，获取了2009份有效样本，其中，支持"外环以内禁止燃放烟花爆竹"的占到89%。

之后，市公安局消防部门又在浦东、黄浦、徐汇等13个区（县）对部分市民进行烟花爆竹安全管理问卷调查，回收了有效问卷3373份，结果显示，市民对"扩大禁放禁售"的愿望进一步提高，立法的民意基础良好。

市人大内司委在前期广泛调研的基础上，组织对全体市人大代表和部分区县人大代表开展了问卷调查，问卷调查显示，市和区（县）两级人大代表对修订《条例》的意见和建议，主要集中在"加强从严管理、兼顾民风民俗、实行源头减量、加大处罚力度、落实基层责任、加强综合治理"六个方面。

上述调查反映了上海市民众迫切要求对燃放烟花爆竹进行从严管控、源头治理、扩大禁放的强烈愿望，使新修订的《条例》有了充分的民意基础。

3. 立法调研　积极回应社会重大关切

《条例》的修订工作得到了市委、市政府以及人大等相关部门的高度重视，为对这一社会民众重大关切问题积极做出回应，2015年3~4月，相关部门相继赴广州、深圳、北京等地进行了专题调研，学习借鉴兄弟省市的立法经验。在实践调研的基础上，上海市公安局经过多次论证与修改，形成了《条例（修订草案）》送审稿。

4. 征求意见　广泛听取各方利益诉求

2015年4月底，市公安局将《条例（修订草案）》送审稿报送市政府法制办。《条例》修订期间，白少康副市长召集市政府法制办、市安全监管局、市公安局等部门进行专题研究；市人大内司委、市政府法制办多次组织立法座谈会，听取了市人大代表、政协委员以及部分街道办事处、镇政府的意见和建议。市政府法制办还书面征求了市安全监管局、市质量技监局、市工商局等17家相关部门，浦东新区等7个区县政府，以及市政协办公厅、市高级法院、市政府参事室、市律协等8家单位的意见。其间，还与市人大内司委、市人大常委会法工委进行了积极沟通。经对各方意见汇总研究，又对《条例（修订草案）》送审稿做了进一步修改完善，6月29日，经市政府常务会议讨论通过，形成了《条例（修订草案）》。

2015年5月18日，市人大常委会主任会议决定将修订《上海市烟花爆竹安全管理条例》由2015年度的立法预备项目转为正式项目。

5. "三读"审议　人大常委会审慎兼听

2015年7月20日，杨雄市长签发议案，提请市人大常委会对《条例（修订草案）》进行审议。市人大常委会于2015年9月下旬、11月下旬、12月下旬分别对《条例（修订草案）》进行了三次审议，并于2015年12月30日表决通过。在审议过程中，委员和人大代表们提出了很多建议和意见，如加强政府职责、基层自治等。

人大常委会三次审议程序又被称为"三读",这一制度在欧美议会立法是必经程序,而在我国,并没有强制性要求。根据《上海市人民代表大会常务委员会议事规则》规定"列入常务委员会会议议程需要表决的议案,在审议中如认为有重大问题需要进一步研究的,经主任或者主任会议提出,出席会议的常务委员会组成人员过半数同意,可以暂不付表决,交有关专门委员会进一步研究,提出意见"。而在人大立法实践中,经过"三读"程序表决的都是重要议案,这也体现了人大常委会在审议中的审慎兼听。

## 三 《条例》修订内容分析

新修订的《条例》共五章三十三条,主要规范了四方面内容。

### (一)完善安全管理工作机制

市政府于2007年1月11日发布了《关于烟花爆竹安全管理相关行政许可权和行政处罚权实施工作的决定》(市政府第66号令),明确规定了烟花爆竹经营许可权由安全监管部门委托公安消防部门行使;而相关的行政处罚权,由公安部门集中行使。如此一来,便化解了冲突。实践证明,市政府第66号令确立的现行管理体制符合本市实际,发挥了积极作用。为此,新修订的《条例》按这一现状对管理体制做了相应规定,将这一有效的做法用法规的形式固定下来,明确规定由安全生产监督管理部门负责烟花爆竹的安全生产监督管理;公安部门负责烟花爆竹的公共安全管理;安全生产监督管理部门则可以依法将烟花爆竹经营许可权委托公安消防部门行使。

2014年12月,市政府成立了市烟花爆竹安全监管工作联席会议。按照"体制不变、机制先行"的指导原则,新修订的《条例》将该联席会议制度以立法形式确立下来,联席会议负责综合协调烟花爆竹安全管理工作中出现的重大事项,从而形成烟花爆竹安全管理长效机制。

### (二)加强燃放安全管理

烟花爆竹的燃放,特别是集中燃放活动,容易引发火灾事故,且加重空气污染,历来是本市烟花爆竹安全监管的重点环节。新修订的《条例》重点从以下四方面对烟花爆竹燃放行为的安全管理工作进行了强化。

一是将禁放区域扩展到外环。原有的《条例》规定的是本市内环线以内区域禁止燃放烟花爆竹。基于超大型城市安全管理需要,扩大烟花爆竹燃放区域是必要的。同时,市人大内司委向全体市人大代表开展的问卷调查显示,支持外环线内禁放的占67.91%。

二是规定了外环线以外区域特定的八类场所禁放。新修订的《条例》并未规定在外环线以外全面禁止燃放,但新修订的《条例》在"国务院条例"以及原有《条例》的基础上,对外环线以外区域的国家机关驻地、文物保护单位等八类场所,设置禁令。

三是增设了禁放条款。针对频繁出现的城市雾霾,人大代表、政协委员多次提出重污染天气期间禁止燃放烟花爆竹的意见和建议。《上海市大气污染防治条例》自2014年10月1日起施行,明确本市出现重污染天气时,政府应当及时启动应急预案,根据不同的污染预警等级,向社会发布预警信息,有权采取应急措施。新修订的《条例》规定,重污染天气期间,本市一律禁止燃放烟花爆竹;市环保、气象部门应当通过新闻媒体及时发布重污染天气预报信息,并提示市民在此期间禁止燃放烟花爆竹。①

四是强调了安全燃放的具体要求。即使在允许燃放的区域内燃放烟花爆竹,也应当遵守安全燃放的要求,具体包括:不得燃放本市未准予经营的烟花爆竹;不得在建筑物、构筑物内燃放或者从阳台、窗户向外抛掷烟花爆竹;不得向烟花爆竹零售点、行人、车辆、建筑物、构筑物、在建工地、树木、河道、公共绿地、窨井等处投掷烟花爆竹;不得影响道路交通安全;不得采用其他危害公共安全和人身、财产安全的方式燃放。

### (三)强化经营安全管理

新修订的《条例》在"国务院条例"的基础上,做了进一步的细化与

---

① 乔骏:《小鞭炮背后的大文章——市人大常委会审议〈上海市烟花爆竹安全管理条例(修订草案)〉》,《上海人大月刊》2015年第10期。

补充，规定了以下管理制度和措施，加大了对烟花爆竹经营环节的监管力度。

一是明确任何单位和个人不得在禁止燃放烟花爆竹的区域内经营、储存、运输烟花爆竹。二是要求烟花爆竹要实行统一采购、统一批发制度。三是明确烟花爆竹经营单位的布点，应当遵循合理布局、总量控制、逐步减少的原则。四是规定除准许经营烟花爆竹的批发企业、零售经营者和燃放作业单位外，其他单位和个人禁止以经营为目的储存烟花爆竹；禁止烟花爆竹零售经营者在经营场所以外储存烟花爆竹。五是将本市在烟花爆竹安全管理实践中的经验做法，在立法中予以固化，比如鼓励采取信息化手段记录烟花爆竹流向信息，对购买烟花爆竹实行实名制登记等。

### （四）加大处罚力度

虽然"国务院条例"对违法生产、经营、运输、燃放烟花爆竹的行为规定了相应的行政处罚，但是在本市管理过程中仍然存在执法依据的"盲区"，为弥补管理漏洞，提升违法成本，新修订的《条例》对下列违法行为增设或者细化了行政处罚：一是违反禁放区域、重污染天气禁放规定以及安全燃放要求的行为；二是违反经营许可的行为，包括超出经营许可证规定的许可经营范围、有效期或者在经营许可证规定的经营场所外经营烟花爆竹的行为，以及采购、销售的烟花爆竹不符合本市关于准予经营的烟花爆竹规格、品种规定的行为；三是非法储存烟花爆竹的行为；四是非法运输、携带、托运、邮寄、快递、夹带烟花爆竹的行为。

## 四 《条例》修订的意义与启示

### （一）意义

《上海市烟花爆竹安全管理条例》的修订，明确扩大了禁放区域、加强了对销售源头的控制、提高了罚款上限、发挥了基层组织作用，并对营造现代化国际大都市的良好形象，具有重大意义。

对公众来讲，立法顺应民意符合公众对城市安全、环保的期待。在政府层面来讲，不仅体现了市政府维护城市安全和维护城市环境的决心，还体现了市人大民主立法、科学立法的理念。对于企业方面来说，给烟花爆竹行业敲响了警钟，倒逼这类传统行业在转型升级上加快进程，加大投入，加快科研创新的步伐，努力生产出更安全更环保的烟花爆竹，顺应市场需求的变化，寻求战略发展的新机遇。

除了上海，各地也都纷纷采取了烟花爆竹禁放、限放政策，比如北京市将2016年五环内的烟花爆竹销售时间减少到10天，销售网点也逐年减少；杭州市在《杭州市禁止销售燃放烟花爆竹管理条例（草案）》中取消了春节期间可以燃放烟花爆竹的规定；淮南市依照《淮南市烟花爆竹燃放管理规定》，对不按规定燃放的个人处以罚款，严重的甚至对其进行治安管理处罚；郑州市人民政府发布的《郑州市禁止燃放烟花爆竹规定》明确禁止在郑州市区燃放烟花爆竹。可见，上海市从严从紧管控烟花爆竹是符合当下烟花爆竹安全管理的立法趋势的。而且上海市作为一座现代化的特大型城市，管控烟花爆竹的规定也是最严格的。

## （二）启示

### 1. 立法如何平衡各方利益诉求

立法，是多方权益进行博弈的过程，指的是立法时不能偏听偏视，而是要听取各方意见。根据民意调查，89%的被调查对象支持"外环内禁放"，同时接近70%的接受调查的人大代表也支持从严管控烟花爆竹。可以说，新修订的《条例》对从严从紧管控烟花爆竹燃放是符合大多数民众的期望的。然而，对于少数并不赞成禁放，甚至可能呼吁解禁的民众来讲，如何保障他们的利益诉求呢？此时并不能简单地用"少数服从多数"这一简单的原则直接抹杀少数人的意愿。因此，新修订的《条例》也规定了提倡使用电子鞭炮、礼花筒等安全、环保的替代性产品。这也为将来燃放新型环保烟花爆竹留下了空间，同时也为少数民众打开了一扇希望的窗。因此，在保障公共利益的同时，能够兼顾各方利益诉求成为社会立法的基本要求。

2. 禁燃与民俗之间是否矛盾

可能会有人担心，就连燃放鞭炮这一传统的民俗都要进行限制，会不会有一天民俗会渐行渐远而逐渐消失在我们的视线之内？这种担心显然是多余的，一方面，世界是发展变化的，民俗也是随着时代的发展在不断地演变。比如在当下，看春节联欢晚会、过年抢红包等都渐渐成为新的过年民俗并走入我们的生活。另一方面，燃放烟花爆竹，这一伴随人们度过漫长农耕时代的传统习俗，在城市化的进程中显得有些格格不入，给城市带来了极大的安全隐患。因此，新修订的《条例》鼓励人们移风易俗，倡导使用电子鞭炮、礼花筒等安全、环保的替代性产品，以更安全、更环保、更文明的方式来庆祝节日。如此，禁燃与民俗也并非是矛盾的。

3. 新修订的《条例》如何贯彻落实

"徒法不足以自行"，法律的生命力在于实施，而法规的有效性也在于执行。因此对于新修订的《条例》如何贯彻实施也是一个很重要的问题。法律的实施需要社会各方的支持。上海市公安局表示将以最严标准、最严要求、最严措施对烟花爆竹的销售、运输、燃放实行管理。而上海公众需要不断提高其文明意识。另外，社会还要发挥其应有作用，如倡导发挥居委会、村委会和物业公司的作用，引导居民移风易俗，少放烟花爆竹。如此，政府、民众、社会各方齐心协力，便能更好地将新修订的《条例》贯彻落实，营造更加安全、环保、文明的城市氛围。

# 案例篇

Report on Case Studies

# B.15
# 条块结合、块块联合、政社融合的街道综治工作新机制

——华阳路街道精心打造综治工作中心大平台

叶 青*

**摘 要：** 华阳街道根据市、区政法委相关精神，以综治中心建设为抓手，突破基层社区治理中遇到的瓶颈问题和重点难题。紧紧围绕"手段信息化、管理规范化、队伍专业化、运作扁平化和参与社会化"的工作理念，着力提升综治中心的功能立体化建设。形成"管理型"向"服务型"转型的街道综治工作新机制。

**关键词：** 华阳路街道 综治工作 上海

---

\* 叶青，上海社会科学院法学研究所所长、研究员。

条块结合、块块联合、政社融合的街道综治工作新机制

## 一 街道综治工作机制创新背景

在社会管理向社会治理转型的新形势下，面对公众参与、社会协同的新要求，在2014年市委正式启动一号课题调研后，华阳街道根据市、区政法委相关精神，以综治中心建设为抓手，突破基层社区治理尤其是平安建设中遇到的瓶颈问题和重点难题。在此过程中，上海市长宁区华阳街道围绕贯彻落实市委"1+6"文件精神，以改革创新为动力，着眼公众需求，加快"立体化、实体化、标准化、信息化"建设，积极推动综治工作由管理型向服务型转变，探索构建基层社会综合管理工作新格局，努力将街镇综治中心打造成为平安建设落实到基层、各方力量融入进社会治理、群众公共安全诉求及时回应的工作平台，力争做到功能完善、运作高效。

## 二 "管理型"向"服务型"转型的街道综治工作新机制

落实街镇综治中心改革决不能简单理解为"翻翻牌子""拼拼桌子"，其核心是要在功能整合上做文章、见实效，形成条块结合、块块联合、政社融合的立体化功能设计。华阳街道党工委紧紧围绕"手段信息化、管理规范化、队伍专业化、运作扁平化和参与社会化"的工作理念，着力提升综治中心的功能立体化建设。

华阳街道近几年来为实现由"管理型"向"服务型"的街道综治工作机制转型做了积极而有益的探索。具体实现了三个转变，即一是实现综治中心功能从条线分工向整合统筹转变，将安全维稳、综合治理、平安创建、服务管理等职能集于一体，汇聚了基层综治、司法、信访、安全生产、人口管理、禁毒、防范邪教、社区警务、国家安全、社区检察、巡回法庭11个条线部门共20多个不同职能的专业队伍及力量。二是从强化管理向多元共治转变，发挥工作平台的社会化运作能力，整合了原有的各类社会力量参与公

共安全和平安建设，如专业社工、综治协会分会、调解工作室等具有特殊功能的社会组织丰富了社会治理格局中公众参与、社会协同的功能。三是从职能交叉向优势互补转变，综治中心通过信息平台，进行监控管理、舆情分析、收集汇总对各居民区、各行政职能部门的社情，形成平台效应，将信息与各行政单位共享，对难点问题进行协同处置。

华阳街道综治工作由"管理型"向"服务型"转型创新形成的三大新机制。

## （一）服务为先、动态管理，创新关心服务群众的制度化保障机制

华阳街道综治中心以服务为导向、以信息化为支撑，在对人、地、事、物、情、组织的运作机制优化上下功夫，并形成一系列标准化工作制度。

### 1.建立社区实有人口电子走访日志机制，及时全面了解社情民意，服务居民需求

华阳街道综治中心开发电子走访日志信息系统，通过"线下走访、线上处置"的运作方式，推进实有人口精细化服务管理。明确各类特殊群体、重点群体的走访周期，建立"块长定期走访、团组服务关爱、科室联动协处"的诉求发现、回应、解决机制，居委会牵头民警、社工、医生、群众团队等骨干力量参与，综治中心加强动态管理、分类服务，及时协调解决走访中发现的问题。如居委干部在华四居民区走访中了解到一群高龄独居老人的共同愿望，于是综治中心牵头将他们集结在一起，每周举办一次茶话会，邻里同乐、互帮互助，形成了现在的"乐邻下午茶"特色品牌。通过走访，居委干部了解到，社区中有部分智障儿童需要得到社会各方更多的关爱和支持。综治中心通过电子走访日志获取需求信息后，立即将信息通报街道相关部门，依托"繁花之上"都市志愿者工作站这一社会组织的力量，举办了"爱心手工坊"活动，让这些智障儿童通过制作、义卖手工肥皂，得到了关爱、增强了自信。

**2. 建立社区公共安全电子巡查日志机制，服务保障群众的公共安全需求**

开发电子巡查日志信息系统，建立电子巡查日志制度，对居民区灭火点、水喷淋、电子监控设备等重要物品，特种设备使用单位、商场市场、餐饮、宾馆等重要场所984个点位设定巡查周期。把巡查力量从安监检查员向居民区治保主任、综治协管员、志愿者拓展，使巡查人员数量有了较大增长，也使巡查工作可以常态化运作。加强条块联动，发挥消防、质监、安监等专业力量的作用，通过"块发现、条处置"和"线下巡查、线上处置"的运作方式，及时消除隐患，对于重大安全隐患上报区消防支队协同处理，转变了过去单靠安全生产监督检查员在重要节点突击检查的工作模式。住在长宁路712弄130号兆丰别墅的居民陶卿告诉街道干部，兆丰别墅是有几十年房龄的老房子，一幢楼里住着十几户人家，以前曾发生过火灾，"我们住在里面一直担心一件事，那就是再次失火"。今年街道安装了电子巡查设备，平时一直看到有街道和居委会的人来检查设备，大家都有了安全感。

**3. 建立社区法人单位电子联络日志机制，资源共享更全面**

街道开发的社区法人单位电子联络日志，聚焦区域内的法人单位，通过实地走访、服务和网上联络、处置相结合的方式，拓宽了社区服务单位、单位融入社区的双向联络、双向服务渠道，同时与电子走访日志、电子巡查日志配套实现"三个日志"对接"三个实有"，丰富了基层社会综合服务管理的方式和手段，进一步加强了楼宇综治工作点的工作交流，密切了与华阳街道综治协会的联系。一方面，开启干部走访日志，开展组团服务，通过制度，规范了各部门主动走访单位的频率和时间，进一步深入挖掘企业需求。同时，通过任务流转，工作人员可以将联络中发现的问题流转至相关部门，更好地解决问题。另一方面，向区域内的法人单位开放社区服务数据库信息，企业可以共享1000余项社区事务服务资源；开通企业服务热线，24小时接听企业诉求；开设网上联络信箱，及时了解企业需求。整合各方资源和力量，服务企业、服务发展、服务转型、服务人才。

## （二）整合资源、政社互动，动员多元主体共同参与社区治理机制

### 1. 激发志愿力量，实现群防群治

社区安全管理长效机制，不仅着眼于警社联动创平安，而且要深化社区群众和企业参与和融入社区治理工作机制。中山公园商圈区域是华阳街道最重要的商业场所之一，也是市容管理、治安防范等行政管理的重点地区，华阳街道综治中心将派出所、交警、工商、城管等警力进行有效的整合，再发动商圈物业保安和周边居民区平安志愿者的力量，提升了中山商圈的市容管理和治安防范能级。近年来，派出所多次在商圈平安志愿者的帮助下破获各类案件，积累了不少警民携手同筑防线，群防群治速捕疑犯的经验。

### 2. 利用社会组织，调处矛盾纠纷

华阳街道综治中心通过整合综治、信访、司法等方面的资源和力量，通过培育和引入"国荣工作室"、物业纠纷调解工作室、"开心家园"和劳动纠纷调解工作室、综治协会分会等社会组织，开展法律咨询、矛盾调解、信访接待、历史遗留矛盾化解等工作，努力将矛盾消弭在萌芽状态、解决在初始阶段，促进社区和谐稳定。华阳路街道原信访办主任孙国荣，曾获得过"全国信访先进工作者""市劳动模范"等多项荣誉。二十多年的信访工作使他对社区群众有着一种特殊的感情，加上又熟知华阳地区老、旧城区动迁地块及困难群体的基本情况以及各类矛盾，具有开展地区矛盾调解和信访代理工作的天然优势。退休后，他成立了一家民非组织——上海国荣人民调解服务中心（简称"国荣工作室"），街道则通过向"国荣工作室"购买服务，积极探索实施政府主导、社会参与、规范运作、高效调处的基层信访代理工作。"国荣工作室"的成立为解决社区矛盾搭建了一个新沟通协调的平台。在推进的江苏北路西块和凯桥东块的旧区征收工作中，"国荣工作室"做了深入的分析和研判，形成了两个地块旧改项目稳定风险评估报告，并针对特殊对象的情况制定了帮困托底等预案，确保征收工作顺利平稳推进。

### 3. 发挥专业社工优势，服务特殊人员

华阳街道综治中心在原有的禁毒社工、矫正社工的基础上，通过各种渠道，引入了青少年社工、精卫社工等专业社工。通过协同办公和电子日志走访机制，按照对特殊人员和重点人员"日常每月走访一次、重要节点每日走访一次"的时间要求，进一步固化对易肇事肇祸精神病人、吸毒人员、社区矫正人员、安置帮教人员和闲散青少年等特殊人群的滚动排查机制，切实掌握特殊人群分布情况、特征信息、活动规律、风险程度，按照"一人一档、一人一策"，落实相应的分类管控措施，最大限度减少"漏管失控"。在这一过程中，街道重视发挥专业社工队伍的优势，融服务于管理之中，通过创新工作载体与活动内容，帮助对象更好地融入社会。社工结合刑释解教人员的特点，开展了"绿色扶植""新上海人一家门""心灵助残""读书会"等一系列活动；在家庭生活、本人就业、未成年子女学习等各方面进行综合帮扶。有多个吸毒人员、刑释人员在社工的帮助下，不但克服了自卑，找到了工作，还受到单位的好评，走上了领导岗位。

## （三）信息共享、联勤联动，街道综治中心与行政职能部门互联互通机制

### 1. 信息互通、联勤联动

华阳街道综治中心开发社区社会管理联动处置平台，着力打造社区枢纽型综合服务管理平台。以信息化为支撑，纵向形成"（区－街道）两级联动平台、（区－街道－网格）三级工作网络"的运作架构，承接区联动中心下达的各项任务，发现、反馈和监督社区自我发现的各类问题；横向整合街道平安、管理、服务等办公室的资源和力量，服务群众、解决实际问题。注重综合服务、一口对外，体现协同联动、综合处置、应急指挥功能，通过信息共享，把面对老百姓的服务扁平化，提高服务管理效能。对重点难点问题，按照行政党组例会制度，由综治中心与城管、市场监督所、市容、房管、派出所等部门召开例会，共同协商问题。自运作以来，先后召开例会75次，共同协商问题374件，推动解决群体矛盾、群租、无证经营等综合性症结问

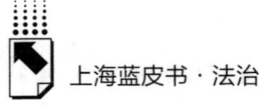

题 261 件。

2. 优势互补,形成合力

华阳街道在 2012 年建立了联动分中心,与综治中心合署办公。2015 年,按照市委一号课题的要求,华阳街道综治中心与网格化中心在明晰职能边界、避免功能交叉的同时,强化联勤联动、注重优势互补、保持信息共享、推动机制融合,深化联动执法保障,把"两个中心"建设成为既各司其职、各尽其能,又互为依托、相辅相成的有机体。形成了巡逻队伍共同使用、视频巡逻资源共享的新格局。

## 三 街道综治工作新机制之绩效评价

华阳街道综治工作三大新机制,经实施推行现已取得以下明显的绩效。

### (一)把握社情民意更全面

通过机制的建立和信息化系统的支撑,华阳街道综治中心截至 2015 年 8 月底,共采集各类信息 15.1 万余条,收集居民群众的意见、建议 7630 余条,其中肇事肇祸精神病人、吸毒人员、重点上访人员、社区矫正人员、安置帮教人员等特殊人群的走访量 5854 次,为建设更高层次、更高水平的平安华阳提供了有力支撑。通过这些走访,街道对群众尤其是特殊群体的情况和需求更加熟悉,对社情民意的把握也更加准确,提供的服务也更有针对性。华阳街道综治中心逐步将特殊人群和重点人群管理从户籍人员拓展到了实有人员,在最近的一次排摸中,青少年社工新增服务对象 187 人,其中大部分为外地来沪青少年。

### (二)社会治理更加扁平高效

综治中心通过规范和完善与各部门的信息共享和联动处置,促进政府职能转变,使社会治理更加精细化,解决群众问题更加扁平高效。综治中心将了解到的情况与城区管理、社会治理的当前热点紧密联系起来,更好地服务中心，服务大局。截至 2015 年 8 月底，综治中心通过电子平台已将走访中新增的 2042 条信息和接受区各类派单 569 起案件，分类流转至街道各部门、派出所、城管、市场监督所等专业部门开展查证处置工作，现已完成 2588 起，办结率达到 99.1%。

### （三）基层干部和居民群众认可度更高

综治中心的各项工作机制是对"凝聚力工程""四百"精神的继承和发扬。居委会干部最初感觉电子走访日志是一项新的工作负担，如今每天打开电子日志，到居民家里走走，已经成为居委会干部的一种良好习惯，这也使居委会的职能作用更好地发挥出来。同时，综治中心实现了所有案卷一口受理，当天联系。大部分案件在 15 天内处置完成。高效的处置效率和如此高的办结率获得了居民大量好评，华阳地区居民的公众安全感满意度指数也逐年提高，真正做到"干部能适应、治理见实效、群众得实惠、社区有活力"。

## 四 创新街道综治工作新机制之启示

### （一）有利于强化保障实体化

社区综治中心作为直接面向基层、面向群众、面向服务的办事窗口。一是硬件保障落地。统一配备 LED 监控屏、电视电话会议系统等设备，并与街道网格化中心共享视频巡逻等设施和网格化联动工作队伍。二是人员保障落实。各街镇综治中心在整合原有综治、信访等 20 多支专业队伍的基础上，人员统筹管理。为了防止"机关化"倾向，大幅压缩了多支专业力量的办公场所，确保有效空间提供给群众，服务于功能，推进人员下沉、工作重心下移。

### （二）有利于人员队伍专业化

注重在人员的专业化、职业化、社会化上下功夫，通过加强培训和交

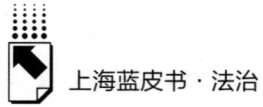

流，不断提高综治干部分析和解决治安和稳定问题、管理社会事务的能力和水平。此外，中心还通过加强对司法、禁毒、矫正等社工组织和信访代理、法律咨询、妇女维权、物业纠纷等社会组织的培育，充分发挥专业人才在处理社会问题中的作用，不断提升社区综合服务管理水平。

（三）有利于科学管理标准化

综治中心取得实效的关键是形成了一系列标准化工作制度。一方面是推进名称、标识、布局、制度、职责、系统"六个统一"的标准化建设。为实现"资源有效整合、工作联动配合、效率加倍聚合"的目标，形成更具操作性、针对性的"五联"工作机制。通过抓好内循环，有效整合中心内部各类资源和力量；抓好外环境，组织统筹驻区单位等，加强与社区其他中心的对接和交流，共同维护社区一方平安。另一方面是规范工作流程。以问题为导向，形成"一般事项即时答复、待办事项现场分流、复杂事项中心派单、交办事项领导督办、重大事项综治委协调"的联动处置流程规范，建立健全了基本管理、议事例会、综合研判、预警会商、基层指导、首问责任、督察督办、应急管理、绩效考核等工作制度。

# B.16 通过法治手段推动群租整治之案例考察

## ——以杨浦区新江湾城社区为对象

孙大伟 谢欢欢*

> **摘　要：** 群租，在中国甚至在世界范围内都不是一个新的现象，随着城市化的发展，房价的攀升，流动人口的增长，大城市的群租问题愈演愈烈。如何应对并解决群租问题，成为考验城市管理者公共服务能力与社会治理水平的试金石。杨浦区新江湾城街道在群租整治过程中，通过建立完善的法律程序确保整治过程的规范性，通过依法处罚重点对象实现对不法群租的有效震慑。但现有的群租整治措施也存在缺陷，应当以法治思维推动政府群租治理模式的转变，将政府对群租的治理更多地转移到引导与规范保障层面上来。
>
> **关键词：** 群租　依法行政　私人自治　住房保障

群租被称为城市管理中的"牛皮癣"。在我国法律层面，群租并未被明确禁止，但现实中，因群租导致的社区环境恶化、住宅硬件毁损、建筑安全隐患以及小区品质下降等问题已经成为损害小区业主切身利益、危害社区管

---

\* 孙大伟，上海社会科学院法学研究所副研究员；谢欢欢，上海社会科学院研究生院硕士研究生。

理秩序的严重障碍。随着城市化进程的不断深入，如何应对并解决群租问题，成为考验城市管理者公共服务能力与社会治理水平的试金石。为此，本文主要从新江湾城街道整治群租行动入手，结合国外群租整治经验，评析此次行动中值得学习以及需要改进的地方，以求对我国城市中的群租整治问题提供一些有建设性的意见和措施。

## 一 新江湾城街道整治群租的经验分析

新江湾城毗邻五角场商业圈，周边有复旦大学、上海财经大学等高校。目前，新江湾城仍处于开发建设与配套完善阶段，新建楼盘内存有大量大户型空置住房，在辖区内大量流动人口中，部分难以负担高昂租金的群体，如求学者、餐饮业服务人员、建筑工地装修工人、小摊小贩等，成为群租房的承租主体。多年来，新江湾城社区成为杨浦区的群租房重灾区之一。从2014年开始，新江湾城街道结合区域实际，开展有针对性的整治行动，使得该区域的群租现象大幅度减少。据统计，2014年，新江湾城街道联合各职能部门，组织开展群租整治行动共计11次，整治群租户128户，拆除小隔间629间，清退承租人员1287人，消除了一大批因群租问题带来的各类安全隐患和影响。通过耐心细致的工作，部分群租户在专项整治工作组的政策法规宣传下自行开展了整改。根据街道排查，新江湾城区域内的群租户同比大幅减少：由平均每次上百户下降为20户左右。此处，我们将对新江湾城街道整治群租的经验加以分析，以探明群租领域存在的一些共性问题及破解群租困局可能采取的措施。

### （一）建立完善的程序以确保整治过程的规范性

杨浦区新江湾城街道群租整治的执法过程以法治思维开展，坚持在正当程序的规范性要求下进行相关活动。以往一些地区的群租整治往往没有告知宣传，直接进行突袭式执法，虽然会给群租户一个出其不意的打击，但对于社区的其他居民也造成了不小的影响，受到部分居民的抵制。而杨浦区新江湾城街道则按照行政执法的一般程序，由行政机关出示证件，告知当事人处罚依据、内容以及对内容申诉的权利，进而建立了一套完整的行政执法程序。这也使得杨浦区新江湾城街道的执法循序渐进，并在合法、有理、有据的前提下顺利展开。

首先是宣传发动，通过各种途径，告知群租户群租的危害性和"违法性"，这样让群租户有一定的心理预期，可以考虑自己搬迁，也使整治群租减少一些阻力。然后是排查摸底，相对之前其他地区整治过程中采取的整体突袭策略，排查摸底可谓非常稳健。业主的私有财产不受侵犯，为此，新江湾城街道通过邻里社区以及物业了解租户情况，并不强行进入租户的房间，仅是巡查探访，为此后的整治工作打好基础。紧接着，按照程序进入法律告知阶段，有了广泛的宣传和前期的排查摸底，行政部门在对群租租户的情况已经基本掌握的情况下，通过采用法律告知的方式，告知群租的危害性和整治的必要性。许多二房东因此自觉地整治了自己的出租房屋。同时，这种法律告知也成为行政处罚的必要前置程序。最后是依法取缔，在前期相关工作的基础上，部分群租户已经主动搬离，而对于仍然拒不搬走的群租户，街道便开始进行依法整治工作，这使得取缔工作并不显得十分突然。

## （二）依法处罚重点对象以实现对不法群租的有效震慑

在排摸整治过程中，新江湾城街道发现，有一名"二房东"长期与管理部门"打游击"，在数个小区控制有几十套群租房，从中获取暴利。新江湾城街道主动牵头，组织力量会同房管部门逐户开展调查，搜集证据，经过严格的法律程序，区房管局对在新江湾城辖区内从事群租十多年的"二房东"祝某开出罚金10万元的行政处罚决定，此为上海市首例。根据后续跟踪了解，祝某已退出了"二房东"这一行当。街道及时将此案例通过平安新江湾城微信等载体开展宣传，既赢得了群众的赞许，又极大地震慑了从事违法群租活动的当事人。

此处的行政处罚，是指行政机关或其他行政主体依法定职权和程序对违反行政法规但尚未构成犯罪的相对人给予行政制裁的具体行政行为。根据

《行政处罚法》的规定,对于公民、法人或者其他组织违反行政管理秩序的行为,应当给予行政处罚;行政处罚应当由法律、法规或者规章规定,并由行政机关依照法律规定的程序加以实施。这就意味着,根据行政处罚法定原则,行政处罚的依据、做出处罚主体和程序均应当遵从法律或者规范性文件的规定。此处对"二房东"的处罚,不仅具有良好的社会效果,同时也遵循了行政处罚法定原则:第一,就法律依据而言,上述行政处罚是以2014年颁布的《上海市居住房屋租赁管理办法》第32条的规定为依据,即"违反本办法第九条、第十条第一款规定,不符合最小出租单位、居住人数限制和最低人均承租面积规定的,由区、县房屋行政管理部门责令责任人限期改正;逾期不改正的,可处以1万元以上10万元以下罚款"。基于这一规定,杨浦区房管局对二房东处以10万元罚款具有合法依据。第二,实施处罚的主体是合法的,根据上述规定,区、县房管局作为房屋行政管理部门,属于地方规章所规定的行政处罚的合法主体。最后,处罚程序是法定的。行政处罚属于拘束性行政行为,做出此一行为需要符合相应的法律程序,杨浦区房管局对"二房东"的处罚是严格按照法律程序做出的,具有充分的证据,其处罚,可谓有理有据。

### (三)通过"非正式行政行为"推进群租整治的常态化

治理群租,单靠房管、综治等单个部门显然难以奏效。以往的经验表明,想要以一家之力完成对顽症的整治,或毕其功于一役,都是不可能实现的。在对群租顽症的整治工作中,新江湾城街道作为贴近基层、贴近一线的单位,积极落实属地管理责任,发挥好发现问题、基层组织的优势,动员广大市民群众,协调社会各方力量,积极参与城市顽症的整治。依靠小区业主自治,能够有效应对群租返潮问题。就一个小区而言,对群租危害体会最深的是其业主及长期居住者。作为良好的小区居住秩序的受益者,上述群体最有动力维护自身的合法权益,通过对不正当的群租行为的及时发现,依靠业主自治或者推动相关部门来消除小区群租现象。有鉴于此,新江湾城街道充分发挥居委会、业委会、物业和社区民警"四位一体"的作用,一且发现二房东有擅自变更房屋结构,进行隔间的苗头,即通过《业主公约》进行制止,或报告相关职能部门,从源头上遏制群租的发生;针对流动人口多、入住率低的小区,各部门依托大联动机制,保持群租综合整治的高压态势。

新江湾城街道建立的长效机制,也可以被视为现在国际上流行的"非正式行政行为"。美国法上的"非正式行政行为",指的是程序中缺乏充分对抗性要素(adversary elements)而做出的行政活动方式。也就是说,在行政过程中,如果具备交涉和对立面设置完整的充分性,那么该行为属于正式行政行为;反之,如果缺乏对抗性,或者对抗性程度不充分,则归为非正式行为。一般地,凡是不能被纳入传统法律形式的行政活动均属于非正式行政活动。按照以上观点,在杨浦区新江湾城街道的群租整治行为中,其依靠社区、居委会日常的自治、监督、警告等方面,并不具备正式行政行为的特征,可以纳入"非正式行政行为"的范畴。"非正式行政行为"是伴随现代行政活动方式转变,尤其是力图挣脱或改变传统理论与实践模式的藩篱,寻找更为低价高效、灵活多元的行政活动方式而出现的。①

## 二 对新江湾城街道群租整治潜在法律问题的思考

自 2004 年以来,上海的群租整治一直走在全国的前列,② 在不断探索整治经验的基础上,其行政执法技术越来越成熟。而在治理群租的制度依据方面,上海市出台的规范性文件对于群租也进行了日益详尽的规定。特别是本文所介绍的新江湾城街道整治群租的经验,其通过创新性的工作方法取得

---

① 蒋红珍:《非正式行政行为的内涵——基于比较法视角的初步展开》,《行政法学研究》2008 年第 2 期。

② 早在 2004 年 8 月,上海市政府就出台了《上海市房屋租赁管理实施办法》,并试图以"人均承租面积标准"的确立来限制"群租"的发生。为此,该办法第八条规定:"租赁居住房屋,承租的人均建筑面积不得低于 10 平方米,或者人均使用面积不低于 7 平方米;其中,向单位出租用作集体宿舍的,承租的人均建筑面积不得低于 6 平方米,或者人均使用面积不低于 4 平方米。"

了有目共睹的成绩。但不能否认的是，群租整治也潜藏着很多内在问题，值得在执法过程中加以思考，以提升整治活动的效果和依法行政的水准。

### （一）应避免公权力对私人权益的侵犯

行政执法应当有法律依据，在杨浦区以及上海市其他地区，整治群租的法律依据都是2014年修订的、由上海市政府颁布的《上海市居住房屋租赁管理办法》，以及随后由十部门联合制定的《关于加强本市住宅小区出租房屋综合管理工作的实施意见》，但尚缺少法律层面的相应规定。然而，有学者表示，禁止群租的实质是典型的滥用公权侵犯私权的不法行为：租赁合同属于民事法律关系，民法讲究"法不禁止即自由"，强调尊重当事人的意思自治，意志自由。[①] 据此，不管是二房东改造房屋的构造，还是群租客租住小于5平方米的房间，都属于市民对自身权利的支配，公权力不应当对其加以干涉。

当然，在质疑整治"群租"举措合法性的同时，也应当看到，政府作为城市的公共管理者，针对"群租"可能引发的安全隐患，有进行监督和管理的职责，但其前提是应当依法进行。而对政府行为合法的要求，并不是简单地将现在的有关规定上升为法律就足够了，而是应当认真履行"尊重和保障人权"的宪法义务。具体来说就是，政府整治"群租"应当尊重公民宪法住宅和隐私权保护，在保证公共权益的同时，也不可忽略对相对人的保护。事实上，基于整治群租而进入公民的住宅，有可能构成未经司法程序而采取的违法行为，而一些公权力机关在采取整治措施时，往往会漠视公民的财产所有权和隐私权等基本民事权利，这也是其整治行为合法性受到质疑的关键所在。另外，拿着斧锤，强行进入居室，敲墙拆板，清理租客，似乎是保障了小区其他业主的利益，但与此同时，对于租客的利益应该如何保障，这也是公权力机关应当考虑的问题，亦是合法行政、维护社会稳定的题中应有之义。

---

① 屠振宇：《"群租"整治令与宪法隐私权》，《山东社会科学》2008年第4期。

## （二）应对群租整治实施区别对待

事实上，群租隐患的大小取决于群租主体的行为素质、文化水平、生活方式，以及与邻里的沟通交往等各个方面因素的高低。群租房中并不都是脏、乱、差，也有稍微低于政府规定的最低标准，但是生活很有节制的情况存在，此类租客具有安全和防范意识，且往往是刚毕业的大学生或者海外归来的学者，他们不是造成群租隐患的主体。对此，应当考虑的是，整治群租的主要原因是整治脏、乱、差的居住隐患，而如果在一些群租房中，其居住环境较好且没有对其他居民造成实质性的不良影响，那么是否可以对其给予适当的宽容？不得不承认，群租也是一个无奈的社会结果。群租主体多为外地的年轻人，所以整治的对象也多是外地租客，如果不加区分地对所有群租都加以清理，就会使得社会舆论尤其是外地来沪人员抨击上海的居住和社会政策，并认为上海具有强烈的排外意识，且没有国际大都市本应具有的包容心态。由此，似乎应当改变一说到群租就是如何抵制的绝对态度，也不能无论好坏直接全部整治，而应当考虑区别对待。这就意味着，对于未给小区其他居民造成妨害的群租可以考虑加以规范性引导，这样更有利于租客对政策的理解，也能够推动整治更有效地进行。

## （三）应着力解决群租房的返潮问题

杨浦区新江湾城街道的群租整治行动，采用依靠社区、建立长效机制的方式防止群租问题的返潮。这种做法有其积极的一面，但回顾群租整治的案例，返潮现象是经常发生的，政府的整治行为一旦松懈下来，群租返潮就可能会出现。此外，仅就群租整治措施本身而言，一旦某个区域开展了严格的整治活动，二房东和租客就有可能整体搬迁到上海的其他区域，这也就导致采取整治措施的区域群租现象得到控制，但其他区域的群租现象却愈演愈烈情形的发生。这样，从整体上看，上海市的群租状况未能在根本上得到有效的清理，各地区的群租整治也有可能沦为一种治标不治本的临时性措施，因而只是"看上去很美"。对此，可以考虑的是，是否可以借鉴德国等发达国家的做法，增加一些保障性住房，或者专门针对低收入群体，适当对其进行住房补贴。此外，政府也可以通过在房屋管理方面实施分类供应、分类管理来满足个别群体的住房需求。具体来说就是，相关职能部门应当在较高标准的公租房供应的基础上，增加一些标准相对较低，即租金相对便宜的集体宿舍或者小面积的公租房。这样，通过分类供应、分类管理，让收入较低的外来人员能够租住合适的房子，也就满足了不同收入层次人群的多样化需求。如此，群租的空间自然会渐渐消失。

## 三 以法治思维推动政府群租治理模式的转变

从法律视角来看，当前的群租整治行为，更多的是通过公权力机关出台强制措施进行直接处理的方式加以解决，这种行为方式的采取有其客观原因：新建社区业主自住率不高，一些业主为了逐利而忽略或者无视其他业主的合法权利，行政措施具有立竿见影的效果等，这些都使得公权力机关通过行政执法的方式治理群租成为一种主流模式。但同样明显的是，这种公权力推动的治理模式也可能造成公权力对业主私权利的侵害，并且可能引发诸多针对公权力机关的维权和诉讼行为。另外，行政机关更多地专注于群租现象本身的整治，则往往忽略对导致群租的社会和经济土壤的真正触及，其整治的最终结果可能是治标不治本，即群租在短时间内得到治理，但从长远来看，却不断陷入"整治—返潮—再整治—再返潮"的恶性循环。这不仅严重消耗了政府的行政资源，还会影响其在社会治理方面的执行力，进而从根本上损害政府依法施政的能力。

### （一）群租的治理要疏堵结合

群租在国外也是城市发展中存在的大问题，但是各国对群租似乎并没有采取一味清理的态度。在法国，外国留学生可向法国政府申请社会性住房补贴。而在德国，群租几乎绝迹，这源于德国法律的缜密完善以及德国政府的公共福利政策。德国首先从法律上严格限制房租涨幅，授权各州政府将其主要地区3年内房租涨幅控制在15%以内，这就使得德国的租房市场极为稳定。其次，德国法律还有相关规定，以保证每个家庭都能够有足够的住宅支付能力，这就使得几乎所有的居民都能够承担租房的支出。同时德国的公共福利也做得很好。"二战"后，德国政府通过多种补贴方式大量兴建公共福利住房。同时，德国政府严格实施有针对性的福利住房政策，福利住房的租户主要面向低收入群体。到 20 世纪末，德国的福利房修建政策开始慢慢退出历史舞台，2003 年，德国议会宣布终止向社会保障性住房建设提供补贴。但是德国丰富的公租房资源已然形成，并且满足了大部分低收入人群的住房需求。同时，对出租者，德国也有完善的法律防止违规违法出租现象的发生。这些法律使得房屋所有者将房屋群租便有可能因为安全隐患而严重违反义务，并须承担建筑物区分所有权被剥夺的风险。[①]

### （二）治理群租更应通过私人自治加以实现

在本质上，所谓的群租属于房屋租赁合同范畴，根据我国《合同法》第 52 条的相关规定，只要合同条款没有违反法律、行政法规等强制性规范以及社会公共利益的，即应当维护合同的效力。因此有观点认为，"公民与谁合租，以何种方式合租，完全是公民个人的私人事务，受宪法隐私权的保护。……群租方式所带来的各种问题和隐患，完全可以采取社会成本较小的措施来消除，而大可不必去直接限制群租。"[②] 随着业主维护自身权利意识的不断提升，以及通过公权力介入私法法律关系可能产生的反弹日益强烈，群租整治这一任务更多地由业主和业主共同体来加以承担，更加符合法治社会发展的基本趋势。与此相适应，公权力对于群租的治理主要应当集中于可能导致消防安全或者严重影响其他业主权益的群租现象，通过合法的处罚措施对违规者予以惩处，并将相关的不良信用信息纳入征信系统之中。在尊重业主自治基础上实施的治理行为，在实践中可能未必如直接的整治行动一样立竿见影，但更加符合房屋租赁这一法律关系的私法本质，因而其效果将会

---

① 吴心韬、郭爽、文史哲：《国外城市治理群租，靠堵更靠疏》，《决策探索》2014 年第 3 期。
② 屠振宇：《"群租"整治令与宪法隐私权》，《山东社会科学》2008 年第 4 期。

逐步显现并将持续巩固。

由此,立足我国国情,应当将群租房的治理模式从以公权力推动为主、私人配合为辅的公权力主导模式,逐步转移到以私人自治为主、公权力规制为辅的私权自治模式上来。基于这一判断,应当考虑将政府对群租的治理更多地转移到对市民的引导与落实规范保障层面。如果租客可以很好地遵守社区的规章准则,提升自己的生活要求和质量,有意识的减少消防、卫生等各种隐患,群租房的危害就会大大降低。比如说,可以通过宣传和教育的方式,引导外来低收入群体养成良好的生活方式和卫生习惯;对于不听劝告侵扰邻居的问题,可以通过民事赔偿的方式加以解决;对于治安方面的问题,则可以通过加强管理予以克服;对于消防方面可能造成的问题和隐患,也可以通过建筑标准、规划设计、线路改造等方式来解决。这些措施的社会成本比治理群租的行动成本更低,也不会造成公权力侵犯私人自治领域的弊端,而由此取得的治理效果将更加巩固且持久。

## 结　语

在党和政府稳步建立和谐社会的今天,群租成为上海市各个辖区集中整治的重点领域。杨浦区新江湾城街道创新工作方法,依靠群众自治,在推进整治群租顽症过程中坚持把法治、合力贯穿于各个环节,善于运用法治的思维和方式想问题、作决策、干工作,点面结合,紧抓重点和关键环节,并用力使劲。既注重即时效果,又注重长期效应,形成了机制体制有力保障,取得了令人瞩目的成绩。但群租并非是一个单一法律问题,而是非常复杂的社会问题,还涉及政府的人口政策、房屋管理政策、收入分配、文化背景问题等。群租现象从产生到蔓延是由社会经济各种因素交织而引发,不仅拷问着法治政府的建设水平,还离不开政府的社会管理智慧。总体来看,群租问题不是"洪水猛兽",在社会主义和谐社会的建设中,我们应该正视这一城市化带来的问题,通过各方面力量的整体努力来治理群租问题,确保城市健康、稳定的发展,同时也确保民众自身的权益得到充分的维护。

# B.17
# 嘉定经验："互联网+"助推智慧型检察机关建设

何 源*

**摘　要：** 在信息社会与"大数据"时代的背景下，如何将"互联网+"技术有效地运用至检务领域，发展电子检务，建设智慧型机关，成为我国检察机关面临的重要机遇与挑战。上海市嘉定区检察院积极发展相关硬件与软件设施，极大提升了自身办案能力与管理水平，还利用新媒体建设多元交流平台，促进检务公开，加强公众参与，打造"阳光下的检察院"与"指尖上的检察院"，大大增强了检察机关亲和力，提高了公众的满意度。

**关键词：** 互联网+　电子检务　嘉定检察院　检务公开　信息安全

"互联网+"不单单是一种技术革命，而且是人类思维方式的深刻变革，更是人类生产、生活方式和工作方式革命。信息社会与"大数据"时代的来临，已经将检察机关推到了"互联网+"的风口浪尖。电子检务成为创新检务管理方式，增强检察机关公信力与执行力的重要方式。关于电子检务，目前有很多种说法，如网络检察院、检务信息化管理等。

---

\* 何源，上海社会科学院法学研究所助理研究员。

其实，真正的电子检务绝不是简单的"检察机关上网工程"，而是检察机关利用现代科技，打造智慧型检察机关的结果。

近年来，上海市嘉定区检察院（以下简称"嘉定区院"）积极探索科学技术在检察工作各环节的充分应用，他们善于运用信息网络技术，在电子检务建设方面取得了重大成就，主要包含以下三方面：第一，司法办案能力得到提升。嘉定区院不仅自2015年开始运行远程视频讯问系统，极大地节省了检察官在途时间，促进了提讯工作的规范性，还在全市率先建成1250平方米司法办案场所，并辅助开发了"司法办案场所管理保障系统"，彻底改变了以往办案模式；第二，司法管理效能得到增强，嘉定区院主导研发的"嘉检之星"检务保障平台为实现检察事务数据电子化、流程标准化、办公网络化、监督实时化、管理规范化提供了坚实的保障；第三，司法公开的广度和深度得以增强，嘉定区院准确地把握时代脉搏，积极落实最高人民检察院关于"两微一端"的政策，大力发展微信、微博、微官网等网络平台，完善检务信息公开，极大地增强了检察工作透明度与亲和力。2015年，嘉定区院以上海地区总分第一的成绩获得最高人民检察院首批"全国科技强检示范院"称号。

在运用"互联网+"技术建设智慧型机关的过程中，嘉定区院深刻认识到除了要通过信息技术和网络技术对检务进行改造以外，更重要的是创新机关管理方式和公务员的管理理念和管理行为，这也是其成功的关键所在。概括来讲，嘉定区院的电子检务发展模式可概括为：以互联网技术为手段，以服务型理念为引领，以职能创新为抓手，以规范性思维为保障。

## 一 以现代网络和信息技术为手段

"互联网+检务"也是在从简单到复杂的过程中逐渐完善和发展起来的。这一发展过程可以从三个维度来说明：第一，"功能度"，以技术实施为特点；第二，"复杂度"，以信息交互程度为特点；第三，"成熟度"，以满足公众需求为特点。①检察机关提供的管理与服务，越是能够接受监督，则涉及的外部接口越多，交互程度和成熟度就越高。为此，嘉定区院专门成立了"科技强检工作领导小组"，检察长任组长。坚持顶层设计、宏观指导，使得互联网技术的运用在三个维度上都取得了令人满意的成果。

（一）功能度：以技术实施为特征

电子检务功能度以实施技术为衡量标准，包括电子信息化硬件系统、数字网络技术和相关软件技术的综合服务系统等。嘉定区院把解决科技投入作为重要任务予以落实，积极争取区委支持，每年设置专项预算资金，为电子检务的发展提供充实的资金保障。这使得嘉定区院的网络设施与软件得以"软硬兼施"，相辅相成。

硬件方面，嘉定区院通过铺设专用光缆，实现看守所、驻南翔社区监察室与院本部的远程互连，为远程提讯接访提供了基础；并在全市率先建成1250平方米的司法办案场所，通过全覆盖的同步录音录像设备，实现司法活动"全程留痕"；针对律师反映的阅卷难问题，腾出办公用房为律师阅卷提供场所保障，配备高拍仪等辅助阅卷设备，大大改善了律师阅卷环境；在驻所监察室完成远程异地备份机房建设，成为全市唯一具有远程异地数据设备及恢复能力的基层检察院，确保了检察办案数据安全。软件方面，嘉定区院将远程提讯接访、同步录音录像、视频示证等进行有机结合，极大提高了提审工作的规范性和效率；开发"司法办案场所管理保障系统"，彻底改变了检察官在办公室开展工作的模式；自主开发集律师阅卷预约登记、资格审查、复制材料、查询统计、系统管理等功能的"律师预约接待管理系统"，极大提高了律师阅卷效率。

（二）复杂度：以信息交互为特征

电子检务复杂度以信息交互为特征，即发出和接收信息的过程通畅、效

---

① "电子政务与行政法律建设"课题组：《电子政务与行政法律建设》，《国家行政学院学报》2006年第1期。

果良好。一方面，嘉定区院以信息发布为基础，坚持将检察门户网站、"两微一端"等新媒体公开平台建设作为检务公开的重要内容，运用微发布、微推送、微直播等方式，及时将事关群众切身利益、社会舆论关注及有社会警示作用的案件通过新媒体平台对外发布，并实现新平台信息发布工作日常化和常态化。另一方面，群众除了被动式地接受信息，还能够通过微官网的"嘉检服务"板块，对案件流程、法律文书等内容进行主动查询，知情权得以保障。嘉定区院甚至还设置专人及时听取群众诉求与回应群众需求，如夏某通过微博反映一赔偿款执行案存在困难，并在该院值班人员建议下来院反映诉求。接待结束后，夏某以发微博的方式对区院的热情文明接待表示了极大感谢。在类似的事件中，群众参与权得到保障，司法为民的宗旨也切实得以体现。

### （三）成熟度：以满足公众需求为特征

电子检务成熟度与公众满意度息息相关，即公众态度是检验电子检务工作的重要标杆。嘉定区院在运用现代网络与信息技术的过程中，摒除高大上、接上了地气，获得了群众的肯定与赞扬。远程接访使得家住南翔古镇，腿脚不便的彭老伯，通过系统反映诉求，大大降低了时间成本。网民小王发布多条微博并@嘉定检察："感谢嘉定区检察部门对外来务工人员的关心，特此发布微博感谢！"律师们则对"嘉检之星App"发出感叹，有了这个软件办案方便多了！由此可见，嘉定区院坚持的执法为民、公开透明、技术创新的理念不仅使检务工作上了一个新台阶，还获得了群众的认可与支持。

## 二 以服务型理念为引领

贯彻落实党的群众路线，就必须始终坚持"从群众中来，到群众中去"，立足本职为群众服务。创建"服务型"检察机关是贯彻落实党的群众路线的具体体现，也是学习和贯彻党的十八大精神以及习近平总书记在政法工作会议上的讲话精神的具体举措。嘉定区院打造智慧型机关，虽立足于互联网技术，但侧重的是方便高效的服务，凸显的是检务公开的亲和力。服务型理念既要求检察机关提升服务水平，增强自身实力，又要求检察机关具有服务意识，注重满足群众需求，保障群众的权利。

## （一）对内：提升办公水平，加强自我监督

互联网时代，大数据被广泛生产、分享与应用，这不仅为检察机关办公提供了海量信息，还促进了办公形式与内容的创新。打造"服务型检察机关"首先应当充分运用"互联网+"技术，不断提升智能办公水平，同时不断提高发现犯罪、惩治犯罪和法律监督的能力和水平。

在内部管理方面，嘉定区院主导研发的"嘉检之星"检务保障平台全景展示了检务工作面貌，通过与检察内网、车辆与固定资产管理系统等既有平台的对接，实现了检务的"一键管理"。同时，"嘉检之星"做到全程反映检务流程动态，全面推进无纸化办公，避免了纸质单据流转耗时、耗人力、容易出错的弊端，大大提高了办公效率。通过"嘉检之星"搭建的内部交流平台，将待办事项提醒与院内即时通信工具进行关联，第一时间告知最新工作进展，提示下一步工作流程，督促各环节责任人按时处理、快速反馈，有效促进了部门间协同合作。

在执法办案方面，"互联网+"技术的运用使得嘉定区院的办案与决策能力进一步提升。远程视频讯问系统运行以来，共进行远程提讯650次，涉及695名犯罪嫌疑人，平均每提讯1人用时20分钟。另外，自启用检委会决策系统以来，基本实现了"无纸化"办公，通过关联检委会讨论案件与档案系统类似案件，还可以为检委会全面研判案情提供参考，有效提高了检委会决策水平。

在提升办公水平的同时，"服务型"检察机关也要加强内部监督，制定相应服务行为规范，自觉地从廉政勤政、秉公执法、文明服务等方面规范自身行为。嘉定区院在电子检务发展过程中，借助互联网技术实行全程监控，不断提升智能监管水平。一是强化线上留痕监管。确保所有录入信息和流转信息均有据可查，为责任倒查提供依据，有效强化内部监督管理。将日常督

查与信息化管理相结合，纸质台账与线上记录相结合，重点关注车辆管理、经费审批、固定资产管理等环节，确保相关制度严格落实到位，保障督察全覆盖、无死角。二是实现全程动态监督。系统设置预警防控点，对办理不合规或超时办理的，实现动态管理和实时监督，强化承办人定期自查及职能部门督促整改，提升责任意识。如职能部门在处理会务申请时对会务要求有疑义，可通过反向跟踪，定位会务责任部门及申请人，对会议细节进行确认。

### （二）对外：强化服务理念，深化检务公开

在提升办公水平与加强自我监督的基础上，检察机关仍需重视自身服务意识和服务水平的提高，如此方可凸显"服务型检察机关"中的"服务"二字。以"互联网+"为技术手段的电子检务必须树立以人为中心，以服务为根本的理念。电子检务的目的不仅仅在于管理，还要立足服务。以人为本的电子检务就是要以检察人员、诉讼参与人、公民等服务对象为中心开展工作，要服务于办案、服务于人民群众。便利和便民是电子检务的根本追求。① 嘉定区院以服务理念为引领，在微官网专门开辟"嘉检服务"板块，这大大改善了用户需求，提高了用户满意度。在满足移动客户端用户体验之外，嘉定区院还考虑到不经常使用新媒体的群体，设置触摸式微官网发布终端设置，充分体现服务意识与人文关怀，取得了良好的社会影响与回馈。

服务理念不仅贯彻于嘉定区院的整个办公流程，还引领着其检务公开的深化与完善。"微时代"的到来，预示着信息传播的方式发生改变，人们阅读习惯和接受服务的途径也发生改变。嘉定区院抓准时代脉搏，结合嘉定区的特点，推进"指尖上的检察院"建设，利用微博、微信、微官网与App等多元化平台，谱写出一曲"阳光检务之歌"。这也是贯彻落实高检院关于检务公开工作应推进"两微一端"建设的具体实践。平台建设方面，嘉定区院建立了微博领导规范机制，成立由分管检察长任组长的微博领导小组，并制定《"嘉定检察"官方微博管理办法》，明确微博发布的权限、范围、

---

① 隋光伟：《电子检务建设须注意四个问题》，《人民检察》2008年第4期。

撰写及审核方式、要求，将检务公开平台管理纳入规范化、日常化轨道。人员配备方面，嘉定区院已建立微博、微信管理工作小组，轮流值班分工负责信息发布、评论回应、舆情监测、技术维护等具体工作。内容公开方面，嘉定区院利用新媒体平台，切实推进执法办案进程与结果公开，其将区院律师阅卷系统与市院诉讼流程查询平台衔接，自动绑定阅卷律师与其所阅案件，推进"一个串号、多个平台、即时推送、随时查询"的案件进程查询模式。同时，嘉定区院充分利用微信、微博和微官网等多元化平台，主动向社会发布其办理的重大案件和典型案例多件，接受公众的监督。

检务公开不能简单理解为"信息上网"，其关键在于增强人民群众安全感和满意度，提高政法工作的亲和力和公信力，努力让人民群众在每一个司法案件中都感受到公平正义。检务公开的重要内涵在于不断畅通群众诉求表达渠道并完善便民利民措施，打破各种对群众诉求表达制造隐形障碍的"玻璃门""弹簧门"，以更高标准服务群众、服务诉讼参与人和当事人。为了激发公众的参与热情，嘉定区院除发布常规业务信息，还独创性地设置了"早安心语""以案说法""我有话说"等小清新的专题，在"微博体""微信体"中打开阳光检务的新大门。目前，嘉定区院吸引粉丝约4.3万个，发布微博、微信2300多条，收到转发评论3000余次，形成了与群众进行良好互动的氛围与机制。

## 三　以职能转变为抓手

我国电子检务建设中存在"重电子，轻检务"的情况。具体来讲，一方面是把电子检务等同于检务的计算机化，简单地用计算机系统模仿传统的手工检务处理模式，而不重视软件的开发和检务流程的整合；另一方面则将电子检务理解过于简单，认为其等于信息上网，把一些政策法规和办案信息搬上网络即可。将检察机关职能计算机化以及简单的政府上网，反而会使得电子检务进一步固化现行的管理模式和办案流程，不利于检察机关职能创新和工作流程的优化，极大地降低了电子检务的效率。因此，在发展检务过程中，必须转换思维，要充分认识到"互联网+检察"不等于简单的"检察工作+互联网"。在"互联网+"技术的建设与"服务型"理念之间，检察机关的职能转变与革新方为连接二者的关键性抓手。

嘉定区院以网络与信息技术为手段，以"服务型"检察机关建设为核心目标，进行了一系列的职能创新，对传统机制进行了突破。一是建立"定期不定向"检察开放机制。组建"检察开放日"讲解服务队，不断扩大活动参与对象范围，更多地邀请社区群众参与，提高检察机关的社会认知度。同时扩大活动参观范围，主导研发"司法办案场所管理保障系统"，丰富综合管理平台内容，实现对每个来院人员从"进门"到"出门"的全程管理和监督，保障执法办案过程的规范有序。二是建立信息发布管理机制。结合现有宣传工作制度，建立新闻发言人制度和涉检舆情监测制度，实现信息发布工作日常化、常态化运作，为人民群众深入了解检察机关开辟快速通道。建立专门审批制度，通过对审查审批权限及流程的严格设定，把准信息发布的舆论导向。在积极回应人民群众需求的同时，加强对舆情的收集、引导。目前共发布案件信息和典型案例73件，收集相关舆情4件，均做了妥善处理。三是建立法律文书专项评查机制。针对法律文书的专业性和特殊性，制定《关于对检察法律文书情况开展专项检务督察的实施意见》，对评查中发现的文书制作格式不一、用语不当等一类问题集中通报改进，经评查后现已对30份终结性法律文书进行公开。四是建立公开事项三级保密审查机制。将检务公开同执法办案风险评估工作相结合，对待公开事项严格审查、评估、把关，互相监督及制约，强化对待公开事项的保密审查，确保检察秘密安全，维护检察权威。由此可见，嘉定区院在运用"互联网+"的同时，也对传统职能与工作方式、流程进行了革新，真正做到了"互联网+检务"。

## 四 以规范性思维为保障

为避免"东一榔头，西一棒子"的无序状态，嘉定区院在智慧型检察机关建设中十分注意以规范性文件来保障工作的顺利进行。

自上有"据"。区院深入贯彻高检院《"十二五"时期科技强检规划纲要》，严格按照"统一规划、统一标准、统一设计、统一实施"的基本原则，积极探索科学技术在检察工作各环节的充分应用。在将"互联网＋"与检务公开相衔接时，区院亦深刻理解最高人民检察院《深化检务公开制度改革试点工作方案》和上海市人民检察院《上海检察机关深化检务公开实施方案（暂行）》的文件精神，加强组织领寻，分工分步实施，强化督促检查，将检务公开工作落到实处。另外，在以创新形式推进案件程序性信息公开过程中，嘉定区院也根据市院《上海检察机关案件程序性信息查询管理规定（试行）》文件，以依法、便民、及时、规范、安全为原则，进一步完善案件程序性信息公开的责任落实，规范执法办案活动，促进司法公正。

于下有"法"。在严格执行最高检、上海市检察院相关文件的基础上，为了将上级要求与本院实际紧密联系，嘉定区院还制定了一系列管理方法。

第一，在检务信息公开领域，区院先后制定了《深化检务公开试点工作实施方案》及《深化检务公开重点项目一览表》，确定并分布实施了12个检务公开重点工作项目。另外，制定并落实了《案件信息和典型案例发布办法》，采用新闻统发、网上发布、召开新闻发布会、集中采访等方式，主动向社会发布区院办理的重大案件和典型案例并召开新闻发布会若干。

第二，在加强公众参与领域，区院不仅制定了《关于在公开答复工作中邀请人大代表参与并进行监督的实施办法》，建立代表委员信息库，根据所涉案件类别分别邀请相关领域内的代表委员参与听证，还出台并发布了《关于依法保障律师执业权利 构建新型检律关系的若干意见》，充分保障律师依法执业权利，探索建立第三方激励保障机制，为参与案件公开审查的第三方人员提供必要的物质和精神鼓励，巩固工作效果。

第三，在利用新媒体打造多元价值平台过程中，区院专门制定了《"嘉定检察"官方微博管理办法》，明确了微博发布的权限、范围、撰写及审核方式、要求，并明确主要负责部门和其他相关部门的协调配合任务，将微博这一宣传工作纳入规范化、日常化轨道，有效避免了新媒体运用过程中的信息泄露与信息安全问题。

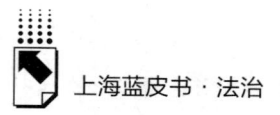

## 余论：电子检务的法律边界

可以认为，互联网是20世纪人类最伟大的发明之一。互联网与各领域的融合发展是时代发展的必然趋势。然而，仍存在若干需要冷静思考的问题，如电子检务中的人权保障、信息安全和相应法制完善等。

### （一）电子检务中的人权保障

长期以来，传统观点认为，检察机关作为国家的专政机构，其主要职能是打击犯罪，维护社会治安。然而随着法治观念的进步，对于检察机关职能的认识也在发生变化。目前认为检察工作必须定位于维护国家法律的统一实施，维护国家、社会公共利益和个人的合法权利不受非法侵害。对诉讼参与人基本人权的尊重与保护，是衡量一国法治现代化水平的重要标志。由此可见，电子检务在促进检察机关办案效率与水平提升的同时，也不能够忽视对公民合法权利的保护。

应当说，"互联网＋"技术的运用在一定程度上促进了检务的公开化、阳光化，有利于保护诉讼参与人的合法权利。例如，嘉定区院将远程提讯接访、同步录音录像、视频示证等进行有机整合，极大提高了提审工作的规范性和效率，增加了执法透明度。但是，远程提讯毕竟与传统的直接"面对面"不同，可能会对诉讼参与人造成一定影响。首先，要注意提讯中视频技术的介入对当事人、辩护人的心理影响，以及审理疑难案件的效率影响。其次，远程提讯或其他办案环节应建立在完备的内外部条件的基础上。在重大、疑难案件的提讯或其他办案过程中，远程技术的应用一定要非常谨慎，且必须在双方当事人同意的情况才可使用，以体现对人权的重视与保障。

### （二）电子检务中的信息安全和隐私权保护

一般来说，电子检务系统应该是安全可靠的。在电子检务系统平台上传输的检察机关公文和案件信息，大多是机密、秘密信息，这些重要信息涉及国家安全和社会的稳定。但是,目前电子检务系统的核心技术和设备并没有掌握在检察机关自己的手中,被广泛应用的硬、软件平台均存在重大安全隐患,如:在全国检察机关广泛应用的留有"后门"的微软 Windows 操作系统,能够读取宿主信息的英特尔奔腾Ⅲ处理器等。由于操作系统和处理器核心技术都掌握在外国人手中,如果黑客攻击行为作为境外敌对势力的行为出现,后果将不堪设想。即使在和平时期,一些失控的重要检务信息也将会对社会稳定带来不利的影响。

检察机关在通过电子检务行使法律监督职能的同时,计算机网络会受到来自外部或内部的各种攻击威胁。据统计,在有关检察机关计算机网络的安全问题中,有11%导致网络数据破坏,14%导致数据失密,70%导致网络瘫痪。① 系统的有效运行和信息有效控制已受到巨大的威胁,同时网络威胁的隐蔽性、突发性、破坏性和不易恢复性等特点都要求我们必须对网络安全问题给予高度重视。我国颁布实施的《计算机信息系统国际互联网管理规定》中明确规定:涉及国家级秘密的计算机信息系统不得直接或间接与国际互联网或其他公共信息网络相连接,必须实现物理隔离。这是全国检察机关在电子检务建设和使用中应该严格执行的。

除了黑客攻击对信息安全造成的威胁之外,诉讼参与人"隐私权"与一般大众"知情权"之间应如何平衡,也是电子检务给检察机关带来的一个不小的挑战。在信息社会中,网络技术大大提升了信息的传播速度,扩大了其传播范围,并赋予了普通公民更强的信息索取能力。简单的执法办案相关政策与法律规定的公布,已不能满足公民的要求,他们更需要了解当前检察工作的重点内容、具体措施和实施成效,其中包括社会影响力大的重要案件的进展情况。对于诉讼参与人来说,则要求公开相关诉讼程序、诉讼期限、办案流程、案件处理情况、法律文书、办案纪律等信息。而且,公开的语言应该以普通公民能够理解为标准,不应选择专业性强、较为晦涩的语

---

① 程三军:《论电子检务中的网络和信息安全》,载《第十七次全国计算机安全学术交流会暨电子政务安全研讨会论文集》,2002。

言。这正是目前检务公开制度追求的"知情权"。然而，在满足公众知情权的情况下，如何避免"公开过度"，防止侵害到诉讼参与人的隐私权，也是检察机关在电子检务发展过程中尤其需要注意的问题。

### （三）相应法律体系的完善

我国现有的法律体系滞后于电子检务发展的需要。相对于传统检务，电子检务建设的最大特色就在于它的虚拟性，即作业的无纸化、信息传输的网络化、法律关系的虚拟化等特点。这些特点与现有法律规定存在着较大冲突。其原因在于现有法律对诉讼参与人的意思表示载体（书面形式）、确定责任人的方式（签字、盖章）、纠纷证据的提交（原件）等一整套规定，是基于工业时代检察机关办案方式的特征而制定的。而如今电子形式的签章、通知、送达与回执等行为方式，将逐渐在办案过程中被广泛使用。由于电子系统的依赖性、载体的无信息性和可任意修改性，法律如何与时俱进地进行规制，也是一个亟待解决的问题。

在法律体系尚未健全的情况下，检察机关只能依赖于上级机关和自身内部制定的规范性文件来开展电子检务工作，如国务院发布的《关于积极推进"互联网＋"行动的指导意见》，最高人民检察院发布的《人民检察院案件信息公开工作规定（试行）》，上海市检察院发布的《上海检察机关案件程序性信息查询管理规定（试行）》，以及嘉定区院在新媒体管理过程中发布的《"嘉定检察"官方微博管理办法》等。这些文件虽然对电子检务建设规范性推进起到了重要作用，但终究无法替代法律的稳定性与强制性，其只是在相关法律体系未完善之前的过渡性举措。只有在建立和完善与电子检务发展相适应的法律体系后，电子检务才可以更加有效地促进检察机关职能转变和管理创新，打造真正的"智慧型检察院"。

总而言之，"互联网＋"虽为检察机关的管理与服务方式创新提供了手段与方式，但电子检务在我国尚处于起步阶段，既拥有巨大的发展潜力与广阔的前景，也面临着种种挑战与危机。在传统、现实与未来的不断碰撞中，相应的法律制度也应以崭新的面貌出现，适应时代的进步与人民的需求。

# B.18
# 金山区行政诉讼协调化解机制专案研究

洪安祺*

**摘　要：** 法律是治国之重器，公正是法治的生命线。司法公正对社会公正具有重要引领作用，司法不公对社会公正具有致命破坏作用。金山区人民法院在依法履行行政审判职能，依法审理行政诉讼案件的基础上，寻求行政审判实践中的创新思维，积极探索行政诉讼协调制度，切实推动行政争议实质性解决，尝试新的结案方式，从而有效化解行政争议，保障群众的合法权益，维护区域的和谐稳定。

**关键词：** 金山区　行政诉讼　协调化解机制

行政诉讼是行政相对人的一种救济制度，同时也是对行政主体的一种法律监督制度，行政诉讼所需要达到的最根本目的是通过法院的司法审查来化解行政相对人与行政机关之间的行政争议。然而行政诉讼在一些情况下并不能很好地起到化解纠纷的作用。为弥补行政诉讼存在的缺陷，需要有多元化的行政争议化解方式。行政诉讼协调化解机制作为一种行政争议化解方式，可以有效地促使行政争议的实质性解决。

---

\* 洪安祺，上海社会科学院研究生院硕士研究生。

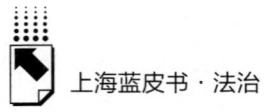

# 一 行政诉讼协调化解机制的功能概述

当前,较多的行政案件存在申诉率和上访率居高不下、息诉率较低等情况,由于行政审判在司法审查和司法变更范围等方面的有限性,若简单定夺下判,有时无法有效解决案件争议或背后纠葛的矛盾,留有"案结事未了"的后患。在司法实践中,行政争议的增加在某种程度上给社会的和谐与稳定造成了不利的影响。尤其是在行政争议不能够得到及时、有效化解的情况下,更是使得行政机关与行政相对人之间的关系产生了一种紧张的状态,严重影响了政府机关与公民之间的互相信任关系。出于维护社会公平正义、促进案件实质性化解的需要,金山区人民法院行政庭在坚持依法审查的基础上,加强协调化解工作机制的运用,实现涉诉争议解决的向前延伸和向后拓展,取得了较好的成效。2014年,在金山区人民法院审结的51件诉讼行政案件中,经协调化解,当事人合法权益得到维护并申请撤诉的有23件,较之2013年的9件,增加了14件。此外,一审行政案件息诉率位列全上海市法院第一名,协调化解率位列全上海市法院第二名,上诉率、申诉率和二审改判发回率均较低,保持了行政审判质效的良性运转。

## (一)行政诉讼协调化解机制的基本问题

从理论上来讲,行政诉讼主要有三大功能,包括监督行政机关依法行政、保护行政相对人合法权益和解决行政诉讼争议。在2015年5月1日起施行的新《行政诉讼法》中,第一条"立法目的"也新增加了"解决行政争议"的表述,表明了立法上对于行政诉讼解决争议功能的重视,而不同于过去《行政诉讼法》中仅注重于行政诉讼的监督和救济功能。行政诉讼协调化解机制正是一种能够有效解决行政诉讼争议的途径,该机制的有效运用可以起到解决行政诉讼争议的作用。目前新修订的《行政诉讼法》第六十条规定:"人民法院审理行政案件,不适用调解。但是,行政赔偿、补偿以及行政机关行使法律、法规规定的自由裁量权的案件可以调解。"由此可见，立法本意对行政调解的范围确有明确的限制，然而立法上已由原先不鼓励行政诉讼案件进行调解的态度，转变为针对部分的行政诉讼案件可以适用调解，以达到定分止争的目的。从某种意义上来说，行政诉讼协调化解机制这一解决争议的方式并没有受到《行政诉讼法》的限制或排斥。就立法上看，可谓是对行政诉讼协调化解机制的有限放开，法院对有自由裁量权的争议案件可以运用协调手段加以解决。

从字面上来看，"协调"的本意为"（使）配合得适当"，行政诉讼协调化解机制是指法院在审理行政案件的过程中主动运用法律的基本原则和具体规定，在双方当事人之间，以及其他相关各方之间进行的协商、调停、沟通、探索案件处理办法，引导当事人各方尽快"合意和解"。这种机制不损害国家、集体或他人合法利益。① "协调"与"调解"的区别在于，"协调"注重的是纠纷化解的过程，而"调解"则更强调的是纠纷化解的结果；"协调"重视的是由法院作为中间方来联络多方主体进行纠纷化解活动，而"调解"则注重的是由法院作为中间方来落实双方当事人的意愿。在行政诉讼案件中，通过调解处理纠纷与法院可以对行政诉讼案件进行协调，两者的意义并不完全相同，行政诉讼调解制度是由《行政诉讼法》所规定的一项程序性制度，而行政诉讼协调化解机制则是行政审判中的一种工作机制，因此其工作程序和工作方式可以没有严格的规范化要求，也不需要拘泥于某一种单一的形式。虽然行政诉讼协调化解机制可能在某种程度上突破司法权行使的范围和界限，但通过行政诉讼协调化解机制通常可以起到案结事了的良好效果，并且可以更好地解决行政诉讼案件中当事人的诉求。与此同时，实行行政诉讼协调化解机制也绝非意味着放弃司法权对公正、公平的追求，法院对行政诉讼案件进行协调，不仅能够化解行政争议，还同时使行政机关和行政相对人之间的关系得到更好的维系，从而维护社会关系的稳定。

---

① 参见林莉红《论行政诉讼中的协调——兼评诉讼调解》，《法学论坛》2010年第5期。

## （二）加强行政诉讼协调化解机制的意义

行政诉讼协调化解机制不但符合中国社会追求和谐的传统文化，也顺应了多元化纠纷解决机制的理念，其意义体现在三个方面。

第一，可以有效地解决行政争议。随着行政争议类型的日趋多样化和复杂化，在司法实践中，行政诉讼案件的上诉率和上访率都一直居高不下，这与行政诉讼案件不能适用调解结案具有一定的联系。目前调解作为一种特有的纠纷解决方式被广泛地运用于民事诉讼领域，相比较判决而言，调解是法院经双方的协商所做出的裁决，因此调解的结果更容易被当事人所认可。法律中规定，行政诉讼在原则上是不能适用调解的，因此行政诉讼案件只能采用判决的方式审结。无论法院对行政案件做出怎样的判决，都有可能导致原告上诉、有利害关系的第三人不服甚至上访申诉，行政机关出于行政管理的需要，可以重新做出具体行政行为，对重做的行政行为，相对人还可以再次提起行政诉讼，单纯的行政判决始终达不到彻底平息纠纷的目的。[①] 行政诉讼协调化解机制可以起到类似于调解的作用，通过法院的居中协调，使行政机关和行政相对人互相谅解，从根本上解决行政争议。

第二，行政诉讼协调化解机制可以促进实体公正的实现。实体公正主要是指司法者根据实体一般公正的要求，通过在诉讼中行使自由裁量权而达到公正裁判的结果，即结果的公正。在行政诉讼中，由于双方当事人地位的极不平等，实体公正就成了一个重要的问题。行政相对人总是相对弱势的一方，而拥有行政权的行政机关往往是强势的一方，且在行政诉讼中具有天然的优势。故在行政诉讼过程中，可能存在行政相对人的合法权益无法得到保障的情况，从而造成行政诉讼不公正。行政诉讼的争议本身又有其特殊性，不仅需要法院在行政相对人与行政机关之间的利益关系中做出评判，而且往往会涉及复杂的价值选择及判断，并且由于行政诉讼案件还大量涉及第三人的利益，这使法院进行这种价值选择与判断时难上加难。若不能妥善处理行

---

① 参见赵兴萍《建立行政诉讼协调机制实现案结事好》，《法制博览》2012 年第 11 期。

政相对人与行政机关之间的关系，极易激化成社会矛盾，这就需要法院在案件之外做更多的协调处理工作。在行政诉讼协调化解机制中，法院作为中立的司法机关，通过和行政相对人以及行政机关的沟通，可以有效地了解当事人的诉求，通过协调的方式最大限度地满足各方当事人的利益，从而保证实体公正的实现。

第三，行政诉讼协调化解机制可以很好地提升诉讼效率。诉讼效率强调以最少的时间来解决纠纷，获得最多的诉讼收益，实现司法资源的最优配置与使用。行政诉讼是民告官的诉讼，涉及对行政机关所做出的具体行政行为合法性及合理性的判断，通常需要耗费相当高的时间成本。法院通过协调化解机制解决行政争议，不但可以更快地化解行政争议，还可以节省大量司法资源，而且通常也能使案件更容易被行政相对人所接受，从而带来案件的上诉、申诉数量的减少。因此，行政诉讼协调机制的正确运用可以有效地提高诉讼效率。

## 二 金山区人民法院解决行政争议的主要做法及其推广价值

金山区人民法院从增强大局意识、法治意识，坚持严格公正司法，促进政府依法行政等视角，增强司法与行政良性互动、有效协同的意识，保持行政争议协调化解"三步法"的工作方法，形成预防和化解行政争议的整体合力，探索一揽子解决的思路和方法。

### （一）金山区人民法院解决行政争议的主要做法及成效

1. 依法查明案件事实，固定协调化解基础，做到"心中有数"

行政审判坚持以事实为根据，以法律为准绳，客观全面地查明案情，厘清涉案法律关系，把握涉诉矛盾关键，为协调化解方案的制定固定基础。一是注重庭前研判。承办法官在案件受理后，及时阅卷掌握基本案情和争议焦点。二是注重现场调查。对于涉宅基地审批行政行为、拆除违法建筑和环保等矛盾易激化或涉案矛盾时日已久的案件，承办法官实地调查，深入了解案情。三是多方走访沟通。走访相关部门，分析研判行政案件争议的背景、成因等信息，从根本上厘清案件当事人的诉求，做好协调化解的基础工作。

2. 加强协调化解工作，实施协调化解"三步法"，做到"手中有方"

为促进行政争议实质性解决，金山区人民法院在协调化解工作中，逐步探索形成有效的协调"三步法"，即承办法官初步协调、合议庭全面协调、院领导深度协调。在全面查清案件事实的基础上，针对案件特点，对具有协调化解空间的或当事人主动要求法院进行协调的案件，承办法官适当前移审理环节，积极搭建协调化解平台，组织行政相对人与行政机关"面对面"协商，增进相互理解与信任；承办法官协调未果的，合议庭审判人员共同加入协调化解工作，把握协调和解的有利时机，充分利用集体的智慧，尽可能提出协调方案；合议庭协调仍未果，但尚有协调空间的，由庭长、分管院领导牵头协调，抓住症结"对症开方"，整合内外部资源，合力促成涉诉矛盾的实质性化解，及时保障行政相对人的权益。

3. 整合多方资源，促进矛盾化解，做到"内外合力"

对于涉及区域重点项目建设、土地征收、房屋拆迁等案件，金山区人民法院主动向区委汇报案件的审理情况、遇到的困难、需要协调的事项，制订协调化解专项工作方案，积极争取区委领导支持，借助政府部门、基层村居委会的力量，共同做好群众工作，化解纠纷，维护社会稳定。对于劳动和社会保障等行政案件，重点解决当事人的实际困难。对于房地产登记等行民交叉案件，加强与行政机关沟通协调，促成相关争议"一揽子"解决。

4. 建立司法与行政良性互动机制，提升依法行政水平，做到"跟进有举"

对于案件审理中发现的行政执法存在的问题和瑕疵，金山区人民法院以良性互动机制为依托，通过积极发布年度行政审判白皮书、发送司法建议书、选编典型案例等方式，注重以问题为导向，有针对性地向行政机关反馈问题，从而帮助行政机关提升行政执法水平，督促行政机关及时整改，从源头上减少行政执法的瑕疵。组织发布行政案件审判白皮书，系统梳理分析金山区行政机关在行政执法中存在的具体问题,并就如何有效预防和化解行政争议等提出建议。2014年金山区人民法院共向行政机关发送司法建议3份,反馈率较高,相关委办局、街镇对司法建议书均给予了充分的重视,及时回复并明确整改措施。应行政机关邀请,金山区人民法院行政庭法官多次赴相关行政部门进行研讨座谈,对行政执法人员开展专题培训,以案论法,提高执法水平。

金山区人民法院在行政审判工作中,注重需求和问题导向,充分了解当事人诉讼争议背后的真实诉求,尽力解决当事人因行政诉讼争议产生的实际问题,切实维护了群众的合法权益。对于一些涉及社会关注度高的土地、房屋、食品安全等行政案件,案件审理具有一定的敏感性及难度,院领导重视并牵头协调,专项制订协调化解工作方案,明确矛盾症结、化解方式和途径、时间节点,通过带队实地走访、专项会议、圆桌会商等多种方式,确保案件得以妥当处理,维护了区域和谐稳定。依法裁判和协调是解决行政诉讼争议的两种方式,裁判重在规范行为、强化预期,协调重在化解矛盾、解决纠纷,二者不可偏废。行政审判注重依法裁判和有效化解的有机统一。2014年金山区人民法院的一审行政案件息诉率位列全上海市法院第一名,协调化解率位列全上海市法院第二名,上诉率、申诉率较低,二审改判发回率为零。其中,协调化解率较之2013年上升了20.21个百分点,反映了案件争议实质性解决机制的不断成熟和完善,兼顾了法律效果和社会效果。

## (二)金山区人民法院行政诉讼协调化解机制的推广价值

金山区人民法院行政诉讼协调化解机制取得了显著成效,该机制是值得去更广泛地推广的,其推广价值主要可以概括为以下四点内容。

1. 促进行政争议化解,缓和社会矛盾

行政诉讼当事双方具有特殊性,若以通常的判决方式处理行政机关与行政相对人之间的行政争议,有可能造成当事双方矛盾僵化,甚至关系破裂,没有回旋余地。而推动协调化解机制解决行政争议,尚有望为行政机关与行政相对人保留修复关系的空间，同时也能够化解对立情绪，达到接受协调结果的目的。这也是这一机制最为重要的推广价值。

2. 优化案件处理，减轻各方压力

我国司法资源目前相对有限，如若每一起行政诉讼案件都以判决形式结案，难免会出现行政相对人不服裁判的情况，之后会引发行政相对人的不断上诉、上访、申诉等。各方当事人也可能由此陷入旷日持久的诉讼之中，不但纠纷难以得到化解，还会产生高昂的成本，耗费大量的时间，一些业务本已十分繁重的法院也可能因此不堪重负，行政机关也会因此耗费大量的人力和物力。行政诉讼协调化解机制可以使当事人主动接受法院对争议的处理，能够有效地提升诉讼效率，节省司法资源，使争讼双方相对便捷地、快速地解决争议。

3. 自愿协调为原则，协调程序多样化

金山区人民法院在审理行政诉讼案件过程中，法官会根据案件的性质，适时采用协调化解这一手段，积极地化解行政相对人与行政机关之间的矛盾。而且行政诉讼协调化解机制的启用必须是建立在双方当事人自愿的基础之上的，只有在行政相对人和行政机关都同意进行协调的情况下，法院才会对行政诉讼案件进行协调化解处理，充分尊重当事人的诉权。此外，金山区人民法院的行政诉讼协调机制有着严格的规范要求，实施协调化解"三步法"，但并不拘泥于单一的形式，形成多方位协调、多主体参与的模式，通过合议庭、院领导的参与，以及各职能部门的支持和帮助，便于加强沟通与理解，达到化解纠纷和矛盾的目的。

4. 建立建议保障机制，提升依法行政能力

金山区人民法院在审理行政诉讼争议案件过程中，针对行政机关存在行政执法问题的典型案例及相关情况，不但会通过各种形式向行政机关及时反馈，提出司法建议，而且会组织专业法官对行政执法机关中的执法人员进行行政执法培训。这种沟通方式能够使行政机关对行政行为存在的问题及法律后果有进一步认识，并取得良好的法律效果和社会效果，营造良好的司法氛围，形成良好的保障机制。这样的良性互动有利于提升行政机关依法行政的

能力，促使行政机关依法依规做出具体行政行为，从而在一定程度上减少行政争议，从源头上制止行政争议的产生。

## 三 思考与建议

### （一）机制适用范围的问题

新修订的《行政诉讼法》的立法目的包括"解决行政争议"，然而解决行政争议的手段应当符合法律的规定，通过行政诉讼协调化解机制来解决行政争议是否符合《行政诉讼法》还有待商榷。行政诉讼协调化解机制是通过法院的中间协调，说服行政机关改变具体行政行为，使得行政相对人认可行政机关的这种改变而主动撤诉，或者说服行政相对人服从行政机关的具体行政行为而主动撤诉。因此，行政诉讼协调化解机制在事实上类似于行政调解，而行政诉讼原则上是不适用调解的。根据《行政诉讼法》的规定，行政调解目前仅仅适用于行政赔偿、补偿以及行政机关行使法律、法规规定的自由裁量权的案件。因此，对于行政诉讼协调化解机制的运用也应当限制于一定的范围之内，不宜过度使用行政诉讼协调化解机制，以避免用行政诉讼协调化解之名来行使行政调解之实，从而破坏行政权的不可处分性。可以参考行政调解的适用范围，从而明确行政诉讼协调化解机制的适用范围。

### （二）程序上的问题

就金山区人民法院的实践情况来看，行政诉讼协调化解机制作为一种工作机制，所适用的程序比较灵活多样。虽然多样化的程序有助于行政争议的解决，方便司法机关的实际操作，然而作为行政诉讼程序中的一部分内容，协调化解机制应当有比较完整而具体的程序规范，比如规定行政诉讼协调化解程序的启动时间、行政诉讼协调化解程序的适用条件、可以提起行政诉讼协调化解程序主体、对行政诉讼协调化解结果不履行的法律后果、行政相对人和行政机关在行政诉讼协调化解程序中的权利义务等。在诉讼中，无论是以判决、裁定的形式处理案件，还是以"调解"或"和解"的方式处理案件，都是诉讼程序法律制度在司法实践中的运用和体现。① 因此，行政诉讼协调化解机制从本质上来看也是一种诉讼程序，而诉讼制度属于我国《立法法》所明确规定的由法律保留的内容，其只能由全国人大及其常委会以法律的形式加以明确。因此，要进一步推进行政诉讼协调化解机制的实行必须由立法的形式予以明确规定。

### （三）结果履行的问题

行政诉讼协调化解通常是在行政相对人和行政机关协商同意协调后，以行政相对人撤诉为最终的结案方式，而最终的协调结果并不会以法院出具的裁判文书的形式固定下来。虽然行政机关一般都具有较好的公信力，但是没有具有强制执行力的法律文书，如若行政相对人在撤诉后遭到行政机关的事后反悔，则行政相对人通过协调所获得的权利就无法得到任何保障。而且行政诉讼协调化解之后，是由行政相对人主动撤诉来解决案件的，因此行政相对人也无法再基于该理由再次提起行政诉讼。在这样的情况下，行政相对人的权利就遭到了严重的侵害，行政相对人失去了权利救济的途径之后，可能引发的就是行政相对人的反复上访、申诉，从而会带来社会的不和谐与不稳定。因而，行政诉讼协调化解后的结果履行也是一个需要予以重视并解决的问题，这直接关系行政相对人权利的保障。可以考虑通过行政机关先履行承诺，行政相对人再撤诉等方法来解决协调化解机制的结果履行问题。只有做到真正解决行政相对人的诉讼请求，才能使行政相对人从心理上愿意接受这种制度，从而使行政诉讼协调化解机制最充分地发挥其应有的作用。

## 结　语

行政诉讼协调化解机制具有极强的纠纷化解功能，能够很好地实现

---

① 参见沈福俊《和谐统一的行政诉讼协调和解机制》，《华东政法大学学报》2007年第6期。

《行政诉讼法》的"解决行政争议"的目的，金山区人民法院的做法践行了司法为民的根本宗旨，回应了群众多元化的司法需求。行政诉讼协调化解机制，虽然在一定程度上可能会突破法院不告不理的原则，但是实行行政诉讼协调化解机制，可以使法院更好地发挥行政纠纷化解和行政矛盾调和的作用，使得法院在力图发挥其解决纠纷、维护稳定、改善民生等作用的过程中，扮演更重要的角色。法院作为司法机关应当充分发挥在法律适用等方面的专业性优势，积极拓展和延伸司法职能，及对分析和归纳社会公共管理领域中所遇到的共性问题，推动依法创新社会治理，推动形成长效机制，从源头上预防和减少行政争议。与此同时，法院还应当充分发挥在协调化解、矛盾稳控方面的资源优势，积极地取得有关行政机关的支持与配合，做好行政争议协调化解和矛盾稳控工作，真正地实现案结、诉息、事了，促进法治政府的建设。

# B.19 后　记

《上海法治发展报告（2016）》新鲜出炉了。立足于资讯类年度报告的图书定位，本书主要内容为对上海2015年在法治建设各方面所取得的成绩进行的全面总结，并对2016年法治建设情况做了展望。

在本书编撰过程中，对选题、资料收集、问卷设计及发放、主题论证、结构设计、报告撰写、初稿编审等各个环节，上海市依法治市领导小组办公室、上海市人大法制委员会、上海市人大内司委、上海市政府法制办、上海市法学会、上海市高级人民法院研究室、上海市第一中级人民法院研究室、上海市人民检察院办公室及研究室、上海市公安局研究室、上海市律师协会、上海市立法研究所、上海市行政法制研究所等单位的领导和工作人员给予了极大地支持、指导和帮助。在此我们谨致以诚挚的谢意。

在上海社会科学院法学研究所叶青所长的主持和组织下，法学研究所成立了"上海法治发展报告编委会"，专门从事上海法治市情调研和法治蓝皮书的编撰工作。法学所部分科研人员也积极参与了法治发展报告部分专题的撰写工作，本所硕士研究生刘恋、刘锋、李雪红、洪安祺、谢欢欢、张洁、张建勋、房新、孟炜、张盛嘉、丁佳佳等参与了本书部分内容的讨论、撰写和校对工作。主编、副主编和所有编委对本书架构、内容等进行了认真讨论，通过统稿会完成了本书的编撰工作。法学所彭辉副研究员翻译了摘要和目录的英文部分，王海峰研究员对这些内容进行了校对。编委会对全书进行了审稿、定稿与校对。上海社会科学院智库研究中心的领导为本书的完成提供了大力帮助。社会科学文献出版社的编辑对本书质量的保证起了重要作用。没有上述单位和人员的积极参与和辛劳付出，本书难以顺利面世，我们由衷地对他们表示感谢。

## 后 记

上海法治发展报告专家咨询委员会委员沈国明、盛勇强、周永年、龚培华、刘平、阮祝军、郑辉、黄立群、季卫东、盛雷鸣、俞卫锋、汤啸天等专家、学者应邀参加了本书编委会组织的座谈会,对本书的架构、内容等提出了很多建设性意见。对他们的宝贵建议表示衷心的感谢。

本书在立项、选题、调研和撰写的过程中,得到上海社会科学院院长王战、党委书记于信汇的关心和支持,在此一并向他们表示诚挚谢意。

上海社会科学院正在大力开展国家高端智库建设,法学研究所也在为建设国家高端法治智库而努力,《上海法治发展报告(2016)》希望得到上述所有单位和个人一如既往的支持和帮助,共同为建设国家高端法治智库建言献策,为建设平安上海、法治上海添砖加瓦。

由于时间仓促,编者能力有限,本书无论形式还是内容都有待进一步改进和完善,书中疏漏、纰漏之处难免存在,敬祈读者批评指正。

上海社会科学院法学研究所

上海法治发展报告编委会

2016年3月31日

社会科学文献出版社　皮书系列

### ❖ 皮书起源 ❖

"皮书"起源于十七、十八世纪的英国,主要指官方或社会组织正式发表的重要文件或报告,多以"白皮书"命名。在中国,"皮书"这一概念被社会广泛接受,并被成功运作、发展成为一种全新的出版形态,则源于中国社会科学院社会科学文献出版社。

### ❖ 皮书定义 ❖

皮书是对中国与世界发展状况和热点问题进行年度监测,以专业的角度、专家的视野和实证研究方法,针对某一领域或区域现状与发展态势展开分析和预测,具备原创性、实证性、专业性、连续性、前沿性、时效性等特点的公开出版物,由一系列权威研究报告组成。

### ❖ 皮书作者 ❖

皮书系列的作者以中国社会科学院、著名高校、地方社会科学院的研究人员为主,多为国内一流研究机构的权威专家学者,他们的看法和观点代表了学界对中国与世界的现实和未来最高水平的解读与分析。

### ❖ 皮书荣誉 ❖

皮书系列已成为社会科学文献出版社的著名图书品牌和中国社会科学院的知名学术品牌。2011年,皮书系列正式列入"十二五"国家重点出版规划项目;2012~2015年,重点皮书列入中国社会科学院承担的国家哲学社会科学创新工程项目;2016年,46种院外皮书使用"中国社会科学院创新工程学术出版项目"标识。

# 中国皮书网
## www.pishu.cn

发布皮书研创资讯，传播皮书精彩内容
引领皮书出版潮流，打造皮书服务平台

**栏目设置：**

- 资讯：皮书动态、皮书观点、皮书数据、
  皮书报道、皮书发布、电子期刊
- 标准：皮书评价、皮书研究、皮书规范
- 服务：最新皮书、皮书书目、重点推荐、在线购书
- 链接：皮书数据库、皮书博客、皮书微博、在线书城
- 搜索：资讯、图书、研究动态、皮书专家、研创团队

中国皮书网依托皮书系列"权威、前沿、原创"的优质内容资源，通过文字、图片、音频、视频等多种元素，在皮书研创者、使用者之间搭建了一个成果展示、资源共享的互动平台。

自2005年12月正式上线以来，中国皮书网的IP访问量、PV浏览量与日俱增，受到海内外研究者、公务人员、商务人士以及专业读者的广泛关注。

2008年、2011年中国皮书网均在全国新闻出版业网站荣誉评选中获得"最具商业价值网站"称号；2012年，获得'出版业网站百强"称号。

2014年，中国皮书网与皮书数据库实现资源共享，端口合一，将提供更丰富的内容，更全面的服务。

# 法律声明

"皮书系列"(含蓝皮书、绿皮书、黄皮书)之品牌由社会科学文献出版社最早使用并持续至今,现已被中国图书市场所熟知。"皮书系列"的LOGO( )与"经济蓝皮书""社会蓝皮书"均已在中华人民共和国国家工商行政管理总局商标局登记注册。"皮书系列"图书的注册商标专用权及封面设计、版式设计的著作权均为社会科学文献出版社所有。未经社会科学文献出版社书面授权许可,任何使用与"皮书系列"图书注册商标、封面设计、版式设计相同或者近似的文字、图形或其组合的行为均系侵权行为。

经作者授权,本书的专有出版权及信息网络传播权为社会科学文献出版社享有。未经社会科学文献出版社书面授权许可,任何就本书内容的复制、发行或以数字形式进行网络传播的行为均系侵权行为。

社会科学文献出版社将通过法律途径追究上述侵权行为的法律责任,维护自身合法权益。

欢迎社会各界人士对侵犯社会科学文献出版社上述权利的侵权行为进行举报。电话:010-59367121,电子邮箱:fawubu@ssap.cn。

社会科学文献出版社

权威·前沿·原创

社会科学文献出版社

# 皮书系列

## 2016年

盘点年度资讯　预测时代前程

社会科学文献出版社 学术传播中心 编制

# 社长致辞

我们是图书出版者,更是人文社会科学内容资源供应商;

我们背靠中国社会科学院,面向中国与世界人文社会科学界,坚持为人文社会科学的繁荣与发展服务;

我们精心打造权威信息资源整合平台,坚持为中国经济与社会的繁荣与发展提供决策咨询服务;

我们以读者定位自身,立志让爱书人读到好书,让求知者获得知识;

我们精心编辑、设计每一本好书以形成品牌张力,以优秀的品牌形象服务读者,开拓市场;

我们始终坚持"创社科经典,出传世文献"的经营理念,坚持"权威、前沿、原创"的产品特色;

我们"以人为本",提倡阳光下创业,员工与企业共享发展之成果;

我们立足于现实,认真对待我们的优势、劣势,我们更着眼于未来,以不断的学习与创新适应不断变化的世界,以不断的努力提升自己的实力;

我们愿与社会各界友好合作,共享人文社会科学发展之成果,共同推动中国学术出版乃至内容产业的繁荣与发展。

社会科学文献出版社社长
中国社会学会秘书长

2016 年 1 月

**社会科学文献出版社**
SOCIAL SCIENCES ACADEMIC PRESS (CHINA)

社会科学文献出版社成立于1985年，是直属于中国社会科学院的人文社会科学专业学术出版机构。

成立以来，特别是1998年实施第二次创业以来，依托于中国社会科学院丰厚的学术出版和专家学者两大资源，坚持"创社科经典，出传世文献"的出版理念和"权威、前沿、原创"的产品定位，社科文献立足内涵式发展道路，从战略层面推动学术出版五大能力建设，逐步走上了智库产品与专业学术成果系列化、规模化、数字化、国际化、市场化发展的经营道路。

先后策划出版了著名的图书品牌和学术品牌"皮书"系列、"列国志"、"社科文献精品译库"、"全球化译丛"、"全面深化改革研究书系"、"近世中国"、"甲骨文"、"中国史话"等一大批既有学术影响又有市场价值的系列图书，形成了较强的学术出版能力和资源整合能力。2015年社科文献出版社发稿5.5亿字，出版图书约2000种，承印发行中国社科院院属期刊74种，在多项指标上都实现了较大幅度的增长。

凭借着雄厚的出版资源整合能力，社科文献出版社长期以来一直致力于从内容资源和数字平台两个方面实现传统出版的再造，并先后推出了皮书数据库、列国志数据库、"一带一路"数据库、中国田野调查数据库、台湾大陆同乡会数据库等一系列数字产品。数字出版已经初步形成了产品设计、内容开发、编辑标引、产品运营、技术支持、营销推广等全流程体系。

在国内原创著作、国外名家经典著作大量出版，数字出版突飞猛进的同时，社科文献出版社从构建国际话语体系的角度推动学术出版国际化。先后与斯普林格、博睿、牛津、剑桥等十余家国际出版机构合作面向海外推出了"皮书系列""改革开放30年研究书系""中国梦与中国发展道路研究丛书""全面深化改革研究书系"等一系列在世界范围内引起强烈反响的作品；并持续致力于中国学术出版走出去，组织学者和编辑参加国际书展，筹办国际性学术研讨会，向世界展示中国学者的学术水平和研究成果。

此外，社科文献出版社充分利用网络媒体平台，积极与中央和地方各类媒体合作，并联合大型书店、学术书店、机场书店、网络书店、图书馆，逐步构建起了强大的学术图书内容传播平台。学术图书的媒体曝光率居全国之首，图书馆藏率居于全国出版机构前十位。

上述诸多成绩的取得，有赖于一支以年轻的博士、硕士为主体，一批从中国社科院刚退出科研一线的各学科专家为支撑的300多位高素质的编辑、出版和营销队伍，为我们实现学术立社，以学术品位、学术价值来实现经济效益和社会效益这样一个目标的共同努力。

作为已经开启第三次创业梦想的人文社会科学学术出版机构，我们将以改革发展为动力，以学术资源建设为中心，以构建智慧型出版社为主线，以"整合、专业、分类、协同、持续"为各项工作指导原则，全力推进出版社数字化转型，坚定不移地走专业化、数字化、国际化发展道路，全面提升出版社核心竞争力，为实现"社科文献梦"奠定坚实基础。

经济类

皮书系列
重点推荐

# 经 济 类

经济类皮书涵盖宏观经济、城市经济、大区域经济，
提供权威、前沿的分析与预测

### 经济蓝皮书
#### 2016年中国经济形势分析与预测
李扬 / 主编　　2015年12月出版　　定价：79.00元

◆ 本书为总理基金项目，由著名经济学家李扬领衔，联合中国社会科学院等数十家科研机构、国家部委和高等院校的专家共同撰写，系统分析了2015年的中国经济形势并预测2016年我国经济运行情况。

### 世界经济黄皮书
#### 2016年世界经济形势分析与预测
王洛林　张宇燕 / 主编　　2015年12月出版　　定价：79.00元

◆ 本书由中国社会科学院世界经济与政治研究所的研究团队撰写，2015年世界经济增长继续放缓，增长格局也继续分化，发达经济体与新兴经济体之间的增长差距进一步收窄。2016年世界经济增长形势不容乐观。

### 产业蓝皮书
#### 中国产业竞争力报告（2016）NO.6
张其仔 / 主编　　2016年12月出版　　定价：98.00元

◆ 本书由中国社会科学院工业经济研究所研究团队在深入实际、调查研究的基础上完成。通过运用丰富的数据资料和最新的测评指标，从学术性、系统性、预测性上分析了2015年中国产业竞争力，并对未来发展趋势进行了预测。

# 皮书系列重点推荐

经济类

## G20国家创新竞争力黄皮书

### 二十国集团（G20）国家创新竞争力发展报告（2016）

李建平 李闽榕 赵新力/主编　　2016年11月出版　估价:138.00元

◆ 本报告在充分借鉴国内外研究者的相关研究成果的基础上，紧密跟踪技术经济学、竞争力经济学、计量经济学等学科的最新研究动态，深入分析G20国家创新竞争力的发展水平、变化特征、内在动因及未来趋势，同时构建了G20国家创新竞争力指标体系及数学模型。

## 国际城市蓝皮书

### 国际城市发展报告（2016）

屠启宇/主编　　2016年2月出版　　定价:79.00元

◆ 本书作者以上海社会科学院从事国际城市研究的学者团队为核心，汇集同济大学、华东师范大学、复旦大学、上海交通大学、南京大学、浙江大学相关城市研究专业学者。立足动态跟踪介绍国际城市发展实践中，最新出现的重大战略、重大理念、重大项目、重大报告和最佳案例。

## 金融蓝皮书

### 中国金融发展报告（2016）

李　扬　王国刚/主编　　2015年12月出版　　定价:79.00元

◆ 本书由中国社会科学院金融研究所组织编写，概括和分析了2015年中国金融发展和运行中的各方面情况，研讨和评论了2015年发生的主要金融事件。本书由业内专家和青年精英联合编著，有利于读者了解掌握2015年中国的金融状况，把握2016年中国金融的走势。

## 农村绿皮书

### 中国农村经济形势分析与预测（2015～2016）

中国社会科学院农村发展研究所　国家统计局农村社会经济调查司/著
2016年4月出版　　估价:69.00元

◆ 本书描述了2015年中国农业农村经济发展的一些主要指标和变化，以及对2016年中国农业农村经济形势的一些展望和预测。

经济类　皮书系列 重点推荐

## 西部蓝皮书
### 中国西部发展报告（2016）
姚慧琴　徐璋勇/主编　　2016年7月出版　　估价：89.00元

◆ 本书由西北大学中国西部经济发展研究中心主编，汇集了源自西部本土以及国内研究西部问题的权威专家的第一手资料，对国家实施西部大开发战略进行年度动态跟踪，并对2015年西部经济、社会发展态势进行预测和展望。

## 民营经济蓝皮书
### 中国民营经济发展报告NO.12（2015～2016）
王钦敏/主编　　2016年4月出版　　估价：75.00元

◆ 改革开放以来，民营经济从无到有、从小到大，是最具活力的增长极。本书是中国工商联课题组的研究成果，对2015年度中国民营经济的发展现状、趋势进行了详细的论述，并提出了合理的建议。是广大民营企业进行政策咨询、科学决策和理论创新的重要参考资料，也是理论工作者进行理论研究的重要参考资料。

## 经济蓝皮书夏季号
### 中国经济增长报告（2015～2016）
李扬/主编　　2016年8月出版　　估价：69.00元

◆ 中国经济增长报告主要探讨2015~2016年中国经济增长问题，以专业视角解读中国经济增长，力求将其打造成一个研究中国经济增长、服务宏微观各级决策的周期性、权威性读物。

## 中三角蓝皮书
### 长江中游城市群发展报告（2016）
秦尊文/主编　　2016年10月出版　　估价：69.00元

◆ 本书是湘鄂赣皖四省专家学者共同研究的成果，从不同角度、不同方位记录和研究长江中游城市群一体化，提出对策措施，以期为将"中三角"打造成为继珠三角、长三角、京津冀之后中国经济增长第四极奉献学术界的聪明才智。

# 社会政法类

社会政法类皮书聚焦社会发展领域的热点、难点问题，提供权威、原创的资讯与视点

## 社会蓝皮书

### 2016年中国社会形势分析与预测

李培林 陈光金 张 翼/主编　2015年12月出版　定价：79.00元

◆ 本书由中国社会科学院社会学研究所组织研究机构专家、高校学者和政府研究人员撰写，聚焦当下社会热点，对2015年中国社会发展的各个方面内容进行了权威解读，同时对2016年社会形势发展趋势进行了预测。

## 法治蓝皮书

### 中国法治发展报告NO.14（2016）

李 林 田 禾/主编　2016年3月出版　定价：118.00元

◆ 本年度法治蓝皮书回顾总结了2015年度中国法治发展取得的成就和存在的不足，并对2016年中国法治发展形势进行了预测和展望。

## 反腐倡廉蓝皮书

### 中国反腐倡廉建设报告NO.6

李秋芳 张英伟/主编　2017年1月出版　估价：79.00元

◆ 本书抓住了若干社会热点和焦点问题，全面反映了新时期新阶段中国反腐倡廉面对的严峻局面，以及中国共产党反腐倡廉建设的新实践新成果。根据实地调研、问卷调查和舆情分析，梳理了当下社会普遍关注的与反腐败密切相关的热点问题。

## 社会政法类

### 生态城市绿皮书
#### 中国生态城市建设发展报告（2016）

刘举科 孙伟平 胡文臻 / 主编　2016 年 6 月出版　估价 :98.00 元

◆ 报告以绿色发展、循环经济、低碳生活、民生宜居为理念，以更新民众观念、提供决策咨询、指导工程实践、引领绿色发展为宗旨，试图探索一条具有中国特色的城市生态文明建设新路。

### 公共服务蓝皮书
#### 中国城市基本公共服务力评价（2016）

钟 君　吴正杲 / 主编　2016 年 12 月出版　估价 :79.00 元

◆ 中国社会科学院经济与社会建设研究室与华图政信调查组成联合课题组，从 2010 年开始对基本公共服务力进行研究，研创了基本公共服务力评价指标体系，为政府考核公共服务与社会管理工作提供了理论工具。

### 教育蓝皮书
#### 中国教育发展报告（2016）

杨东平 / 主编　2016 年 4 月出版　定价 :79.00 元

◆ 本书由国内的中青年教育专家合作研究撰写。深度剖析 2015 年中国教育的热点话题，并对当下中国教育中出现的问题提出对策建议。

### 生态文明绿皮书
#### 中国省域生态文明建设评价报告（ECI 2016）

严耕 / 主编　2016 年 12 月出版　估价 :85.00 元

◆ 本书基于国家最新发布的权威数据，对我国的生态文明建设状况进行科学评价，并开展相应的深度分析，结合中央的政策方针和各省的具体情况，为生态文明建设推进，提出针对性的政策建议。

皮书系列 重点推荐　行业报告类

# 行　业　报　告　类

　行业报告类皮书立足重点行业、新兴行业领域，
提供及时、前瞻的数据与信息　

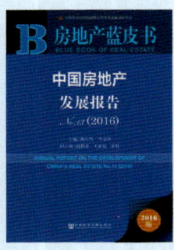

### 房地产蓝皮书
中国房地产发展报告 NO.13（2016）

魏后凯　李景国 / 主编　　2016 年 5 月出版　　估价：79.00 元

◆ 蓝皮书秉承客观公正、科学中立的宗旨和原则，追踪 2015 年我国房地产市场最新资讯，深度分析，剖析因果，谋划对策，并对 2016 年房地产发展趋势进行了展望。

### 旅游绿皮书
2015～2016 年中国旅游发展分析与预测

宋　瑞 / 主编　　2016 年 4 出版　　定价：89.00 元

◆ 本书中国社会科学院旅游研究中心组织相关专家编写的年度研究报告，对 2015 年旅游行业的热点问题进行了全面的综述并提出专业性建议，并对 2016 年中国旅游的发展趋势进行展望。

### 互联网金融蓝皮书
中国互联网金融发展报告（2016）

李东荣 / 主编　　2016 年 8 月出版　　估价：79.00 元

◆ 近年来，许多基于互联网的金融服务模式应运而生并对传统金融业产生了深刻的影响和巨大的冲击，"互联网金融"成为社会各界关注的焦点。本书探析了 2015 年互联网金融的特点和 2016 年互联网金融的发展方向和亮点。

### 资产管理蓝皮书
中国资产管理行业发展报告（2016）

暨信资产管理研究院 / 编著　　2016年6月出版　　估价:89.00元

◆ 中国资产管理行业刚刚兴起，未来将中国金融市场最有看点的行业，也会成为快速发展壮大的行业。本书主要分析了2015年度资产管理行业的发展情况，同时对资产管理行业的未来发展做出科学的预测。

### 老龄蓝皮书
中国老龄产业发展报告（2016）

吴玉韶　党俊武 / 编著
2016年9月出版　　估价:79.00元

◆ 本书着眼于对中国老龄产业的发展给予系统介绍，深入解析，并对未来发展趋势进行预测和展望，力求从不同视角、不同层面全面剖析中国老龄产业发展的现状、取得的成绩、存在的问题以及重点、难点等。

### 金融蓝皮书
中国金融中心发展报告（2016）

王　力　黄育华 / 编著　　2017年11月出版　　估价:75.00元

◆ 本报告将提升中国金融中心城市的金融竞争力作为研究主线，全面、系统、连续地反映和研究中国金融中心城市发展和改革的最新进展，展示金融中心理论研究的最新成果。

### 流通蓝皮书
中国商业发展报告（2016）

荆林波 / 编著　　2016年5月出版　　估价:89.00元

◆ 本书是中国社会科学院财经院与利丰研究中心合作的成果，从关注中国宏观经济出发，突出了中国流通业的宏观背景，详细分析了批发业、零售业、物流业、餐饮产业与电子商务等产业发展状况。

国别与地区类

# 国别与地区类

国别与地区类皮书关注全球重点国家与地区，
提供全面、独特的解读与研究

### 美国蓝皮书
美国研究报告（2016）

黄 平　郑秉文／主编　2016年7月出版　估价：89.00元

◆ 本书是由中国社会科学院美国所主持完成的研究成果，它回顾了美国2015年的经济、政治形势与外交战略，对2016年以来美国内政外交发生的重大事件以及重要政策进行了较为全面的回顾和梳理。

### 拉美黄皮书
拉丁美洲和加勒比发展报告（2015~2016）

吴白乙／主编　2016年5月出版　估价：89.00元

◆ 本书对2015年拉丁美洲和加勒比地区诸国的政治、经济、社会、外交等方面的发展情况做了系统介绍，对该地区相关国家的热点及焦点问题进行了总结和分析，并在此基础上对该地区各国2016年的发展前景做出预测。

### 日本经济蓝皮书
日本经济与中日经贸关系研究报告（2016）

王洛林　张季风／编著　2016年5月出版　估价：79.00元

◆ 本书系统、详细地介绍了2015年日本经济以及中日经贸关系发展情况，在进行了大量数据分析的基础上，对2016年日本经济以及中日经贸关系的大致发展趋势进行了分析与预测。

## 国别与地区类

### 俄罗斯黄皮书
#### 俄罗斯发展报告（2016）
李永全 / 编著　2016 年 7 月出版　估价 :79.00 元

◆ 本书系统介绍了 2015 年俄罗斯经济政治情况，并对 2015 年该地区发生的焦点、热点问题进行了分析与回顾；在此基础上，对该地区 2016 年的发展前景进行了预测。

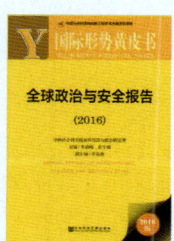

### 国际形势黄皮书
#### 全球政治与安全报告（2016）
李慎明　张宇燕 / 主编　2015 年 12 月出版　定价 :69.00 元

◆ 本书旨在对本年度全球政治及安全形势的总体情况、热点问题及变化趋势进行回顾与分析，并提出一定的预测及对策建议。作者通过事实梳理、数据分析、政策分析等途径，阐释了本年度国际关系及全球安全形势的基本特点，并在此基础上提出了具有启示意义的前瞻性结论。

### 德国蓝皮书
#### 德国发展报告（2016）
郑春荣　伍慧萍 / 主编　2016 年 6 月出版　估价 :69.00 元

◆ 本报告由同济大学德国研究所组织编撰，由该领域的专家学者对德国的政治、经济、社会文化、外交等方面的形势发展情况，进行全面的阐述与分析。

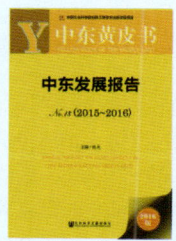

### 中东黄皮书
#### 中东发展报告 NO.18（2015 ~ 2016）
杨光 / 主编　2016 年 10 月出版　估价 :89.00 元

◆ 报告回顾和分析了一年来多以来中东地区政治经济局势的新发展，为跟踪中东地区的市场变化和中东研究学科的研究前沿，提供了全面扎实的信息。

# 地方发展类

地方发展类皮书关注中国各省份、经济区域，提供科学、多元的预判与资政信息

### 北京蓝皮书
北京公共服务发展报告（2015~2016）

施昌奎/主编　2016年2月出版　定价：79.00元

◆ 本书是由北京市政府职能部门的领导、首都著名高校的教授、知名研究机构的专家共同完成的关于北京市公共服务发展与创新的研究成果。

### 河南蓝皮书
河南经济发展报告（2016）

河南省社会科学院/编著　2016年3月出版　定价：79.00元

◆ 本书以国内外经济发展环境和走向为背景，主要分析当前河南经济形势，预测未来发展趋势，全面反映河南经济发展的最新动态、热点和问题，为地方经济发展和领导决策提供参考。

### 京津冀蓝皮书
京津冀发展报告（2016）

文　魁　祝尔娟/编著　2016年4月出版　估价：89.00元

◆ 京津冀协同发展作为重大的国家战略，已进入顶层设计、制度创新和全面推进的新阶段。本书以问题为导向，围绕京津冀发展中的重要领域和重大问题，研究如何推进京津冀协同发展。

 文化传媒类　皮书系列重点推荐

# 文化传媒类

文化传媒类皮书透视文化领域、文化产业，探索文化大繁荣、大发展的路径

### 新媒体蓝皮书
### 中国新媒体发展报告 NO.7（2016）

唐绪军 / 主编　　2016年6月出版　　估价：79.00元

◆ 本书是由中国社会科学院新闻与传播研究所组织编写的关于新媒体发展的最新年度报告，旨在全面分析中国新媒体的发展现状，解读新媒体的发展趋势，探析新媒体的深刻影响。

### 移动互联网蓝皮书
### 中国移动互联网发展报告（2016）

官建文 / 编著　　2016年6月出版　　估价：79.00元

◆ 本书着眼于对中国移动互联网2015年度的发展情况做深入解析，对未来发展趋势进行预测，力求从不同视角、不同层面全面剖析中国移动互联网发展的现状、年度突破以及热点趋势等。

### 文化蓝皮书
### 中国文化产业发展报告（2015~2016）

张晓明　王家新　章建刚 / 主编　　2016年2月出版　　定价：79.00元

◆ 本书由中国社会科学院文化研究中心编写。从2012年开始，中国社会科学院文化研究中心设立了国内首个文化产业的研究类专项资金——"文化产业重大课题研究计划"，开始在全国范围内组织多学科专家学者对我国文化产业发展重大战略问题进行联合攻关研究。本书集中反映了该计划的研究成果。

# 经济类

**G20国家创新竞争力黄皮书**
二十国集团（G20）国家创新竞争力发展报告（2016）
著（编）者：李建平 李闽榕 赵新力
2016年11月出版 / 估价：138.00元

**产业蓝皮书**
中国产业竞争力报告（2016）NO.6
著（编）者：张其仔 2016年12月出版 估价：98.00元

**城市创新蓝皮书**
中国城市创新报告（2016）
著（编）者：周天勇 旷建伟 2016年8月出版 / 估价：69.00元

**城市竞争力蓝皮书**
中国城市竞争力报告（1973~2015）
著（编）者：李小林 2016年1月出版 / 定价：128.00元

**城市蓝皮书**
中国城市发展报告 NO.9
著（编）者：潘家华 魏后凯 2016年9月出版 / 估价：69.00元

**城市群蓝皮书**
中国城市群发展指数报告（2016）
著（编）者：刘士林 刘新静 2016年10月出版 / 估价：69.00元

**城乡一体化蓝皮书**
中国城乡一体化发展报告（2015～2016）
著（编）者：汝信 付崇兰 2016年7月出版 / 估价：85.00元

**城镇化蓝皮书**
中国新型城镇化健康发展报告（2016）
著（编）者：张占斌 2016年5月出版 / 估价：79.00元

**创新蓝皮书**
创新型国家建设报告（2015～2016）
著（编）者：詹正茂 2016年11月出版 / 估价：69.00元

**低碳发展蓝皮书**
中国低碳发展报告（2015~2016）
著（编）者：齐晔 2016年3月出版 / 定价：98.00元

**低碳经济蓝皮书**
中国低碳经济发展报告（2016）
著（编）者：薛进军 赵忠秀 2016年6月出版 / 估价：85.00元

**东北蓝皮书**
中国东北地区发展报告（2016）
著（编）者：马克 黄文艺 2016年8月出版 / 估价：79.00元

**发展与改革蓝皮书**
中国经济发展和体制改革报告NO.7
著（编）者：邹东涛 王再文
2016年1月出版 / 估价：98.00元

**工业化蓝皮书**
中国工业化进程报告（2016）
著（编）者：黄群慧 吕铁 李晓华 等
2016年11月出版 / 估价：89.00元

**管理蓝皮书**
中国管理发展报告（2016）
著（编）者：张晓东 2016年9月出版 / 估价：98.00元

**国际城市蓝皮书**
国际城市发展报告（2016）
著（编）者：屠启宇 2016年2月出版 / 定价：79.00元

**国家创新蓝皮书**
中国创新发展报告（2016）
著（编）者：陈劲 2016年9月出版 / 估价：69.00元

**金融蓝皮书**
中国金融发展报告（2016）
著（编）者：李扬 王国刚 2015年12月出版 / 定价：79.00元

**京津冀产业蓝皮书**
京津冀产业协同发展报告（2016）
著（编）者：中智科博（北京）产业经济发展研究院
2016年6月出版 / 估价：69.00元

**京津冀蓝皮书**
京津冀发展报告（2016）
著（编）者：文魁 祝尔娟 2016年4月出版 / 估价：89.00元

**经济蓝皮书**
2016年中国经济形势分析与预测
著（编）者：李扬 2015年12月出版 / 定价：79.00元

**经济蓝皮书·春季号**
2016年中国经济前景分析
著（编）者：李扬 2016年5月出版 / 估价：79.00元

**经济蓝皮书·夏季号**
中国经济增长报告（2015～2016）
著（编）者：李扬 2016年8月出版 / 估价：99.00元

**经济信息绿皮书**
中国与世界经济发展报告（2016）
著（编）者：杜平 2015年12月出版 / 定价：89.00元

**就业蓝皮书**
2016年中国本科生就业报告
著（编）者：麦可思研究院 2016年6月出版 / 估价：98.00元

**就业蓝皮书**
2016年中国高职高专生就业报告
著（编）者：麦可思研究院 2016年6月出版 / 估价：98.00元

**临空经济蓝皮书**
中国临空经济发展报告（2016）
著（编）者：连玉明 2016年11月出版 / 估价：79.00元

**民营经济蓝皮书**
中国民营经济发展报告 NO.12（2015～2016）
著（编）者：王钦敏 2016年5月出版 / 估价：75.00元

**农村绿皮书**
中国农村经济形势分析与预测（2015～2016）
著（编）者：中国社会科学院农村发展研究所
国家统计局农村社会经济调查司
2016年4月出版 / 估价：69.00元

**农业应对气候变化蓝皮书**
气候变化对中国农业影响评估报告 NO.2
著（编）者：矫梅燕 2016年8月出版 / 估价：98.00元

**经济类·社会政法类**

**皮书系列 2016全品种**

企业公民蓝皮书
中国企业公民报告 NO.4
著(编)者：邹东涛　2016年5月出版 / 估价：79.00元

气候变化绿皮书
应对气候变化报告（2016）
著(编)者：王伟光　郑国光　2016年11月出版 / 估价：98.00元

区域蓝皮书
中国区域经济发展报告（2015～2016）
著(编)者：梁昊光　2016年5月出版 / 估价：79.00元

全球环境竞争力绿皮书
全球环境竞争力报告（2016）
著(编)者：李建平　李闽榕　王金南
2016年12月出版 / 估价：198.00元

人口与劳动绿皮书
中国人口与劳动问题报告 NO.17
著(编)者：蔡昉　张车伟　2016年11月出版 / 估价：69.00元

商务中心区蓝皮书
中国商务中心区发展报告 NO.2（2015）
著(编)者：魏后凯　单菁菁　2016年1月出版 / 定价：79.00元

世界经济黄皮书
2016年世界经济形势分析与预测
著(编)者：王洛林　张宇燕　2015年12月出版 / 定价：79.00元

世界旅游城市绿皮书
世界旅游城市发展报告（2015）
著(编)者：宋宇　2016年1月出版 / 定价：128.00元

西北蓝皮书
中国西北发展报告（2016）
著(编)者：孙发平　苏海红　鲁顺元
2016年3月出版 / 定价：79.00元

西部蓝皮书
中国西部发展报告（2016）
著(编)者：姚慧琴　徐璋勇　2016年7月出版 / 估价：89.00元

县域发展蓝皮书
中国县域经济增长能力评估报告（2016）
著(编)者：王力　2016年10月出版 / 估价：69.00元

新型城镇化蓝皮书
新型城镇化发展报告（2016）
著(编)者：李伟　宋敏　沈体雁　2016年11月出版 / 估价：98.00元

新兴经济体蓝皮书
金砖国家发展报告（2016）
著(编)者：林跃勤　司文　2016年7月出版 / 估价：79.00元

长三角蓝皮书
2016年全面深化改革中的长三角
著(编)者：张伟斌　2016年10月出版 / 估价：69.00元

中部竞争力蓝皮书
中国中部经济社会竞争力报告（2016）
著(编)者：教育部人文社会科学重点研究基地
　　　　南昌大学中国中部经济社会发展研究中心
2016年10月出版 / 估价：79.00元

中部蓝皮书
中国中部地区发展报告（2016）
著(编)者：宋亚平　2016年12月出版 / 估价：78.00元

中国省域竞争力蓝皮书
中国省域经济综合竞争力发展报告（2014～2015）
著(编)者：李建平　李闽榕　高燕京
2016年2月出版 / 定价：198.00元

中三角蓝皮书
长江中游城市群发展报告（2016）
著(编)者：秦尊文　2016年10月出版 / 估价：69.00元

中小城市绿皮书
中国中小城市发展报告（2016）
著(编)者：中国城市经济学会中小城市经济发展委员会
　　　　中国城镇化促进会中小城市发展委员会
　　　　《中国中小城市发展报告》编纂委员会
　　　　中小城市发展战略研究院
2016年10月出版 / 估价：98.00元

中原蓝皮书
中原经济区发展报告（2016）
著(编)者：李英杰　2016年6月出版 / 估价：88.00元

自贸区蓝皮书
中国自贸区发展报告（2016）
著(编)者：王力　王吉培　2016年10月出版 / 估价：69.00元

## 社会政法类

北京蓝皮书
中国社区发展报告（2016）
著(编)者：于燕燕　2017年2月出版 / 估价：79.00元

殡葬绿皮书
中国殡葬事业发展报告（2016）
著(编)者：李伯森　2016年5月出版 / 估价：158.00元

城市管理蓝皮书
中国城市管理报告（2016）
著(编)者：谭维克　刘林　2017年2月出版 / 估价：118.00元

城市生活质量蓝皮书
中国城市生活质量报告（2016）
著(编)者：张连城　张平　杨春学　郎丽华
2016年7月出版 / 估价：89.00元

城市政府能力蓝皮书
中国城市政府公共服务能力评估报告（2016）
著(编)者：何艳玲　2016年7月出版 / 估价：69.00元

创新蓝皮书
中国创业环境发展报告（2016）
著(编)者：姚凯　曹祎遐　2016年5月出版 / 估价：69.00元

15

## 皮书系列 2016全品种　社会政法类

**慈善蓝皮书**
中国慈善发展报告（2016）
著(编)者：杨团　2016年6月出版 / 估价：79.00元

**地方法治蓝皮书**
中国地方法治发展报告 NO.2（2016）
著(编)者：李林　田禾　2016年3月出版 / 定价：108.00元

**党建蓝皮书**
党的建设研究报告 NO.1（2016）
著(编)者：崔建民　陈东平　2016年1月出版 / 定价：89.00元

**法治蓝皮书**
中国法治发展报告 NO.14（2016）
著(编)者：李林　田禾　2016年3月出版 / 定价：118.00元

**反腐倡廉蓝皮书**
中国反腐倡廉建设报告 NO.6
著(编)者：李秋芳　张英伟　2017年1月出版 / 估价：79.00元

**非传统安全蓝皮书**
中国非传统安全研究报告（2015～2016）
著(编)者：余潇枫　魏志江　2016年5月出版 / 估价：79.00元

**妇女发展蓝皮书**
中国妇女发展报告 NO.6
著(编)者：王金玲　2016年9月出版 / 估价：148.00元

**妇女教育蓝皮书**
中国妇女教育发展报告 NO.3
著(编)者：张李玺　2016年10月出版 / 估价：78.00元

**妇女绿皮书**
中国性别平等与妇女发展报告（2016）
著(编)者：谭琳　2016年12月出版 / 估价：99.00元

**公共服务蓝皮书**
中国城市基本公共服务力评价（2016）
著(编)者：钟君　吴正杲　2016年12月出版 / 估价：79.00元

**公共管理蓝皮书**
中国公共管理发展报告（2016）
著(编)者：贡森　李国强　杨维富
2016年4月出版 / 估价：69.00元

**公共外交蓝皮书**
中国公共外交发展报告（2016）
著(编)者：赵启正　雷蔚真　2016年5月出版 / 估价：89.00元

**公民科学素质蓝皮书**
中国公民科学素质报告（2015～2016）
著(编)者：李群　陈雄　马宗文　2016年1月出版 / 估价：89.00元

**公益蓝皮书**
中国公益发展报告（2016）
著(编)者：朱健刚　2016年5月出版 / 估价：78.00元

**国际人才蓝皮书**
海外华侨华人专业人士报告（2016）
著(编)者：王辉耀　苗绿　2016年8月出版 / 估价：69.00元

**国际人才蓝皮书**
中国国际移民报告（2016）
著(编)者：王辉耀　2016年5月出版 / 估价：79.00元

**国际人才蓝皮书**
中国海归发展报告（2016）NO.3
著(编)者：王辉耀　苗绿　2016年10月出版 / 估价：69.00元

**国际人才蓝皮书**
中国留学发展报告（2016）NO.5
著(编)者：王辉耀　苗绿　2016年10月出版 / 估价：79.00元

**国家公园蓝皮书**
中国国家公园体制建设报告（2016）
著(编)者：苏杨　张玉钧　石金莲　刘锋　等
2016年10月出版 / 估价：69.00元

**海洋社会蓝皮书**
中国海洋社会发展报告（2016）
著(编)者：崔凤　宋宁而　2016年7月出版 / 估价：89.00元

**行政改革蓝皮书**
中国行政体制改革报告（2016）NO.5
著(编)者：魏礼群　2016年4月出版 / 估价：98.00元

**华侨华人蓝皮书**
华侨华人研究报告（2016）
著(编)者：贾益民　2016年12月出版 / 估价：98.00元

**环境竞争力绿皮书**
中国省域环境竞争力发展报告（2016）
著(编)者：李建平　李闽榕　王金南
2016年11月出版 / 估价：198.00元

**环境绿皮书**
中国环境发展报告（2016）
著(编)者：刘鉴强　2016年5月出版 / 估价：79.00元

**基金会蓝皮书**
中国基金会发展报告（2015~2016）
著(编)者：中国基金会发展报告课题组　2016年4月出版 / 定价：75.00元

**基金会绿皮书**
中国基金会发展独立研究报告（2016）
著(编)者：基金会中心网　中央民族大学基金会研究中心
2016年6月出版 / 估价：88.00元

**基金会透明度蓝皮书**
中国基金会透明度发展研究报告（2016）
著(编)者：基金会中心网　清华大学廉政与治理研究中心
2016年9月出版 / 估价：85.00元

**教师蓝皮书**
中国中小学教师发展报告（2016）
著(编)者：曾晓东　鱼霞　2016年6月出版 / 估价：69.00元

**教育蓝皮书**
中国教育发展报告（2016）
著(编)者：杨东平　2016年4月出版 / 定价：79.00元

**科普蓝皮书**
中国科普基础设施发展报告（2015）
著(编)者：郑念　任嵘嵘　2016年4月出版 / 估价：98.00元

**社会政法类** | 皮书系列 2016全品种

**科学教育蓝皮书**
中国科学教育发展报告（2016）
著(编)者：罗晖 王康友 2016年10月出版 / 估价：79.00元

**劳动保障蓝皮书**
中国劳动保障发展报告（2016）
著(编)者：刘燕斌 2016年8月出版 / 估价：158.00元

**老龄蓝皮书**
中国老年宜居环境发展报告（2015）
著(编)者：党俊武 周燕珉 2016年1月出版 / 定价：79.00元

**连片特困区蓝皮书**
中国连片特困区发展报告（2016）
著(编)者：游俊 冷志明 丁建军
2016年5月出版 / 估价：98.00元

**民间组织蓝皮书**
中国民间组织报告（2016）
著(编)者：黄晓勇 2016年12月出版 / 估价：79.00元

**民调蓝皮书**
中国民生调查报告（2016）
著(编)者：谢耘耕 2016年5月出版 / 估价：128.00元

**民族发展蓝皮书**
中国民族发展报告（2016）
著(编)者：郝时远 王延中 王希恩
2016年4月出版 / 估价：98.00元

**女性生活蓝皮书**
中国女性生活状况报告 NO.10（2016）
著(编)者：韩湘景 2016年4月出版 / 估价：79.00元

**汽车社会蓝皮书**
中国汽车社会发展报告（2016）
著(编)者：王俊秀 2016年5月出版 / 估价：59.00元

**青年蓝皮书**
中国青年发展报告（2016）NO.4
著(编)者：廉思 等 2016年4月出版 / 估价：69.00元

**青少年蓝皮书**
中国未成年人互联网运用报告（2016）
著(编)者：李文革 沈杰 季为民
2016年11月出版 / 估价：89.00元

**青少年体育蓝皮书**
中国青少年体育发展报告（2016）
著(编)者：郭建军 杨桦 2016年9月出版 / 估价：69.00元

**区域人才蓝皮书**
中国区域人才竞争力报告 NO.2
著(编)者：桂昭明 王辉耀
2016年6月出版 / 估价：69.00元

**群众体育蓝皮书**
中国群众体育发展报告（2016）
著(编)者：刘国永 杨桦 2016年10月出版 / 估价：69.00元

**群众体育蓝皮书**
中国社会体育指导员发展报告（1994~2014）
著(编)者：刘国永 王欢 2016年4月出版 / 定价：78.00元

**人才蓝皮书**
中国人才发展报告（2016）
著(编)者：潘晨光 2016年9月出版 / 估价：85.00元

**人权蓝皮书**
中国人权事业发展报告 NO.6（2016）
著(编)者：李君如 2016年9月出版 / 估价：128.00元

**社会保障绿皮书**
中国社会保障发展报告（2016）NO.8
著(编)者：王延中 2016年4月出版 / 估价：99.00元

**社会工作蓝皮书**
中国社会工作发展报告（2016）
著(编)者：民政部社会工作研究中心
2016年8月出版 / 估价：79.00元

**社会管理蓝皮书**
中国社会管理创新报告 NO.4
著(编)者：连玉明 2016年11月出版 / 估价：89.00元

**社会蓝皮书**
2016年中国社会形势分析与预测
著(编)者：李培林 陈光金 张翼
2015年12月出版 / 定价：79.00元

**社会体制蓝皮书**
中国社会体制改革报告（2016）NO.4
著(编)者：龚维斌 2016年4月出版 / 估价：79.00元

**社会心态蓝皮书**
中国社会心态研究报告（2016）
著(编)者：王俊秀 杨宜音 2016年10月出版 / 估价：69.00元

**社会责任管理蓝皮书**
中国企业公众透明度报告（2015~2016）NO.2
著(编)者：黄速建 熊梦 肖红军 2016年1月出版 / 定价：98.00元

**社会组织蓝皮书**
中国社会组织评估发展报告（2016）
著(编)者：徐家良 廖鸿 2016年12月出版 / 估价：69.00元

**生态城市绿皮书**
中国生态城市建设发展报告（2016）
著(编)者：刘举科 孙伟平 胡文臻
2016年9月出版 / 估价：148.00元

**生态文明绿皮书**
中国省域生态文明建设评价报告（ECI 2016）
著(编)者：严耕 2016年12月出版 / 估价：85.00元

**世界社会主义黄皮书**
世界社会主义跟踪研究报告（2015～2016）
著(编)者：李慎明 2016年3月出版 / 定价：248.00元

**水与发展蓝皮书**
中国水风险评估报告（2016）
著(编)者：王浩 2016年9月出版 / 估价：69.00元

**体育蓝皮书**
长三角地区体育产业发展报告（2016）
著(编)者：张林 2016年4月出版 / 估价：79.00元

**皮书系列 2016全品种** — 社会政法类·行业报告类

**体育蓝皮书**
中国公共体育服务发展报告（2016）
著(编)者:戴健　2016年12月出版 / 估价:79.00元

**土地整治蓝皮书**
中国土地整治发展研究报告 NO.3
著(编)者:国土资源部土地整治中心
2016年5月出版 / 估价:89.00元

**土地政策蓝皮书**
中国土地政策发展报告（2016）
著(编)者:高延利 李宪文　2015年12月出版 / 定价:89.00元

**危机管理蓝皮书**
中国危机管理报告（2016）
著(编)者:文学国 范正青　2016年8月出版 / 估价:89.00元

**形象危机应对蓝皮书**
形象危机应对研究报告（2016）
著(编)者:唐钧　2016年6月出版 / 估价:149.00元

**医改蓝皮书**
中国医药卫生体制改革报告（2016）
著(编)者:文学国　房志武　2016年11月出版 / 估价:98.00元

**医疗卫生绿皮书**
中国医疗卫生发展报告 NO.7（2016）
著(编)者:申宝忠 韩玉珍　2016年4月出版 / 估价:75.00元

**政治参与蓝皮书**
中国政治参与报告（2016）
著(编)者:房宁　2016年7月出版 / 估价:108.00元

**政治发展蓝皮书**
中国政治发展报告（2016）
著(编)者:房宁 杨海蛟　2016年5月出版 / 估价:88.00元

**智慧社区蓝皮书**
中国智慧社区发展报告（2016）
著(编)者:罗昌智 张辉德　2016年7月出版 / 估价:69.00元

**中国农村妇女发展蓝皮书**
农村流动女性城市生活发展报告（2016）
著(编)者:谢丽华　2016年12月出版 / 估价:79.00元

**宗教蓝皮书**
中国宗教报告（2016）
著(编)者:邱永辉　2016年5月出版 / 估价:79.00元

## 行业报告类

**保健蓝皮书**
中国保健服务产业发展报告 NO.2
著(编)者:中国保健协会 中共中央党校
2016年7月出版 / 估价:198.00元

**保健蓝皮书**
中国保健食品产业发展报告 NO.2
著(编)者:中国保健协会
　　　　中国社会科学院食品药品产业发展与监管研究中心
2016年7月出版 / 估价:198.00元

**保健蓝皮书**
中国保健用品产业发展报告 NO.2
著(编)者:中国保健协会
　　　　国务院国有资产监督管理委员会研究中心
2016年5月出版 / 估价:198.00元

**保险蓝皮书**
中国保险业创新发展报告（2016）
著(编)者:项俊波　2016年12月出版 / 估价:69.00元

**保险蓝皮书**
中国保险业竞争力报告（2016）
著(编)者:项俊波　2016年12月出版 / 估价:99.00元

**采供血蓝皮书**
中国采供血管理报告（2016）
著(编)者:朱永明 耿鸿武　2016年8月出版 / 估价:69.00元

**彩票蓝皮书**
中国彩票发展报告（2016）
著(编)者:益彩基金　2016年4月出版 / 估价:98.00元

**餐饮产业蓝皮书**
中国餐饮产业发展报告（2016）
著(编)者:邢颖　2016年4月出版 / 估价:69.00元

**测绘地理信息蓝皮书**
测绘地理信息转型升级研究报告（2016）
著(编)者:库热西·买合苏提　2016年12月出版 / 估价:98.00元

**茶业蓝皮书**
中国茶产业发展报告（2016）
著(编)者:杨江帆 李闽榕　2016年10月出版 / 估价:78.00元

**产权市场蓝皮书**
中国产权市场发展报告（2015～2016）
著(编)者:曹和平　2016年5月出版 / 估价:89.00元

**产业安全蓝皮书**
中国出版传媒产业安全报告（2015~2016）
著(编)者:北京印刷学院文化产业安全研究院
2016年3月出版 / 定价:79.00元

**产业安全蓝皮书**
中国文化产业安全报告（2016）
著(编)者:北京印刷学院文化产业安全研究院
2016年4月出版 / 估价:89.00元

**行业报告类**

**皮书系列 2016全品种**

**产业安全蓝皮书**
中国新媒体产业安全报告（2016）
著（编）者：北京印刷学院文化产业安全研究院
2016年5月出版 / 估价：69.00元

**大数据蓝皮书**
网络空间和大数据发展报告（2016）
著（编）者：杜平　2016年5月出版 / 估价：69.00元

**电子商务蓝皮书**
中国电子商务服务业发展报告 NO.3
著（编）者：荆林波 梁春晓　2016年5月出版 / 估价：69.00元

**电子政务蓝皮书**
中国电子政务发展报告（2016）
著（编）者：洪毅 杜平　2016年11月出版 / 估价：79.00元

**杜仲产业绿皮书**
中国杜仲橡胶资源与产业发展报告（2016）
著（编）者：杜红岩 胡文臻 俞锐
2016年5月出版 / 估价：85.00元

**房地产蓝皮书**
中国房地产发展报告 NO.13（2016）
著（编）者：魏后凯 李景国　2016年5月出版 / 估价：79.00元

**服务外包蓝皮书**
中国服务外包产业发展报告（2016）
著（编）者：王晓红 刘德军
2016年6月出版 / 估价：89.00元

**服务外包蓝皮书**
中国服务外包竞争力报告（2016）
著（编）者：王力 刘春生 黄育华
2016年11月出版 / 估价：85.00元

**工业和信息化蓝皮书**
世界网络安全发展报告（2016）
著（编）者：洪京一　2016年4月出版 / 估价 69.00元

**工业和信息化蓝皮书**
世界信息化发展报告（2016）
著（编）者：洪京一　2016年4月出版 / 估价：69.00元

**工业和信息化蓝皮书**
世界信息技术产业发展报告（2016）
著（编）者：洪京一　2016年4月出版 / 估价：79.00元

**工业和信息化蓝皮书**
世界制造业发展报告（2016）
著（编）者：洪京一　2016年4月出版 / 估价：59.00元

**工业和信息化蓝皮书**
移动互联网产业发展报告（2016）
著（编）者：洪京一　2016年4月出版 / 估价：79.00元

**工业设计蓝皮书**
中国工业设计发展报告（2016）
著（编）者：王晓红 于炜 张立群
2016年9月出版 / 估价：138.00元

**黄金市场蓝皮书**
中国商业银行黄金业务发展报告（2015~2016）
著（编）者：平安银行　2016年3月出版 / 定价：98.00元

**互联网金融蓝皮书**
中国互联网金融发展报告（2016）
著（编）者：李东荣　2016年8月出版 / 估价：79.00元

**会展蓝皮书**
中外会展业动态评估年度报告（2016）
著（编）者：张敏　2016年5月出版 / 估价：78.00元

**节能汽车蓝皮书**
中国节能汽车产业发展报告（2016）
著（编）者：中国汽车工程研究院股份有限公司
2016年12月出版 / 估价：69.00元

**金融监管蓝皮书**
中国金融监管报告（2016）
著（编）者：胡滨　2016年4月出版 / 估价：89.00元

**金融蓝皮书**
中国金融中心发展报告（2016）
著（编）者：王力 黄育华　2017年11月出版 / 估价：75.00元

**金融蓝皮书**
中国商业银行竞争力报告（2016）
著（编）者：王松奇　2016年5月出版 / 估价：69.00元

**经济林产业绿皮书**
中国经济林产业发展报告（2016）
著（编）者：李芳东 胡文臻 乌云塔娜 杜红岩
2016年12月出版 / 估价：69.00元

**客车蓝皮书**
中国客车产业发展报告（2016）
著（编）者：姚蔚　2016年5月出版 / 估价：85.00元

**老龄蓝皮书**
中国老龄产业发展报告（2016）
著（编）者：吴玉韶 党俊武　2016年9月出版 / 估价：79.00元

**流通蓝皮书**
中国商业发展报告（2016）
著（编）者：荆林波　2016年5月出版 / 估价：89.00元

**旅游安全蓝皮书**
中国旅游安全报告（2016）
著（编）者：郑向敏 谢朝武　2016年5月出版 / 估价：128.00元

**旅游绿皮书**
2015~2016年中国旅游发展分析与预测
著（编）者：宋瑞　2016年4月出版 / 定价：89.00元

**煤炭蓝皮书**
中国煤炭工业发展报告（2016）
著（编）者：岳福斌　2016年12月出版 / 估价：79.00元

19

## 皮书系列 2016全品种

### 行业报告类

**民营企业社会责任蓝皮书**
中国民营企业社会责任年度报告（2016）
著(编)者：中华全国工商业联合会
2016年7月出版 / 估价：69.00元

**民营医院蓝皮书**
中国民营医院发展报告（2016）
著(编)者：庄一强　2016年10月出版 / 估价：75.00元

**能源蓝皮书**
中国能源发展报告（2016）
著(编)者：崔民选 王军生 陈义和
2016年8月出版 / 估价：79.00元

**农产品流通蓝皮书**
中国农产品流通产业发展报告（2016）
著(编)者：贾敬敦 张东科 张玉玺 张鹏毅 周伟
2016年5月出版 / 估价：89.00元

**期货蓝皮书**
中国期货市场发展报告(2016)
著(编)者：李群 王在荣　2016年11月出版 / 估价：69.00元

**企业公益蓝皮书**
中国企业公益研究报告（2016）
著(编)者：钟宏武 汪杰 顾一 黄晓娟 等
2016年12月出版 / 估价：69.00元

**企业公众透明度蓝皮书**
中国企业公众透明度报告 (2016) NO.2
著(编)者：黄速建 王晓光 肖红军
2016年5月出版 / 估价：98.00元

**企业国际化蓝皮书**
中国企业国际化报告（2016）
著(编)者：王辉耀　2016年11月出版 / 估价：98.00元

**企业蓝皮书**
中国企业绿色发展报告 NO.2（2016）
著(编)者：李红玉 朱光辉　2016年8月出版 / 估价：79.00元

**企业社会责任蓝皮书**
中国企业社会责任研究报告（2016）
著(编)者：黄群慧 钟宏武 张蒽 等
2016年11月出版 / 估价：79.00元

**企业社会责任能力蓝皮书**
中国上市公司社会责任能力成熟度报告（2016）
著(编)者：肖红军 王晓光 李伟阳
2016年11月出版 / 估价：69.00元

**汽车安全蓝皮书**
中国汽车安全发展报告（2016）
著(编)者：中国汽车技术研究中心
2016年7月出版 / 估价：89.00元

**汽车电子商务蓝皮书**
中国汽车电子商务发展报告（2016）
著(编)者：中华全国工商业联合会汽车经销商商会
　　　　　北京易观智库网络科技有限公司
2016年5月出版 / 估价：128.00元

**汽车工业蓝皮书**
中国汽车工业发展年度报告（2016）
著(编)者：中国汽车工业协会 中国汽车技术研究中心
　　　　　丰田汽车（中国）投资有限公司
2016年4月出版 / 估价：128.00元

**汽车蓝皮书**
中国汽车产业发展报告（2016）
著(编)者：国务院发展研究中心产业经济研究部
　　　　　中国汽车工程学会 大众汽车集团（中国）
2016年8月出版 / 估价：158.00元

**清洁能源蓝皮书**
国际清洁能源发展报告（2016）
著(编)者：苏树辉 袁国林 李玉斋
2016年11月出版 / 估价：99.00元

**人力资源蓝皮书**
中国人力资源发展报告（2016）
著(编)者：余兴安　2016年12月出版 / 估价：79.00元

**融资租赁蓝皮书**
中国融资租赁业发展报告（2015~2016）
著(编)者：李光荣 王力　2016年5月出版 / 估价：89.00元

**软件和信息服务业蓝皮书**
中国软件和信息服务业发展报告（2016）
著(编)者：洪京一　2016年12月出版 / 估价：198.00元

**商会蓝皮书**
中国商会发展报告 NO.5（2016）
著(编)者：王钦敏　2016年7月出版 / 估价：89.00元

**上市公司蓝皮书**
中国上市公司社会责任信息披露报告（2016）
著(编)者：张旺 张杨　2016年11月出版 / 估价：69.00元

**上市公司蓝皮书**
中国上市公司质量评价报告（2015~2016）
著(编)者：张跃文 王力　2016年11月出版 / 估价：118.00元

**设计产业蓝皮书**
中国设计产业发展报告（2016）
著(编)者：陈冬亮 梁昊光　2016年5月出版 / 估价：89.00元

**食品药品蓝皮书**
食品药品安全与监管政策研究报告（2016）
著(编)者：唐民皓　2016年7月出版 / 估价：69.00元

**世界能源蓝皮书**
世界能源发展报告（2016）
著(编)者：黄晓勇　2016年6月出版 / 估价：99.00元

**水利风景区蓝皮书**
中国水利风景区发展报告（2016）
著(编)者：兰思仁　2016年8月出版 / 估价：69.00元

**私募市场蓝皮书**
中国私募股权市场发展报告（2016）
著(编)者：曹和平　2016年12月出版 / 估价：79.00元

**行业报告类**

**皮书系列 2016全品种**

**碳市场蓝皮书**
中国碳市场报告（2016）
著(编)者：宁金彪　2016年11月出版 / 估价：39.00元

**体育蓝皮书**
中国体育产业发展报告（2016）
著(编)者：阮伟　钟秉枢　2016年7月出版 / 估价：69.00元

**土地市场蓝皮书**
中国农村土地市场发展报告（2015~2016）
著(编)者：李光荣　2016年3月出版 / 定价：79.00元

**网络空间安全蓝皮书**
中国网络空间安全发展报告（2015）
著(编)者：惠志斌　唐涛　2016年4月出版 / 估价：79.00元

**物联网蓝皮书**
中国物联网发展报告（2016）
著(编)者：黄桂田　龚六堂　张全升
2016年5月出版 / 估价：69.00元

**西部工业蓝皮书**
中国西部工业发展报告（2016）
著(编)者：方行明　甘犁　刘方健　姜凌 等
2016年9月出版 / 估价：79.00元

**西部金融蓝皮书**
中国西部金融发展报告（2016）
著(编)者：李忠民　2016年8月出版 / 估价：75.00元

**协会商会蓝皮书**
中国行业协会商会发展报告（2016）
著(编)者：景朝阳　李勇　2016年4月出版 / 估价：99.00元

**新能源汽车蓝皮书**
中国新能源汽车产业发展报告（2016）
著(编)者：中国汽车技术研究中心
　　　　　日产（中国）投资有限公司　东风汽车有限公司
2016年8月出版 / 估价：89.00元

**新三板蓝皮书**
中国新三板市场发展报告（2016）
著(编)者：王力　2016年6月出版 / 估价：69.00元

**信托市场蓝皮书**
中国信托业市场报告（2015~2016）
著(编)者：用益信托工作室
2016年1月出版 / 定价：198.00元

**信息安全蓝皮书**
中国信息安全发展报告（2016）
著(编)者：张晓东　2016年5月出版 / 估价：69.00元

**信息化蓝皮书**
中国信息化形势分析与预测（2016）
著(编)者：周宏仁　2016年8月出版 / 估价：98.00元

**信用蓝皮书**
中国信用发展报告（2016）
著(编)者：章政　田侃　2016年4月出版 / 估价：99.00元

**休闲绿皮书**
2016年中国休闲发展报告
著(编)者：宋瑞
2016年10月出版 / 估价：79.00元

**药品流通蓝皮书**
中国药品流通行业发展报告（2016）
著(编)者：佘鲁林　温再兴
2016年8月出版 / 估价：158.00元

**医院蓝皮书**
中国医院竞争力报告（2016）
著(编)者：庄一强　曾益新　2016年3月出版 / 估价：128.00元

**医药蓝皮书**
中国中医药产业园战略发展报告（2016）
著(编)者：裴长洪　房书亭　吴滌心
2016年5月出版 / 估价：89.00元

**邮轮绿皮书**
中国邮轮产业发展报告（2016）
著(编)者：汪泓　2016年10月出版 / 估价：79.00元

**智能养老蓝皮书**
中国智能养老产业发展报告（2016）
著(编)者：朱勇　2016年10月出版 / 估价：89.00元

**中国SUV蓝皮书**
中国SUV产业发展报告（2016）
著(编)者：靳军　2016年12月出版 / 估价：69.00元

**中国金融行业蓝皮书**
中国债券市场发展报告（2016）
著(编)者：谢多　2016年7月出版 / 估价：69.00元

**中国上市公司蓝皮书**
中国上市公司发展报告（2016）
著(编)者：中国社会科学院上市公司研究中心
2016年9月出版 / 估价：98.00元

**中国游戏蓝皮书**
中国游戏产业发展报告（2016）
著(编)者：孙立军　刘跃军　牛兴侦
2016年5月出版 / 估价：69.00元

**中国总部经济蓝皮书**
中国总部经济发展报告（2015~2016）
著(编)者：赵弘　2016年9月出版 / 估价：79.00元

**资本市场蓝皮书**
中国场外交易市场发展报告（2014~2015）
著(编)者：高峦　2016年3月出版 / 定价：79.00元

**资产管理蓝皮书**
中国资产管理行业发展报告（2016）
著(编)者：智信资产管理研究院
2016年6月出版 / 估价：89.00元

# 文化传媒类

**传媒竞争力蓝皮书**
中国传媒国际竞争力研究报告（2016）
著(编)者：李本乾 刘强
2016年11月出版 / 估价:148.00元

**传媒蓝皮书**
中国传媒产业发展报告（2016）
著(编)者：崔保国　2016年5月出版 / 估价:98.00元

**传媒投资蓝皮书**
中国传媒投资发展报告（2016）
著(编)者：张向东 谭云明
2016年6月出版 / 估价:128.00元

**动漫蓝皮书**
中国动漫产业发展报告（2016）
著(编)者：卢斌 郑玉明 牛兴侦
2016年7月出版 / 估价:79.00元

**非物质文化遗产蓝皮书**
中国非物质文化遗产发展报告（2016）
著(编)者：陈平　2016年5月出版 / 估价:98.00元

**广电蓝皮书**
中国广播电影电视发展报告（2016）
著(编)者：国家新闻出版广电总局发展研究中心
2016年7月出版 / 估价:98.00元

**广告主蓝皮书**
中国广告主营销传播趋势报告 NO.9
著(编)者：黄升民 杜国清 邵华冬 等
2016年10月出版 / 估价:148.00元

**国际传播蓝皮书**
中国国际传播发展报告（2016）
著(编)者：胡正荣 李继东 姬德强
2016年11月出版 / 估价:89.00元

**纪录片蓝皮书**
中国纪录片发展报告（2016）
著(编)者：何苏六　2016年10月出版 / 估价:79.00元

**科学传播蓝皮书**
中国科学传播报告（2016）
著(编)者：詹正茂　2016年7月出版 / 估价:69.00元

**两岸创意经济蓝皮书**
两岸创意经济研究报告（2016）
著(编)者：罗昌智 董泽平　2016年12月出版 / 估价:98.00元

**两岸文化蓝皮书**
两岸文化产业合作发展报告（2016）
著(编)者：胡惠林 李保宗　2016年7月出版 / 估价:79.00元

**媒介与女性蓝皮书**
中国媒介与女性发展报告(2015~2016)
著(编)者：刘利群　2016年8月出版 / 估价:118.00元

**媒体融合蓝皮书**
中国媒体融合发展报告（2016）
著(编)者：梅宁华 宋建武　2016年7月出版 / 估价:79.00元

**全球传媒蓝皮书**
全球传媒发展报告（2016）
著(编)者：胡正荣 李继东 唐晓芬
2016年12月出版 / 估价:79.00元

**少数民族非遗蓝皮书**
中国少数民族非物质文化遗产发展报告（2016）
著(编)者：肖远平（彝） 柴立（满）
2016年6月出版 / 估价:128.00元

**视听新媒体蓝皮书**
中国视听新媒体发展报告（2016）
著(编)者：国家新闻出版广电总局发展研究中心
2016年7月出版 / 估价:98.00元

**文化创新蓝皮书**
中国文化创新报告（2016）NO.7
著(编)者：于平 傅才武　2016年7月出版 / 估价:98.00元

**文化建设蓝皮书**
中国文化发展报告（2016）
著(编)者：江畅 孙伟平 戴茂堂
2016年4月出版 / 估价:108.00元

**文化科技蓝皮书**
文化科技创新发展报告（2016）
著(编)者：于平 李凤亮　2016年10月出版 / 估价:89.00元

**文化蓝皮书**
中国公共文化服务发展报告（2016）
著(编)者：刘新成 张永新 张旭　2016年10月出版 / 估价:98.00元

**文化蓝皮书**
中国公共文化投入增长测评报告（2016）
著(编)者：王亚南　2016年4月出版 / 定价:79.00元

**文化蓝皮书**
中国少数民族文化发展报告（2016）
著(编)者：武翠英 张晓明 任乌晶
2016年9月出版 / 估价:69.00元

**文化蓝皮书**
中国文化产业发展报告（2015~2016）
著(编)者：张晓明 王家新 章建刚
2016年2月出版 / 定价:79.00元

**文化蓝皮书**
中国文化产业供需协调检测报告（2016）
著(编)者：王亚南　2016年5月出版 / 估价:79.00元

**文化蓝皮书**
中国文化消费需求景气评价报告（2016）
著(编)者：王亚南　2016年5月出版 / 估价:79.00元

**文化传媒类·地方发展类**

皮书系列 2016全品种

**文化品牌蓝皮书**
中国文化品牌发展报告（2016）
著(编)者：欧阳友权　2016年4月出版／估价：89.00元

**文化遗产蓝皮书**
中国文化遗产事业发展报告（2016）
著(编)者：刘世锦　2016年5月出版／估价：89.00元

**文学蓝皮书**
中国文情报告（2015～2016）
著(编)者：白烨　2016年5月出版／估价：69.00元

**新媒体蓝皮书**
中国新媒体发展报告NO.7（2016）
著(编)者：唐绪军　2016年7月出版／估价：79.00元

**新媒体社会责任蓝皮书**
中国新媒体社会责任研究报告（2016）
著(编)者：钟瑛　2016年10月出版／估价：79.00元

**移动互联网蓝皮书**
中国移动互联网发展报告（2016）
著(编)者：官建文　2016年6月出版／估价：79.00元

**舆情蓝皮书**
中国社会舆情与危机管理报告（2016）
著(编)者：谢耘耕　2016年8月出版／估价：98.00元

## 地方发展类

**安徽经济蓝皮书**
芜湖创新型城市发展报告（2016）
著(编)者：张志宏　2016年4月出版／估价：69.00元

**安徽蓝皮书**
安徽社会发展报告（2016）
著(编)者：程桦　2016年4月出版／估价：89.00元

**安徽社会建设蓝皮书**
安徽社会建设分析报告（2015～2016）
著(编)者：黄家海　王开玉　蔡宪
2016年4月出版／估价：89.00元

**澳门蓝皮书**
澳门经济社会发展报告（2015～2016）
著(编)者：吴志良　郝雨凡　2016年5月出版／估价：79.00元

**北京蓝皮书**
北京公共服务发展报告（2015～2016）
著(编)者：施昌奎　2016年2月出版／定价：79.00元

**北京蓝皮书**
北京经济发展报告（2015～2016）
著(编)者：杨松　2016年6月出版／估价：79.00元

**北京蓝皮书**
北京社会发展报告（2015～2016）
著(编)者：李伟东　2016年7月出版／估价：79.00元

**北京蓝皮书**
北京社会治理发展报告（2015～2016）
著(编)者：殷星辰　2016年6月出版／估价：79.00元

**北京蓝皮书**
北京文化发展报告（2015～2016）
著(编)者：李建盛　2016年4月出版／定价：79.00元

**北京旅游绿皮书**
北京旅游发展报告（2016）
著(编)者：北京旅游学会　2016年7月出版／估价：88.00元

**北京人才蓝皮书**
北京人才发展报告（2016）
著(编)者：于淼　2016年12月出版／估价：128.00元

**北京社会心态蓝皮书**
北京社会心态分析报告（2015～2016）
著(编)者：北京社会心理研究所
2016年8月出版／估价：79.00元

**北京社会组织管理蓝皮书**
北京社会组织发展与管理（2015～2016）
著(编)者：黄江松　2016年4月出版／估价：78.00元

**北京体育蓝皮书**
北京体育产业发展报告（2016）
著(编)者：钟秉枢　陈杰　杨铁黎
2016年10月出版／估价：79.00元

**北京养老产业蓝皮书**
北京养老产业发展报告（2016）
著(编)者：周明明　冯喜良　2016年4月出版／估价：69.00元

**滨海金融蓝皮书**
滨海新区金融发展报告（2016）
著(编)者：王爱俭　张锐钢　2016年9月出版／估价：79.00元

**城乡一体化蓝皮书**
中国城乡一体化发展报告·北京卷（2015～2016）
著(编)者：张宝秀　黄序　2016年5月出版／估价：79.00元

**创意城市蓝皮书**
北京文化创意产业发展报告（2016）
著(编)者：张京成　王国华　2016年12月出版／估价：69.00元

**创意城市蓝皮书**
青岛文化创意产业发展报告（2016）
著(编)者：马达　张丹妮　2016年6月出版／估价：79.00元

**创意城市蓝皮书**
青岛文化创意产业发展报告（2016）
著(编)者：马达　张丹妮　2016年6月出版／估价：79.00元

**皮书系列 2016全品种 — 地方发展类**

**创意城市蓝皮书**
台北文化创意产业发展报告（2016）
著（编）者：陈耀竹 邱琪瑄　2016年11月出版 / 估价：89.00元

**创意城市蓝皮书**
无锡文化创意产业发展报告（2016）
著（编）者：谭军 张鸣年　2016年10月出版 / 估价：79.00元

**创意城市蓝皮书**
武汉文化创意产业发展报告（2016）
著（编）者：黄永林 陈汉桥　2016年12月出版 / 估价：89.00元

**创意城市蓝皮书**
重庆创意产业发展报告（2016）
著（编）者：程宇宁　2016年4月出版 / 估价：89.00元

**地方法治蓝皮书**
南宁法治发展报告（2016）
著（编）者：杨维超　2016年12月出版 / 估价：69.00元

**福建妇女发展蓝皮书**
福建省妇女发展报告（2016）
著（编）者：刘群英　2016年11月出版 / 估价：88.00元

**福建自由贸易区蓝皮书**
中国（福建）自由贸易区实验区发展报告（2015~2016）
著（编）者：黄茂兴　2016年4月出版 / 定价：108.00元

**甘肃蓝皮书**
甘肃经济发展分析与预测（2016）
著（编）者：朱智文 罗哲　2016年1月出版 / 定价：79.00元

**甘肃蓝皮书**
甘肃社会发展分析与预测（2016）
著（编）者：安文华 包晓霞 谢增虎　2016年1月出版 / 定价：79.00元

**甘肃蓝皮书**
甘肃文化发展分析与预测（2016）
著（编）者：安文华 周小华　2016年1月出版 / 定价：79.00元

**甘肃蓝皮书**
甘肃县域和农村发展报告（2016）
著（编）者：刘进军 柳民 王建兵
2016年1月出版 / 定价：79.00元

**甘肃蓝皮书**
甘肃舆情分析与预测（2016）
著（编）者：陈双梅 张谦元　2016年1月出版 / 定价：79.00元

**甘肃蓝皮书**
甘肃商贸流通发展报告（2016）
著（编）者：杨志武 王福生 王晓芳
2016年1月出版 / 定价：79.00元

**广东蓝皮书**
广东全面深化改革发展报告（2016）
著（编）者：周林生 涂成林　2016年11月出版 / 估价：69.00元

**广东蓝皮书**
广东社会工作发展报告（2016）
著（编）者：罗观翠　2016年6月出版 / 估价：89.00元

**广东蓝皮书**
广东省电子商务发展报告（2016）
著（编）者：程晓 邓顺国　2016年7月出版 / 估价：79.00元

**广东社会建设蓝皮书**
广东省社会建设发展报告（2016）
著（编）者：广东省社会工作委员会
2016年12月出版 / 估价：99.00元

**广东外经贸蓝皮书**
广东对外经济贸易发展研究报告（2015~2016）
著（编）者：陈万灵　2016年5月出版 / 估价：89.00元

**广西北部湾经济区蓝皮书**
广西北部湾经济区开放开发报告（2016）
著（编）者：广西北部湾经济区规划建设管理委员会办公室
广西社会科学院广西北部湾发展研究院
2016年10月出版 / 估价：79.00元

**巩义蓝皮书**
巩义经济社会发展报告（2016）
著（编）者：丁同民　2016年4月出版 / 定价：58.00元

**广州蓝皮书**
2016年中国广州经济形势分析与预测
著（编）者：庾建设 沈奎 谢博能　2016年6月出版 / 估价：79.00元

**广州蓝皮书**
2016年中国广州社会形势分析与预测
著（编）者：张强 陈怡霓 杨秦　2016年6月出版 / 估价：79.00元

**广州蓝皮书**
广州城市国际化发展报告（2016）
著（编）者：朱名宏　2016年11月出版 / 估价：69.00元

**广州蓝皮书**
广州创新型城市发展报告（2016）
著（编）者：尹涛　2016年10月出版 / 估价：69.00元

**广州蓝皮书**
广州经济发展报告（2016）
著（编）者：朱名宏　2016年7月出版 / 估价：69.00元

**广州蓝皮书**
广州农村发展报告（2016）
著（编）者：朱名宏　2016年8月出版 / 估价：69.00元

**广州蓝皮书**
广州汽车产业发展报告（2016）
著（编）者：杨再高 冯兴亚　2016年9月出版 / 估价：69.00元

**广州蓝皮书**
广州青年发展报告（2015～2016）
著（编）者：魏国华 张强　2016年7月出版 / 估价：69.00元

**广州蓝皮书**
广州商贸业发展报告（2016）
著（编）者：李江涛 肖振宇 荀振英
2016年7月出版 / 估价：69.00元

**广州蓝皮书**
广州社会保障发展报告（2016）
著（编）者：蔡国萱　2016年10月出版 / 估价：65.00元

地方发展类 | 皮书系列 2016全品种

**广州蓝皮书**
广州文化创意产业发展报告（2016）
著(编)者：甘新　2016年8月出版 / 估价：79.00元

**广州蓝皮书**
中国广州城市建设与管理发展报告（2016）
著(编)者：董皞　陈小钢　李江涛　2016年7月出版 / 估价：69.00元

**广州蓝皮书**
中国广州科技和信息化发展报告（2016）
著(编)者：邹采荣　马正勇　冯元　2016年8月出版 / 估价：79.00元

**广州蓝皮书**
中国广州文化发展报告（2016）
著(编)者：徐俊忠　陆志强　顾涧清　2016年7月出版 / 估价：69.00元

**贵阳蓝皮书**
贵阳城市创新发展报告·乌云篇（2016）
著(编)者：连玉明　2016年10月出版 / 估价：89.00元

**贵阳蓝皮书**
贵阳城市创新发展报告·观山湖篇（2016）
著(编)者：连玉明　2016年10月出版 / 估价：89.00元

**贵阳蓝皮书**
贵阳城市创新发展报告·花溪篇（2016）
著(编)者：连玉明　2016年10月出版 / 估价：89.00元

**贵阳蓝皮书**
贵阳城市创新发展报告·开阳篇（2016）
著(编)者：连玉明　2016年10月出版 / 估价：89.00元

**贵阳蓝皮书**
贵阳城市创新发展报告·南明篇（2016）
著(编)者：连玉明　2016年10月出版 / 估价：89.00元

**贵阳蓝皮书**
贵阳城市创新发展报告·清镇篇（2016）
著(编)者：连玉明　2016年10月出版 / 估价：89.00元

**贵阳蓝皮书**
贵阳城市创新发展报告·乌当篇（2016）
著(编)者：连玉明　2016年10月出版 / 估价：89.00元

**贵阳蓝皮书**
贵阳城市创新发展报告·息烽篇（2016）
著(编)者：连玉明　2016年10月出版 / 估价：89.00元

**贵阳蓝皮书**
贵阳城市创新发展报告·修文篇（2016）
著(编)者：连玉明　2016年10月出版 / 估价：89.00元

**贵阳蓝皮书**
贵阳城市创新发展报告·云岩篇（2016）
著(编)者：连玉明　2016年10月出版 / 估价：89.00元

**贵州房地产蓝皮书**
贵州房地产发展报告NO.3（2016）
著(编)者：武廷方　2016年6月出版 / 估价：89.00元

**贵州蓝皮书**
贵州册亨经济社会发展报告（2016）
著(编)者：黄德林　2016年3月出版 / 定价：79.00元

**贵州蓝皮书**
贵安新区发展报告（2016）
著(编)者：马长青　吴大华　2016年4月出版 / 估价：69.00元

**贵州蓝皮书**
贵州法治发展报告（2016）
著(编)者：吴大华　2016年5月出版 / 估价：79.00元

**贵州蓝皮书**
贵州民航业发展报告（2016）
著(编)者：申振东　吴大华　2016年10月出版 / 估价：69.00元

**贵州蓝皮书**
贵州民营经济发展报告（2016）
著(编)者：杨静　吴大华　2016年3月出版 / 定价：79.00元

**贵州蓝皮书**
贵州人才发展报告（2016）
著(编)者：于杰　吴大华　2016年9月出版 / 估价：69.00元

**贵州蓝皮书**
贵州社会发展报告（2016）
著(编)者：王兴骥　2016年5月出版 / 估价：79.00元

**海淀蓝皮书**
海淀区文化和科技融合发展报告（2016）
著(编)者：陈名杰　孟景伟　2016年5月出版 / 估价：75.00元

**海峡西岸蓝皮书**
海峡西岸经济区发展报告（2016）
著(编)者：福建省人民政府发展研究中心
　　　　福建省人民政府发展研究中心咨询服务中心
2016年9月出版 / 估价：65.00元

**杭州都市圈蓝皮书**
杭州都市圈发展报告（2016）
著(编)者：董祖德　沈翔　2016年5月出版 / 估价：89.00元

**杭州蓝皮书**
杭州妇女发展报告（2016）
著(编)者：魏颖　2016年4月出版 / 估价：79.00元

**河北经济蓝皮书**
河北省经济发展报告（2016）
著(编)者：马树强　金浩　刘兵　张贵
2016年5月出版 / 估价：89.00元

**河北蓝皮书**
河北经济社会发展报告（2016）
著(编)者：郭金平　2016年1月出版 / 定价：79.00元

**河北食品药品安全蓝皮书**
河北食品药品安全研究报告（2016）
著(编)者：丁锦霞　2016年6月出版 / 估价：79.00元

**河南经济蓝皮书**
2016年河南经济形势分析与预测
著(编)者：胡五岳　2016年2月出版 / 定价：79.00元

**河南蓝皮书**
2016年河南社会形势分析与预测
著(编)者：刘道兴　牛苏林　2016年4月出版 / 定价：79.00元

**河南蓝皮书**
河南城市发展报告（2016）
著(编)者:谷建全　王建国　2016年5月出版 / 估价:79.00元

**河南蓝皮书**
河南法治发展报告（2016）
著(编)者:丁同民　闫德民　2016年6月出版 / 估价:79.00元

**河南蓝皮书**
河南工业发展报告（2016）
著(编)者:龚绍东　赵西三　2016年5月出版 / 估价:79.00元

**河南蓝皮书**
河南金融发展报告（2016）
著(编)者:河南省社会科学院　2016年6月出版 / 估价:69.00元

**河南蓝皮书**
河南经济发展报告（2016）
著(编)者:张占仓　2016年3月出版 / 定价:79.00元

**河南蓝皮书**
河南农业农村发展报告（2016）
著(编)者:吴海峰　2016年4月出版 / 估价:69.00元

**河南蓝皮书**
河南文化发展报告（2016）
著(编)者:卫绍生　2016年3月出版 / 定价:78.00元

**河南商务蓝皮书**
河南商务发展报告（2016）
著(编)者:焦锦淼　穆荣国　2016年4月出版 / 估价:88.00元

**黑龙江产业蓝皮书**
黑龙江产业发展报告（2016）
著(编)者:于渤　2016年10月出版 / 估价:79.00元

**黑龙江蓝皮书**
黑龙江经济发展报告（2016）
著(编)者:朱宇　2016年1月出版 / 定价:79.00元

**黑龙江蓝皮书**
黑龙江社会发展报告（2016）
著(编)者:谢宝禄　2016年1月出版 / 定价:79.00元

**湖南城市蓝皮书**
区域城市群整合（主题待定）
著(编)者:童中贤　韩未名　2016年12月出版 / 估价:79.00元

**湖南蓝皮书**
2016年湖南产业发展报告
著(编)者:梁志峰　2016年5月出版 / 估价:98.00元

**湖南蓝皮书**
2016年湖南电子政务发展报告
著(编)者:梁志峰　2016年5月出版 / 估价:98.00元

**湖南蓝皮书**
2016年湖南经济展望
著(编)者:梁志峰　2016年5月出版 / 估价:128.00元

**湖南蓝皮书**
2016年湖南两型社会与生态文明发展报告
著(编)者:梁志峰　2016年5月出版 / 估价:98.00元

**湖南蓝皮书**
2016年湖南社会发展报告
著(编)者:梁志峰　2016年5月出版 / 估价:88.00元

**湖南蓝皮书**
2016年湖南县域经济社会发展报告
著(编)者:梁志峰　2016年5月出版 / 估价:98.00元

**湖南蓝皮书**
湖南城乡一体化发展报告（2016）
著(编)者:陈文胜　刘祚祥　邝奕轩　等
2016年7月出版 / 估价:89.00元

**湖南县域绿皮书**
湖南县域发展报告 NO.3
著(编)者:袁准　周小毛　2016年9月出版 / 估价:69.00元

**沪港蓝皮书**
沪港发展报告（2015~2016）
著(编)者:尤安山　2016年4月出版 / 估价:89.00元

**京津冀金融蓝皮书**
京津冀金融发展报告（2015）
著(编)者:王爱俭　李向前　2016年3月出版 / 定价:89.00元

**吉林蓝皮书**
2016年吉林经济社会形势分析与预测
著(编)者:马克　2015年12月出版 / 估价:79.00元

**吉林省城市竞争力蓝皮书**
吉林省城市竞争力报告（2015）
著(编)者:崔岳春　张磊　2016年3月出版 / 定价:69.00元

**济源蓝皮书**
济源经济社会发展报告（2016）
著(编)者:喻新安　2016年4月出版 / 估价:69.00元

**健康城市蓝皮书**
北京健康城市建设研究报告（2016）
著(编)者:王鸿春　2016年4月出版 / 估价:79.00元

**江苏法治蓝皮书**
江苏法治发展报告 NO.5（2016）
著(编)者:李力　龚廷泰　2016年9月出版 / 估价:98.00元

**江西蓝皮书**
江西经济社会发展报告（2016）
著(编)者:张勇　姜玮　梁勇　2016年10月出版 / 估价:79.00元

**江西文化产业蓝皮书**
江西文化产业发展报告（2016）
著(编)者:张圣才　汪春翔　2016年10月出版 / 估价:128.00元

**经济特区蓝皮书**
中国经济特区发展报告（2016）
著(编)者:陶一桃　2016年12月出版 / 估价:89.00元

地方发展类 | 皮书系列 2016全品种

**辽宁蓝皮书**
2016年辽宁经济社会形势分析与预测
著(编)者:曹晓峰 梁启东
2016年1月出版 / 定价:79.00元

**拉萨蓝皮书**
拉萨法治发展报告（2016）
著(编)者:车明怀 2016年7月出版 / 估价:79.00元

**洛阳蓝皮书**
洛阳文化发展报告（2016）
著(编)者:刘福兴 陈启明 2016年7月出版 / 估价:79.00元

**南京蓝皮书**
南京文化发展报告（2016）
著(编)者:徐宁 2016年12月出版 / 估价:79.00元

**内蒙古蓝皮书**
内蒙古反腐倡廉建设报告NO.2
著(编)者:张志华 无极 2016年12月出版 / 估价:69.00元

**浦东新区蓝皮书**
上海浦东经济发展报告（2016）
著(编)者:沈开艳 周奇 2016年1月出版 / 定价:69.00元

**青海蓝皮书**
2016年青海经济社会形势分析与预测
著(编)者:陈玮 2015年12月出版 / 定价:79.00元

**人口与健康蓝皮书**
深圳人口与健康发展报告（2016）
著(编)者:陆杰华 罗乐宣 苏杨
2016年11月出版 / 估价:89.00元

**山东蓝皮书**
山东经济形势分析与预测（2016）
著(编)者:李广杰 2016年11月出版 / 估价:89.00元

**山东蓝皮书**
山东社会形势分析与预测（2016）
著(编)者:涂可国 2016年6月出版 / 估价:89.00元

**山东蓝皮书**
山东文化发展报告（2016）
著(编)者:张华 唐洲雁 2016年6月出版 / 估价:98.00元

**山西蓝皮书**
山西资源型经济转型发展报告（2016）
著(编)者:李志强 2016年5月出版 / 估价:89.00元

**陕西蓝皮书**
陕西经济发展报告（2016）
著(编)者:任宗哲 白宽犁 裴成荣
2015年12月出版 / 定价:69.00元

**陕西蓝皮书**
陕西社会发展报告（2016）
著(编)者:任宗哲 白宽犁 牛昉
2015年12月出版 / 定价:69.00元

**陕西蓝皮书**
陕西文化发展报告（2016）
著(编)者:任宗哲 白宽犁 王长寿
2015年12月出版 / 定价:69.00元

**陕西蓝皮书**
丝绸之路经济带发展报告（2015~2016）
著(编)者:任宗哲 白宽犁 谷孟宾
2015年12月出版 / 定价:75.00元

**上海蓝皮书**
上海传媒发展报告（2016）
著(编)者:强荧 焦雨虹 2016年1月出版 / 定价:79.00元

**上海蓝皮书**
上海法治发展报告（2016）
著(编)者:叶青 2016年5月出版 / 估价:69.00元

**上海蓝皮书**
上海经济发展报告（2016）
著(编)者:沈开艳 2016年1月出版 / 定价:79.00元

**上海蓝皮书**
上海社会发展报告（2016）
著(编)者:杨雄 周海旺 2016年1月出版 / 定价:79.00元

**上海蓝皮书**
上海文化发展报告（2016）
著(编)者:荣跃明 2016年1月出版 / 定价:79.00元

**上海蓝皮书**
上海文学发展报告（2016）
著(编)者:陈圣来 2016年5月出版 / 估价:69.00元

**上海蓝皮书**
上海资源环境发展报告（2016）
著(编)者:周冯奇 汤庆合 任文伟
2016年1月出版 / 定价:79.00元

**上饶蓝皮书**
上饶发展报告（2015～2016）
著(编)者:朱寅健 2016年5月出版 / 估价:128.00元

**社会建设蓝皮书**
2016年北京社会建设分析报告
著(编)者:宋贵伦 冯虹 2016年7月出版 / 估价:79.00元

**深圳蓝皮书**
深圳法治发展报告（2016）
著(编)者:张骁儒 2016年5月出版 / 估价:69.00元

**深圳蓝皮书**
深圳经济发展报告（2016）
著(编)者:张骁儒 2016年6月出版 / 估价:89.00元

**深圳蓝皮书**
深圳劳动关系发展报告（2016）
著(编)者:汤庭芬 2016年6月出版 / 估价:79.00元

**深圳蓝皮书**
深圳社会建设与发展报告（2016）
著(编)者:张骁儒 陈东平 2016年6月出版 / 估价:79.00元

皮书系列 2016全品种

地方发展类·国家国别类

**深圳蓝皮书**
深圳文化发展报告(2016)
著(编)者:张骁儒　　2016年5月出版／估价:69.00元

**四川法治蓝皮书**
四川依法治省年度报告 NO.2（2016）
著(编)者:李林　杨天宗　田禾
2016年3月出版／定价:108.00元

**四川蓝皮书**
2016年四川经济形势分析与预测
著(编)者:杨钢　　2016年1月出版／定价:98.00元

**四川蓝皮书**
四川城镇化发展报告（2016）
著(编)者:侯水平　陈炜　2016年4月出版／定价:75.00元

**四川蓝皮书**
四川法治发展报告（2016）
著(编)者:郑泰安　　2016年5月出版／估价:69.00元

**四川蓝皮书**
四川企业社会责任研究报告（2015～2016）
著(编)者:侯水平　盛毅　2016年4月出版／估价:79.00元

**四川蓝皮书**
四川社会发展报告（2016）
著(编)者:郭晓鸣　2016年4月出版／估价:79.00元

**四川蓝皮书**
四川生态建设报告（2016）
著(编)者:李晟之　2016年4月出版／估价:79.00元

**四川蓝皮书**
四川文化产业发展报告（2016）
著(编)者:向宝云　张立伟　2016年4月出版／定价:79.00元

**体育蓝皮书**
上海体育产业发展报告（2015～2016）
著(编)者:张林　黄海燕　2016年10月出版／估价:79.00元

**体育蓝皮书**
长三角地区体育产业发展报告（2015～2016）
著(编)者:张林　　2016年4月出版／估价:79.00元

**天津金融蓝皮书**
天津金融发展报告（2016）
著(编)者:王爱俭　孔德昌　2016年9月出版／估价:89.00元

**图们江区域合作蓝皮书**
图们江区域合作发展报告（2016）
著(编)者:李铁　　2016年4月出版／估价:98.00元

**温州蓝皮书**
2016年温州经济社会形势分析与预测
著(编)者:潘忠强　王春光　金浩　2016年4月出版／估价:69.00元

**扬州蓝皮书**
扬州经济社会发展报告（2016）
著(编)者:丁纯　　2016年12月出版／估价:89.00元

**长株潭城市群蓝皮书**
长株潭城市群发展报告（2016）
著(编)者:张萍　　2016年10月出版／估价:69.00元

**郑州蓝皮书**
2016年郑州文化发展报告
著(编)者:王哲　　2016年9月出版／估价:65.00元

**中医文化蓝皮书**
北京中医药文化传播发展报告（2016）
著(编)者:毛嘉陵　2016年5月出版／估价:79.00元

**珠三角流通蓝皮书**
珠三角商圈发展研究报告（2016）
著(编)者:王先庆　林至颖　2016年7月出版／估价:98.00元

**遵义蓝皮书**
遵义发展报告（2016）
著(编)者:曾征　龚永育　2016年12月出版／估价:69.00元

# 国别与地区类

**阿拉伯黄皮书**
阿拉伯发展报告（2015～2016）
著(编)者:罗林　　2016年11月出版／估价:79.00元

**北部湾蓝皮书**
泛北部湾合作发展报告（2016）
著(编)者:吕余生　2016年10月出版／估价:69.00元

**大湄公河次区域蓝皮书**
大湄公河次区域合作发展报告（2016）
著(编)者:刘稚　2016年9月出版／估价:79.00元

**大洋洲蓝皮书**
大洋洲发展报告（2015～2016）
著(编)者:喻常森　2016年10月出版／估价:89.00元

**德国蓝皮书**
德国发展报告（2016）
著(编)者:郑春荣　伍慧萍
2016年5月出版／估价:69.00元

**东北亚黄皮书**
东北亚地区政治与安全（2016）
著(编)者:黄凤志　刘清才　张慧智　等
2016年5月出版／估价:69.00元

**东盟黄皮书**
东盟发展报告（2016）
著(编)者:杨晓强　庄国土　2016年3月出版／定价:89.00元

**国家国别类** — 皮书系列 重点推荐

**东南亚蓝皮书**
东南亚地区发展报告（2015～2016）
著(编)者：厦门大学东南亚研究中心　王勤
2016年4月出版　估价：79.00元

**俄罗斯黄皮书**
俄罗斯发展报告（2016）
著(编)者：李永全　2016年7月出版／估价：79.00元

**非洲黄皮书**
非洲发展报告 NO.18（2015～2016）
著(编)者：张宏明　2016年9月出版／估价：79.00元

**国际形势黄皮书**
全球政治与安全报告（2016）
著(编)者：李慎明　张宇燕
2015年12月出版　定价：69.00元

**韩国蓝皮书**
韩国发展报告（2016）
著(编)者：牛林杰　刘宝全
2016年12月出版　估价：89.00元

**加拿大蓝皮书**
加拿大发展报告（2016）
著(编)者：仲伟合　2016年4月出版／估价：89.00元

**拉美黄皮书**
拉丁美洲和加勒比发展报告（2015～2016）
著(编)者：吴白乙　2016年5月出版／估价：89.00元

**美国蓝皮书**
美国研究报告（2016）
著(编)者：郑秉文　黄平
2016年6月出版　估价：89.00元

**缅甸蓝皮书**
缅甸国情报告（2016）
著(编)者：李晨阳　2016年8月出版／估价：79.00元

**欧洲蓝皮书**
欧洲发展报告（2015～2016）
著(编)者：周弘　黄平　江时学
2016年7月出版　估价：89.00元

**日本经济蓝皮书**
日本经济与中日经贸关系研究报告（2016）
著(编)者：王洛林　张季风
2016年5月出版　估价：79.00元

**日本蓝皮书**
日本研究报告（2016）
著(编)者：李薇　2016年5月出版／估价：69.00元

**上海合作组织黄皮书**
上海合作组织发展报告（2016）
著(编)者：李进峰　吴宏伟　李伟
2016年7月出版　估价：98.00元

**世界创新竞争力黄皮书**
世界创新竞争力发展报告（2016）
著(编)者：李闽榕　李建平　赵新力
2016年5月出版　估价：148.00元

**土耳其蓝皮书**
土耳其发展报告（2016）
著(编)者：郭长刚　刘义　2016年7月出版／估价：69.00元

**亚太蓝皮书**
亚太地区发展报告（2016）
著(编)者：李向阳　2016年5月出版／估价：69.00元

**印度蓝皮书**
印度国情报告（2016）
著(编)者：吕昭义　2016年5月出版／估价：89.00元

**印度洋地区蓝皮书**
印度洋地区发展报告（2016）
著(编)者：汪戎　2016年5月出版／估价：89.00元

**英国蓝皮书**
英国发展报告（2015～2016）
著(编)者：王展鹏　2016年10月出版／估价：89.00元

**越南蓝皮书**
越南国情报告（2016）
著(编)者：广西社会科学院　罗梅　李碧华
2016年8月出版／估价：69.00元

**越南蓝皮书**
越南经济发展报告（2016）
著(编)者：袁志勇　2016年10月出版／估价：69.00元

**以色列蓝皮书**
以色列发展报告（2016）
著(编)者：张倩红　2016年9月出版／估价：89.00元

**中东黄皮书**
中东发展报告 NO.18（2015～2016）
著(编)者：杨光　2016年10月出版／估价：89.00元

**中亚黄皮书**
中亚国家发展报告（2016）
著(编)者：孙力　吴宏伟　2016年8月出版／估价：89.00元

社会科学文献出版社　皮书系列

### ✤ 皮书起源 ✤

"皮书"起源于十七、十八世纪的英国，主要指官方或社会组织正式发表的重要文件或报告，多以"白皮书"命名。在中国，"皮书"这一概念被社会广泛接受，并被成功运作、发展成为一种全新的出版形态，则源于中国社会科学院社会科学文献出版社。

### ✤ 皮书定义 ✤

皮书是对中国与世界发展状况和热点问题进行年度监测，以专业的角度、专家的视野和实证研究方法，针对某一领域或区域现状与发展态势展开分析和预测，具备原创性、实证性、专业性、连续性、前沿性、时效性等特点的公开出版物，由一系列权威研究报告组成。

### ✤ 皮书作者 ✤

皮书系列的作者以中国社会科学院、著名高校、地方社会科学院的研究人员为主，多为国内一流研究机构的权威专家学者，他们的看法和观点代表了学界对中国与世界的现实和未来最高水平的解读与分析。

### ✤ 皮书荣誉 ✤

皮书系列已成为社会科学文献出版社的著名图书品牌和中国社会科学院的知名学术品牌。2011年，皮书系列正式列入"十二五"国家重点出版规划项目；2012~2015年，重点皮书列入中国社会科学院承担的国家哲学社会科学创新工程项目；2016年，46种院外皮书使用"中国社会科学院创新工程学术出版项目"标识。

# 中国皮书网

**www.pishu.cn**

发布皮书研创资讯，传播皮书精彩内容
引领皮书出版潮流，打造皮书服务平台

### 栏目设置：

- 资讯：皮书动态、皮书观点、皮书数据、皮书报道、皮书发布、电子期刊
- 标准：皮书评价、皮书研究、皮书规范
- 服务：最新皮书、皮书书目、重点推荐、在线购书
- 链接：皮书数据库、皮书博客、皮书微博、在线书城
- 搜索：资讯、图书、研动态、皮书专家、研创团队

中国皮书网依托皮书系列"权威、前沿、原创"的优质内容资源，通过文字、图片、音频、视频等多种元素，在皮书研创者、使用者之间搭建了一个成果展示、资源共享的互动平台。

自 2005 年 12 月正式上线以来，中国皮书网的 IP 访问量、PV 浏览量与日俱增，受到海内外研究者、公务人员、商务人士以及专业读者的广泛关注。

2008 年、2011 年，中国皮书网均在全国新闻出版业网站荣誉评选中获得"最具商业价值网站"称号；2012 年，获得"出版业网站百强"称号。

2014 年，中国皮书网与皮书数据库实现资源共享，端口合一，将提供更丰富的内容，更全面的服务。

权威报告　热点资讯　海量资源

## 当代中国与世界发展的高端智库平台

皮书数据库 www.pishu.com.cn

　　皮书数据库是专业的人文社会科学综合学术资源总库，以大型连续性图书——皮书系列为基础，整合国内外相关资讯构建而成。包含六大子库，涵盖两百多个主题，囊括了近十几年间中国与世界经济社会发展报告，覆盖经济、社会、政治、文化、教育、国际问题等多个领域。

　　皮书数据库以篇章为基本单位，方便用户对皮书内容的阅读需求。用户可进行全文检索，也可对文献题目、内容提要、作者名称、作者单位、关键字等基本信息进行检索，还可对检索到的篇章再做二次筛选，进行在线阅读或下载阅读。智能多维度导航，可使用户根据自己熟知的分类标准进行分类导航筛选，使查找和检索更高效、便捷。

　　权威的研究报告，独特的调研数据，前沿的热点资讯，皮书数据库已发展成为国内最具影响力的关于中国与世界现实问题研究的成果库和资讯库。

## 皮书俱乐部会员服务指南

1. 谁能成为皮书俱乐部成员？
   ● 皮书作者自动成为俱乐部会员
   ● 购买了皮书产品（纸质书/电子书）的个人用户
2. 会员可以享受的增值服务
   ● 免费获赠皮书数据库100元充值卡
   ● 加入皮书俱乐部，免费获赠该纸质图书的电子书
   ● 免费定期获赠皮书电子期刊
   ● 优先参与各类皮书学术活动
   ● 优先享受皮书产品的最新优惠
3. 如何享受增值服务？

   （1）免费获赠100元皮书数据库体验卡

   第1步 刮开皮书附赠充值的涂层（右下）；

   第2步 登录皮书数据库网站（www.pishu.com.cn），注册账号；

   第3步 登录并进入"会员中心"—"在线充值"—"充值卡充值"，充值成功后即可使用。

   （2）加入皮书俱乐部，凭数据库体验卡获赠该书的电子书

   第1步 登录社会科学文献出版社官网（www.ssap.com.cn），注册账号；

   第2步 登录并进入"会员中心"—"皮书俱乐部"，提交加入皮书俱乐部申请；

   第3步 审核通过后，再次进入皮书俱乐部，填写页面所需图书、体验卡信息即可自动兑换相应电子书。

4. 声明

   解释权归社会科学文献出版社所有

---

皮书俱乐部会员可享受社会科学文献出版社其他相关免费增值服务，有任何疑问，均可与我们联系。

图书销售热线：010-59367070/7028　图书服务QQ：800045692　图书服务邮箱：duzhe@ssap.cn

数据库服务热线：400-008-6695　数据库服务QQ：2475522610　数据库服务邮箱：database@ssap.cn

欢迎登录社会科学文献出版社官网（www.ssap.com.cn）和中国皮书网（www.pishu.cn）了解更多信息

# 皮书大事记
## （2015）

☆ 2015年11月9日，社会科学文献出版社2015年皮书编辑出版工作会议召开，会议就皮书装帧设计、生产营销、皮书评价以及质检工作中的常见问题等进行交流和讨论，为2016年出版社的融合发展指明了方向。

☆ 2015年11月，中国社会科学院2015年度纳入创新工程后期资助名单正式公布，《社会蓝皮书：2015年中国社会形势分析与预测》等41种皮书纳入2015年度"中国社会科学院创新工程学术出版资助项目"。

☆ 2015年8月7~8日，由中国社会科学院主办，社会科学文献出版社和湖北大学共同承办的"第十六次全国皮书年会（2015）：皮书研创与中国话语体系建设"在湖北省恩施市召开。中国社会科学院副院长李培林，国家新闻出版广电总局原副总局长、中国出版协会常务副理事长邬书林，湖北省委宣传部副部长喻立平，中国社会科学院科研局局长马援，国家新闻出版广电总局出版管理司副司长许正明，中共恩施州委书记王海涛，社会科学文献出版社社长谢寿光，湖北大学党委书记刘建凡等相关领导出席开幕式。来自中国社会科学院、地方社会科学院及高校、政府研究机构的领导及近200个皮书课题组的380多人出席了会议，会议规模又创新高。会议宣布了2016年授权使用"中国社会科学院创新工程学术出版项目"标识的院外皮书名单，并颁发了第六届优秀皮书奖。

☆ 2015年4月28日，"第三届皮书学术评审委员会第二次会议暨第六届优秀皮书奖评审会"在京召开。中国社会科学院副院长李培林、蔡昉出席会议并讲话，国家新闻出版广电总局原副局长、中国出版协会常务副理事长邬书林也出席本次会议。会议分别由中国社会科学院科研局局长马援和社会科学文献出版社社长谢寿光主持。经分学科评审和大会汇评，最终匿名投票评选出第六届"优秀皮书奖"和"优秀皮书报告奖"书目。此外，该委员会还根据《中国社会科学院皮书管理办法》，审议并投票评选出2015年纳入中国社会科学院创新工程项目的皮书和2016年使用"中国社会科学院创新工程学术出版项目"标识的院外皮书。

☆ 2015年1月30~31日，由社会科学文献出版社皮书研究院组织的2014年版皮书评价复评会议在京召开。皮书学术评审委员会部分委员、相关学科专家、学术期刊编辑、资深媒体人等近50位评委参加本次会议。中国社会科学院科研局局长马援、社会科学文献出版社社长谢寿光出席开幕式并发表讲话，中国社会科学院科研成果处处长薛增朝出席闭幕式并做发言。

# 皮书数据库
## www.pishu.com.cn

### 皮书数据库三期

- 皮书数据库（SSDB）是社会科学文献出版社整合现有皮书资源开发的在线数字产品，全面收录"皮书系列"的内容资源，并以此为基础整合大量相关资讯构建而成。

- 皮书数据库现有中国经济发展数据库、中国社会发展数据库、世界经济与国际政治数据库等子库，覆盖经济、社会、文化等多个行业、领域，现有报告30000多篇，总字数超过5亿字，并以每年4000多篇的速度不断更新累积。

- 新版皮书数据库主要围绕存量+增量资源整合、资源编辑标引体系建设、产品架构设置优化、技术平台功能研发等方面开展工作，并将中国皮书网与皮书数据库合二为一联体建设，旨在以"皮书研创出版、信息发布与知识服务平台"为基本功能定位，打造一个全新的皮书品牌综合门户平台，为您提供更优质更到位的服务。

## 更多信息请登录

中国皮书网
http://www.pishu.cn

皮书微博
http://weibo.com/pishu

皮书博客
http://blog.sina.com.cn/pishu

皮书微信
皮书说

---

### 请到各地书店皮书专架/专柜购买，也可办理邮购

咨询 / 邮购电话：010-59367028　59367070　　　　邮　　箱：duzhe@ssap.cn
邮购地址：北京市西城区北三环中路甲29号院3号楼华龙大厦13层读者服务中心
邮　　编：100029
银行户名：社会科学文献出版社
开户银行：中国工商银行北京北太平庄支行
账　　号：0200010019200365434
网上书店：010-59367070　　qq：1265056568
网　　址：www.ssap.com.cn　　　www.pishu.cn